U0542023

THE COUPLING MECHANISM OF

TARGETED POVERTY ALLEVIATION

THROUGH TOURISM

AND THE INHERITANCE OF

LOCAL CULTURE

IN SOUTHWEST CHINA

西南地区旅游精准扶贫与乡土文化传承的耦合机制

林移刚 著

社会科学文献出版社
SOCIAL SCIENCES ACADEMIC PRESS (CHINA)

# 目录 CONTENTS

001 / 绪　论

035 / 第一章　理论基础与分析框架
  第一节　旅游精准扶贫与乡土文化传承耦合的
     理论基础 / 035
  第二节　旅游精准扶贫与乡土文化传承耦合的
     分析框架 / 047

053 / 第二章　旅游精准扶贫与乡土文化传承耦合机理
  第一节　旅游精准扶贫与乡土文化传承耦合的
     现实背景 / 053
  第二节　旅游精准扶贫系统与乡土文化传承系统 / 058
  第三节　旅游精准扶贫系统与乡土文化传承系统耦合
     机理分析 / 070

081 / 第三章　西南地区旅游精准扶贫与乡土文化传承发展
  第一节　西南地区区域概况与数据来源 / 081
  第二节　西南地区旅游精准扶贫实践成效与瓶颈 / 091
  第三节　旅游扶贫背景下西南地区乡土文化传承状况
     与困境 / 107

134 / 第四章　西南地区旅游精准扶贫与乡土文化传承耦合量化评价
  第一节　评价指标的选取与耦合协调度模型构建　/　134
  第二节　西南地区旅游精准扶贫与乡土文化传承综合
     发展水平　/　147
  第三节　西南地区旅游精准扶贫与乡土文化传承耦合
     演化过程　/　155

164 / 第五章　西南地区旅游精准扶贫与乡土文化传承耦合模式
  第一节　西南地区旅游精准扶贫与乡土文化传承耦合
     模式构建　/　164
  第二节　资源驱动型旅游精准扶贫与乡土文化传承耦合
     模式　/　168
  第三节　政府主导型旅游精准扶贫与乡土文化传承耦合
     模式　/　175
  第四节　市场运作型旅游精准扶贫与乡土文化传承耦合
     模式　/　185
  第五节　混合成长型旅游精准扶贫与乡土文化传承耦合
     模式　/　192

196 / 第六章　西南地区旅游精准扶贫与乡土文化传承的耦合机制
  第一节　西南地区旅游精准扶贫与乡土文化传承耦合机制
     构建的现实依据　/　196
  第二节　西南地区旅游精准扶贫与乡土文化传承耦合机制
     构建的基本思路　/　200
  第三节　西南地区旅游精准扶贫与乡土文化传承耦合发展的
     现实路径　/　203

228 / 结　语

231 / 参考文献

# 绪　论

反贫困是人类文明永恒的主题，也是世界各国政策关注的热点和焦点，伴随着人类社会生存、发展的全过程。同时，旅游业以其强大的市场优势、新兴的产业活力、强劲的造血功能、巨大的带动作用，在扶贫开发中发挥着日益显著的作用，为社会脆弱群体参与服务生产创造机会。① 旅游扶贫被许多国家的乡村地区作为扶贫、减贫的有效手段或途径，取得了很好的减贫效果。② 自 20 世纪 90 年代末英国提出 Pro-Poor Tourism（PPT）概念以来，"有利于贫困人口"的旅游扶贫成为国内外反贫困的重要手段，也成为学术界的重要研究内容。③ 旅游扶贫相关学术研究在各国不断出现不同视角、地域和方法的转向，在扩展和深化中映射着旅游扶贫的现实，并初步形成了各具特色的理论和研究范式。④

在我国，旅游扶贫实践起始于 20 世纪 80 年代，随着一些"老少边穷"地区的旅游开发带动当地脱贫致富的实践而兴起。⑤ 进入 21 世纪，旅

---

① Ashley, C., Boyd, C., Goodwin, H., "Pro-Poor Tourism: Putting Poverty at the Heart of the Tourism Agenda," *Natural Resource Perspectives*, No. 51, London: Overseas Development Institute, 2000; Encontre, P., "Tourism Development and the Perspective of Graduation from the LDC Category," In Benavides, D. D., Perez-Ducy, E., *Tourism in the Least Developed Countries*, Brussels: United Nations Conference on Least Developed Countries, 2001: 241.
② 张祖群:《Pro-Poor Tourism 公益性研究：文献基础、机制与展望》,《北京第二外国语学院学报》2012 年第 3 期, 第 11~18 页。
③ Zeng, B., Ryan, C., "Assisting the Poor in China through Tourism Development: A Review of Research," *Tourism Management*, 2012, 33 (2): 239-248.
④ 聂铭、王旭、邱守明:《中国旅游扶贫研究：阶段特征、演化规律及启示》,《生态经济》2021 年第 10 期, 第 129~136 页。
⑤ 李佳:《扶贫旅游理论与实践》, 首都经济贸易大学出版社, 2010, 第 162~169 页; 范小建:《中国特色扶贫开发的基本经验》,《求是》2007 年第 23 期, 第 48~49 页。

游扶贫成为我国许多地区反贫困的重要手段。2013年，中共中央办公厅、国务院办公厅印发了《关于创新机制扎实推进农村扶贫开发工作的意见》，将乡村旅游扶贫工作确定为扶贫开发十项重点工作之一，明确提出"加强贫困地区旅游资源调查，围绕美丽乡村建设，依托贫困地区优势旅游资源，发挥精品景区的辐射作用，带动农户脱贫致富"，"到2015年，扶持约2000个贫困村开展乡村旅游。到2020年，扶持约6000个贫困村开展乡村旅游"。2014年8月，国务院发布了《关于促进旅游业改革发展的若干意见》，强调"加强乡村旅游精准扶贫，扎实推进乡村旅游富民工程，带动贫困地区脱贫致富"。同年11月，国家发改委等七部门联合印发了《关于实施乡村旅游富民工程推进旅游扶贫工作的通知》，对如何实施美丽乡村旅游扶贫工作做了进一步战略部署。2016年，国务院制定产业精准扶贫方略，旅游扶贫作为产业扶贫的重要组成部分被国务院扶贫办列为实施精准扶贫的十大工程之一，旅游扶贫成为精准扶贫的重要引擎。发展旅游业成为我国贫困人口脱贫的重要途径。据统计，2017年全国通过发展乡村旅游业实现脱贫人数占脱贫总人口的17.5%。[1] 截至2020年底，文旅部门的统计数据表明，脱贫攻坚期内通过发展旅游业帮助贫困户脱贫占扶贫总任务的17%~20%。[2]

随着越来越多的贫困群体通过参与和发展旅游业实现了减贫和脱贫，旅游业反贫困的机制和效应也得到越来越多的关注。贫困地区长期以来处于较为封闭的状态，其文化具有相对的独立性和独特优势。贫困地区文化上的这些特点使发展旅游业成为可能。与此同时，乡土文化保护与传承也就成为在旅游扶贫过程中不容忽视的重要问题。旅游业发展不仅要追求贫困人口脱贫增收的经济目标，还要关注乡土文化传承保护的目标，从而实现旅游的可持续发展。国内的旅游扶贫实践中少有对乡土文化保护和传承的相关设计，乡土文化的形态和结构被旅游业解构。[3] 因过分追求短期经济目标而忽视乡土

---

[1] 邓文辉：《乡村旅游已成为脱贫的主战场和中坚力量》，央广网，2018年9月14日，http://news.cnr.cn/native/city/20180914/t20180914_524360522.shtml。

[2] 武笛、蒋志强：《旅游发展解决贫困户脱贫占扶贫总任务的17%到20%》，"新华社"百家号，2020年5月9日，https://baijiahao.baidu.com/s?id=1666214645976145346&wfr=spider&for=pc。

[3] 郭凌：《乡村旅游发展与乡土文化自觉——旅游人类学视野中的文化结构与解构》，《贵州民族研究》2008年第1期，第44~50页。

文化保护，乡土文化往往被视为乡村旅游开发的道具，① 乡土文化内涵缺失、乡土文化被异化②、乡土文化传承机制紊乱等问题凸显，造成在旅游扶贫过程中乡土文化被破坏的情形比比皆是，这既导致旅游扶贫缺乏稳定长久的文化土壤和资源依托，也给乡村文化振兴留下了不可挽回的损失。

一方面，由于自然环境、历史发展、思想观念等多重原因，西南地区曾是全国贫困人口最集中的地区之一，含 6 个集中连片特困区域，其贫困人口大都居住在旅游资源丰富的"老少边穷"地区，且多为高原区、荒漠区、石山区、深山区。这些地区以山区为主，生态环境复杂、交通不便、经济发展滞后，因而存在较多的深度贫困地区，一直是我国扶贫工作中最难啃的硬骨头。另一方面，西南地区又是旅游资源富集度非常高的地区。在其旅游资源的结构体系中，乡土文化资源是最具特色与价值的组成部分，因此也就成为发展旅游业最重要的依托和旅游扶贫的重要资源手段，然而，它同时成为受旅游业和旅游扶贫冲击最大的部分。旅游业的发展要依托传统文化，但旅游业发展不当又会对传统文化造成冲击，在发展中保护好传统文化是地方旅游可持续发展的必然要求。但文化保护是长期性的，其效益产出不是立竿见影的，甚至没有明显的经济效益，而脱贫攻坚又是一项具有紧迫性、任务性和突击性的工作。在这种看似矛盾的设计下，西南地区旅游精准扶贫和乡土文化传承的现实实践并不乐观，二者的耦合从理论到实践都不容易。

本书综合采用旅游学、民俗学及发展社会学等学科的相关理论来研究旅游精准扶贫与乡土文化传承的耦合问题，在结合理论研究和西南地区实证经验的基础上，借鉴系统耦合理论探讨旅游精准扶贫与乡土文化传承耦合的内在机理，构建耦合的模式与路径，丰富和发展旅游精准扶贫与乡土文化传承的理论体系。同时反观我国现代化发展的理论、途径、模式，为探讨发展中国家社会现代化提供新的研究视角和方法。在完成脱贫攻坚的阶段性任务进入乡村振兴阶段以后，发展乡村旅游仍然是乡村地区"产业

---

① 邓小海、曾亮：《基于机制设计理论的我国旅游扶贫机制调适》，《当代经济管理》2015 年第 2 期，第 73~77 页。
② 孙九霞：《赋权理论与旅游发展中的社区能力建设》，《旅游学刊》2008 年第 9 期，第 22~27 页。

兴旺"的重要途径之一。然而，建设美丽乡村和旅游发展背景下的乡土文化面临着发展和传承的危机。探讨旅游精准扶贫与乡土文化传承二者的耦合关系，既可以总结中国反贫困的先进经验，形成中国反贫困的系统方案，从而为其他发展中国家的反贫困与传统文化保护提供参考，又可以在国家乡村振兴这一新的发展阶段，针对如何更好地传承乡土文化、实现乡村文化振兴，为国家职能部门制定相关政策提供借鉴和参考。

## 一　相关概念界定

### （一）贫困与反贫困

进入 21 世纪，随着现代化和城市化进程的不断推进，贫困已成为全球性的问题。界定贫困概念是研究贫困问题的起点，很多学者从不同学科、不同视角探讨贫困问题，并对贫困的概念进行了界定。

早期人们更多的是从经济视角来研究贫困问题，因此在进行界定时，更多的是强调贫困人口在物质生活上的困难及生活资料的缺乏，经济收入和生活资料是理解和界定贫困问题的两个面向。从收入层面界定贫困，譬如英国学者本杰明·西伯姆·朗特里认为："一个家庭处于贫困状态是因为其所拥有的收入不足以维持其生理功能的最低需要，这种最低需要包括食品、住房、衣着和其他必需品。"[1] 该研究结论在贫困概念研究方面具有里程碑意义。此后，许多学者从收入贫困（绝对贫困）视角探讨贫困问题（见表 0-1），普遍认为贫困主要是指个人或家庭没有足够的收入以获得基本的物质生存资料。

随着社会经济发展和人们认知水平的提高，贫困的内涵不断得到拓展，一些学者从社会、文化、能力等多视角来理解和界定贫困概念。英国经济学家汤森认为："所有居民中那些缺乏获得各种食物、参加社会活动和最起码的生活和社交的资源的个人、家庭和群体就是所谓的贫困。"[2] 印度经济学家阿马蒂亚·森提出了"能力贫困"，"把贫困看作对基本可行能力的剥

---

[1] Rowntree, Benjamin S., *Poverty: A Study of Town Life*, London: Macmillan, 1901: 103.
[2] Townsend Peter, *Poverty in the United Kingdom: A Survey of Household Resources and Standards of Living*, Berkeley: University of California Press, 1979: 53.

夺，而不仅仅是收入低下"。①

表 0-1 国内外学者对贫困的界定

| 类型 | 代表性观点 |
|---|---|
| 基于经济视角研究贫困问题，关注贫困的表面现象，即贫困人口表现为没有足够的收入和物质生活资料的缺乏。主要从经济收入和生活资料两个方面进行概念界定 | 美国经济学家保罗·萨缪尔森认为："贫困是一种人们没有足够收入的状况。"①<br>美国经济学西奥多·W. 舒尔茨认为："贫困是作为某一特定社会中特定家庭的特征的一个复杂的社会经济状态。"②<br>国家统计局指出，贫困是"个人或者家庭依靠劳动所得和其他合法收入不能维持其基本的生存需求"。③<br>汪三贵指出，贫困是"缺乏生活资料，缺少劳动力再生产物质条件，或因收入低而仅能维持相当低的生活水平"。④<br>康晓光指出，贫困是"人的一种生存状态，在这种生存状态中，人由于不能合法地获得基本的物质生活条件和参与基本的社会活动的机会，以至于不能维持一种个人生理和社会文化可以接受的生活水准"⑤ |
| 从社会、文化层面界定贫困问题，关注贫困的本质，主要从资源缺乏、能力不足、权利剥夺、机会排斥和社会资本不足等方面进行界定 | 阿马蒂亚·森提出了"能力贫困"的概念，认为贫困"是对基本可行能力的剥夺，而不仅仅是收入低下"⑥<br>世界银行对贫困的界定是一个不断发展的动态过程。1980 年，世界银行指出，"当某些人、某些家庭或者某些群体没有足够的资源去获取他们那个社会公认的，一般都能享受到的饮食、生活条件、舒适和参加某些活动的机会，就处于贫困状态。"⑦<br>1990 年，世界银行提出"能力贫困"："缺乏达到最低生活水准的能力，例如健康、教育和营养等。后来又增加了风险、面临风险时的脆弱性以及不能表达自身需求和影响力。"⑧<br>1997 年，世界银行提出"人文贫困"："将一般意义上的经济贫困扩展到了公民权、政治权、文化权、基本的人权等权力贫困和识字水平、足够营养、预防疾病、健康长寿等能力贫困以及知识贫困范畴。"⑨<br>2001 年，世界银行指出："贫困不仅仅指收入低微和人力发展不足，它还包括人对外部冲击的脆弱性，包括缺少发言权、权利和被社会排斥在外。"⑩<br>2007 年，世界银行提出"广义福利贫困"："贫困指福利的被剥夺状态。""福利被剥夺不仅指物质的匮乏，而且包括低水平的教育和健康；此外，还包括风险和面临风险时的脆弱性，以及不能表达自身的需求和缺乏参与社会的机会。"⑪<br>联合国开发计划署（UNDP）认为："贫困是指无法获得包括物质福利在内的人类发展的机遇和选择的权利，贫困不仅仅是收入缺乏的问题，它是一种对人类发展的权利、长寿、知识、尊严和体面生活标准等多方面的剥夺。"⑫ |

---

① 阿马蒂亚·森：《以自由看待发展》，任赜、于真译，中国人民大学出版社，2002，第 15 页。

续表

| 类型 | 代表性观点 |
|---|---|
| 基于综合视角研究贫困问题，认为贫困是一个十分复杂的问题 | "贫困的维度远远超出了收入不足的范围，其涉及不良的健康和营养状况、较低的受教育水平和技能、谋生手段的缺乏、恶劣的居住条件、社会排斥以及社会参与的缺乏等诸多方面。"[13] |

注：①保罗·A. 萨缪尔森、威廉·D. 诺德豪斯：《经济学》（第十四版）（下），胡代光等译，北京经济学院出版社，1996，第658页；②西奥多·舒尔茨：《经济增长与农业》，郭熙保等译，北京经济学院出版社，1991，第65页；③《中国农村贫困标准》课题组、国家统计局农村社会经济调查总队：《中国农村贫困标准研究》，《统计研究》1990年第6期，第37~42页；④汪三贵：《贫困问题与经济发展政策》，农村读物出版社，1994；⑤康晓光：《中国贫困与反贫困理论》，广西人民出版社，1995，第1页；⑥阿马蒂亚·森：《以自由看待发展》，任赜、于真译，中国人民大学出版社，2002，第15页；⑦世界银行：《1980世界发展报告》，1980；⑧世界银行：《1990世界发展报告》，1990；⑨世界银行：《人类发展报告》，1997；⑩世界银行：《2000/2001世界发展报告》，2001；⑪世界银行：《2007世界发展报告》，2007；⑫联合国开发计划署：《1997年人类发展报告》，1997，第83页；⑬Martin Ravallion, "Multidimensional Indices Poverty, Policy Research Working Paper," http://www-wds.worldbank.org/external/default; Ferreira Francisco, Lugo Maria Ana, "Multidimensional Poverty Analysis: Looking Middle Ground," http://www-wds.worldbank.org.

总体来看，贫困是一个相对的、不断发展的概念，随着经济社会发展和人类认知水平提高，其内涵不断得到丰富和发展，逐渐从表面的物质贫困转向贫困本质。贫困不仅表现为收入不足和物质资料缺乏，还表现为能力不足、权利剥夺、机会排斥和社会资本缺乏等。因此，在解决贫困问题的时候，应该着重提升贫困人口的能力，对贫困人口赋权，为贫困人口提供更多的发展机会和社会资本，从而帮助贫困人口真正实现脱贫致富。

（二）旅游扶贫

我国广大乡村地区大多具备良好的旅游发展潜力。由于贫困地区位置偏远、交通不便，其社会发育程度较低，自然景观与人文习俗受外界干扰和影响较小，造成了我国贫困地区与旅游资源富集区在地理分布上的叠加。① 因此，以"旅游"为载体，以"扶贫"为宗旨，开展旅游扶贫实践成为广大乡村地区扶贫的重要方式之一。随着我国旅游扶贫实践的开展，旅游扶贫的概念于1991年被首次提出。此后，旅游扶贫在国内的学术研究

---

① 肖胜和：《论我国贫困区发展旅游业的基础》，《云南师范大学学报》（自然科学版）1997年第3期，第79~83页。

和政策讨论中不断出现。目前，国内学者给出的旅游扶贫定义达几十种之多，尚未形成统一界定。比较有代表性的定义如下。

吴忠军认为，"旅游扶贫就是通过开发贫困地区丰富的旅游资源，兴办经济实体，使贫困地区人们走上脱贫致富的道路"。① 高舜礼认为，旅游业具有带动各地经济发展，包括贫困地区经济发展和农民脱贫致富的功能，旅游扶贫的对象是具有一定的旅游发展基础的经济欠发达地区。② 郭清霞研究指出，旅游扶贫是指贫困地区依托自己独特的旅游资源，在政府和社会的帮助下发展旅游业，帮助贫困人口脱贫致富，探索出一条适合当地可持续发展的道路。③ 李莉认为，旅游扶贫是指贫困地区通过开发当地旅游资源，扶持当地旅游实体经济，使旅游业成为当地的支柱产业，进而实现贫困人口脱贫致富、地方财政收入增加。④

从上述定义可以看出，人们对旅游扶贫的概念认知是一个不断深化的过程，早期学者们侧重于从"贫困地区经济发展"的角度定义旅游扶贫，随着旅游扶贫实践的不断推进，部分学者把"贫困人口脱贫致富"作为新的侧重点。从根本上说，旅游扶贫是通过发展旅游产业变"输血"为"造血"的扶贫方式，帮助贫困人口积极参与地方旅游发展，在获取稳定收入的基础上提升收入，实现脱贫发展目标。这种从"输血式"到"造血式"的扶贫方式的改变，是从根本上增强贫困人口的内生动力，提升贫困人口的自我发展能力，从而最终实现脱贫目标。当然，旅游扶贫也应当具备一定的前提条件，只有那些具备一定的旅游发展条件的贫困地区才能实施旅游扶贫。

(三) 旅游精准扶贫

随着我国扶贫战略的实施，一些学者指出旅游扶贫应瞄准贫困人口，提出了"旅游精准扶贫"的概念。旅游精准扶贫与国外学者提出的 PPT 和

---

① 吴忠军：《论旅游扶贫》，《广西师范大学学报》（哲学社会科学版）1996 年第 4 期，第 18~21 页。
② 高舜礼：《对旅游扶贫的初步探讨》，《中国行政管理》1997 年第 7 期，第 22~24 页。
③ 郭清霞：《旅游扶贫开发中存在的问题及对策》，《经济地理》2003 年第 4 期，第 558~560 页。
④ 李莉：《基于贫困人口受益的旅游开发与旅游扶贫协同机制构建》，《商业经济研究》2015 年第 19 期，第 103~104 页。

ST-EP 的内涵是一致的,均强调旅游产业中的贫困人口收益。

## 1. PPT 和 ST-EP

旅游扶贫的实践最早源于欧美等发达地区的乡村地区,是随着20世纪70年代以来乡村旅游在意大利、美国和加拿大等发达国家迅速发展而出现的一个新概念,此后越来越多的国家开始探索旅游业在消除贫困上的潜力和作用,旅游业逐渐成为反贫困的重要手段。国际学界一边致力于探索旅游业在消除贫困实践中的作用,一边开展了相关的理论研究,并相继提出了 PPT 和 ST-EP 两个与我国旅游精准扶贫的概念较为接近的概念。

1999 年,英国国际发展局(DFID)基于本国旅游发展与消除贫困的直接关联首次提出了 PPT(Pro-Poor Tourism)概念,即"有利于贫困人口发展的旅游"。此后,PPT 作为一种全新的发展理念引起了业界和学界的广泛关注,并对此展开了深入的探讨。Schilcher 的研究指出,PPT 是一种能够促进减轻贫困的旅游发展方式,是旅游对贫困人口产生的净效益,强调穷人旅游收益必须远远大于他们付出的成本。[①] Ashley、Haysom 认为 PPT 模式是一种增加穷人净收益的旅游方式,这种增加是使穷人能够积极参与经济活动并从经济活动中获得重大利益的增加。[②] 从根本上说,PPT 强调利用任何能给贫困人口带来利益的旅游形式,而不是局限于具体的某种特定的旅游形式,同时它更关注旅游本身给贫困人口带来的净利益,而不太关注其相对收益,强调效益的全面性。[③] 从已有研究来看,PPT 概念的实质为"有利于贫困人口发展的旅游",强调贫困人口能够从旅游业的发展中获得综合净收益,包括经济利益、其他生活利益(自然、社会、文化)、无形的福利。[④] PPT 是与我国旅游精准扶贫最为贴近的概念。PPT 提

---

[①] Schilcher, D, "Growth Versus Equity: The Continuum of Pro-Poor Tourism and Neoliberal Governance," *Current Issues in Tourism*, 2007, 10 (2): 166 – 193.

[②] Ashley, C., Haysom, G., "From Philanthropy to a Different Way of Doing Business: Strategies and Challenges in Integrating Pro-Poor Approaches into Tourism Business," *Development Southern Africa*, 2006, 23 (2): 265 – 280.

[③] Zuhal Önez Çetin, Huseyin Özgur, "A Critical Theoretical Evaluation on Pro-Poor Tourism and Poverty Alleviation," *Mustafa Kemal University Journal of Social Sciences Institute*, 2012 (17): 115 – 133.

[④] Suntikul, W., Bauer, T., Song, H., "Pro-poor Tourism Development in Viengxay, Laos: Current State and Future Prospects," *Asia Pacific Journal Research*, 2009, 14 (2): 153 – 168.

出的关注贫困人口的综合净收益为我国旅游精准扶贫实践提供了理论指导，也就是说，在旅游精准扶贫的实践中，我们不仅要关注短期的经济目标，把提高大多数贫困人口收入、促进其突破贫困线作为旅游扶贫目标，还应该关注贫困人口的自然、社会、文化收益以及无形的福利。

2002年，世界旅游组织与联合国贸易和发展会议提出了ST-EP（Sustainable Tourism and Eliminating Poverty），即"减贫的可持续旅游"，其核心是把可持续旅游作为减贫的一种手段，用以解决旅游发展中出现的社会、文化、环境等方面的负面问题。[1] ST-EP和PPT两者的主要目标都是通过发展旅游带动地方的经济发展，实现脱贫致富。[2] ST-EP在PPT理念的基础上进一步强调旅游发展的可持续性，是基于可持续发展理念对PPT的进一步深化和丰富。ST-EP提出的把可持续旅游作为减贫的一种手段，以及解决旅游发展中出现的文化方面的负面问题，为我国旅游精准扶贫中乡土文化的保护与传承提供了理论指导。

**2. 旅游精准扶贫的内涵**

在脱贫攻坚初期，无论是实业界还是理论界，均基于地区发展视角强调旅游开发对贫困地区经济发展和脱贫致富的功能，而对贫困人口关注不够，在旅游扶贫实践中容易导致旅游扶贫目标被置换。随着精准扶贫战略的提出，旅游扶贫"瞄不准"的问题凸显出来。2013年11月，习近平总书记在湖南湘西考察时指出："扶贫要实事求是，因地制宜。要精准扶贫，切忌喊口号，也不要定好高骛远的目标。"第一次提出"精准扶贫"。[3] 旅游扶贫也应"精准"，旅游精准扶贫是精准扶贫理念在旅游扶贫领域的具体应用。关于旅游精准扶贫的概念内涵，李锋指出旅游精准扶贫不同于过往的一般旅游扶贫，旅游精准扶贫属于一种产业扶贫模式，相较于传统旅游扶贫，"扶真贫"和"真扶贫"是其明确目标，具有对象识别、模式适配、过程管理和绩效评估的精准性等显著特征，更加强调旅游

---

[1] Bennett, O., Roe, D., Ashley. C., "Sustainable Tourism and Poverty Elimination Study," *Overseas Development Institute*, 1999.

[2] David Harrison, "Pro-Poor Tourism: A Critique," *Third World Quarterly*, 2008 (5): 851–886.

[3] 《习近平治国理政关键词：精准扶贫》，共产党员网，2016年3月10日，https://news.12371.cn/2016/03/10/ARTI1457565308630404.shtml。

扶贫的精准性。① 邓小海等进一步指出旅游精准扶贫是由旅游精准扶贫识别、旅游精准扶贫帮扶、旅游精准扶贫管理构成的一个动态的有机系统，是精准扶贫理念在旅游扶贫领域的具体应用，是一种典型的"造血式"产业扶贫形式，区别于一般的"输血式"救济扶贫，强调贫困人口通过参与旅游业发展受益，突出体现贫困人口能力的提升。②

结合国内外已有研究成果，本书认为旅游精准扶贫是指在旅游资源丰富的贫困地区，把可持续旅游作为减贫的一种手段，通过精准匹配贫困人口能力与产业要素，激发其自我发展能力，使贫困人口主动参与旅游业发展，并从中获得综合净收益的扶贫方式。我们可以从三个方面来理解旅游精准扶贫。

第一，旅游精准扶贫是一种全新的反贫困理念，把可持续旅游作为减贫的一种手段。旅游精准扶贫是通过发展旅游业带动贫困人口脱贫致富，旅游业的可持续发展是旅游精准扶贫的前提和基础。因此，贫困地区在旅游精准扶贫项目的实施过程中，应当深入挖掘乡土文化的深层内涵，从长远的战略规划来开发旅游活动，开发出有市场竞争力的文化旅游产品，从而吸引大量游客前来旅游，只有这样才能确保旅游收入的不断增加，最终使贫困人口从本地旅游业的发展中获益。与此同时，规划部门应当始终坚持可持续发展的理念，确保旅游活动的开展不会超越本地的承载能力，要合理利用区域内乡土文化资源，对其进行保护性开发，使本地的文化旅游资源获得长久发展。

第二，旅游精准扶贫从根本上来说是一种"造血式"的产业扶贫，它非常重视让贫困人口参与到旅游业发展中去，主要通过精准匹配贫困人口能力与产业要素，从而激发其自我发展能力。在旅游精准扶贫的过程中，要为贫困人口参与旅游业发展提供机会，在此过程中不断提升其旅游参与能力，并增加其进入旅游市场的可能性。

第三，旅游精准扶贫强调贫困人口从旅游业发展中获得综合净收益。旅游业发展在带给贫困人口多重利益的同时，也可能伴随着多重成本，包

---

① 李锋：《旅游精准扶贫：逻辑内涵、适宜性判断与系统结构》，《扬州大学学报》（人文社会科学版）2017年第4期，第52~64页。
② 邓小海、曾亮、肖洪磊：《旅游精准扶贫的概念、构成及运行机理探析》，《江苏农业科学》2017年第2期，第265~269页。

括经济、社会、文化、环境等方面的成本。对于贫困人口而言，成本应最小化，利益应最大化。旅游精准扶贫强调旅游业的发展给贫困人口带来的经济收益要大于其成本，除了经济收益，社会、文化、环境等方面的收益也应大于其成本，这才是真正对贫困人口有益的发展之路。

旅游精准扶贫是精准扶贫的重要组成部分，重点在于准确把握"精准"的实质内涵，将精准扶贫应用到旅游扶贫领域，以旅游扶贫为基础，更加强调旅游扶贫的精准性，强调旅游扶贫工作的精准识别、精准帮扶以及精准管理。

### （四）乡土文化的内涵与类型

#### 1. 乡土文化的内涵

在对文化与经济发展二者关系的研究中，许多证据表明了特定文化具有促进或阻碍经济发展的作用。[①] 法国思想大师皮埃尔·布迪厄从文化与资本的关系角度指出，"资本源自不断的积累，这种积累活动的主体是人，而人在进行积累活动的过程中不仅创造了资本，也创造了大量的物质和精神财富"。[②] 社会学家亨利·列菲弗尔提出的"空间生产理论"为旅游中的文化再生产动态关系提供了一种有效的分析方法。[③] 露丝·本尼迪克特将文化设想为一个有机综合整体，并提出民族文化是"人格的无限扩展"。[④] 1955年，美国文化人类学家朱利安·斯图尔德提出"文化生态"的概念，这个概念试图用生态学的理念去研究文化现象。[⑤] 20世纪80年代，美国生物学家爱德华·威尔逊提出了文化基因的三种传递模式，即基因遗传传递、文化的传递、基因-文化螺旋交替方式传递。[⑥]

---

① 高波、张志鹏：《文化与经济发展：一个文献评述》，《江海学刊》2004年第1期，第80~87页。
② 徐拥军、卢林涛：《"文化—资本"框架：对历史文化村镇文化资源保护与传承的新解读》，《河北大学学报》（哲学社会科学版）2019年第5期，第104~109页。
③ 朴松爱、樊友猛：《文化空间理论与大遗址旅游资源保护开发——以曲阜片区大遗址为例》，《旅游学刊》2012年第4期，第39~47页。
④ 露丝·本尼迪克特：《文化模式》，王炜等译，社会科学文献出版社，2009。
⑤ 熊春林、黄正泉、梁剑宏：《国内文化生态研究述评》，《生态经济》2010年第3期，第153~155、159页。
⑥ 赵传海：《论文化基因及其社会功能》，《河南社会科学》2008年第2期，第50~52页。

我国学者也基于本土国情对乡土文化的内涵进行了探讨。其中费孝通先生关于乡土文化的研究得到了学界的一致认可。费孝通指出，"乡土文化是体现人与土地关系的乡土性"的文化，正是这种"乡土性"明确了一种适应土地的特殊文化形态。① 廖亚辉认为，"乡土文化是以'礼'为核心，以等级制度和家族宗法制度为内容，在农业基础上形成的适应小农经济的文化，这种文化具有小农意识的保守性与封闭性，是一种融礼治文化、家族文化、安土重迁文化于一体的综合性文化"。② 胡映兰指出乡土文化是村民在长期的共同生活中所形成的独特而稳定的生活方式和价值观念体系的总称。③ 罗明金认为乡土文化是对一定历史阶段、一定地域环境、一定人类种群的生存状态、生活方式、思维方式的反映，是人的外化。④ 乡土文化是中国乡村社会在几千年的历史发展中形成并反映乡村社会生活面貌的工艺技艺、习俗规范和价值思想等的统称。

随着乡村振兴战略在党的十九大的提出，学者们对乡土文化的解读又有了新的发展，乡土文化被赋予了新的含义。曲延春、宋格认为乡土文化不仅是乡村振兴战略中激发农民主体意识的内生动力，而且是乡村和谐社会建设的精神支撑和农村经济绿色发展的驱动要素。⑤ 马树同认为乡土文化是乡村社会存在的精神支柱，是构筑乡村共同体的基石，也是乡村振兴的应有之义。⑥

综合以上学者的研究，本书认为乡土文化是指一定地域环境下村民在长期的农业生产实践和共同生活中所形成的独特而具有稳定共性的文化积淀，是以乡村文化景观或环境为基础，被村民深深植入心底并赋予地域独

---

① 安永娜、李锦宏：《基于乡土文化重塑的乡村旅游发展模式研究——以贵州西江苗寨为例》，《经济研究导刊》2019年第21期，第167~170、181页。
② 廖亚辉：《乡土文化的嬗变与农村社会稳定》，《孝感学院学报》2005年第1期，第98~101页。
③ 胡映兰：《论乡土文化的变迁》，《中国社会科学院研究生院学报》2013年第6期，第94~101页。
④ 罗明金：《新农建设中以乡土文化传承来保护湘西民族传统村落研究》，《西南民族大学学报》（人文社科版）2016年第12期，第66~69页。
⑤ 曲延春、宋格：《乡村振兴战略下的乡土文化传承论析》，《理论导刊》2019年第12期，第110~115页。
⑥ 马树同：《乡村振兴战略背景下乡土文化传承略论》，《延边党校学报》2020年第3期，第79~84页。

特性的文化。乡土文化蕴含着人类在漫长的农耕文明时代的成就,是乡村民众在长期的共同生活中慢慢形成的具有浓厚的文化价值与历史底蕴的载体,是中华民族优秀传统文化的重要组成部分。

乡土文化应根植于农业、农村、农民。可从以下三个方面来理解乡土文化的内涵。首先,乡土文化的本质是农业文化,乡土文化蕴含着人类在漫长的农耕文明时代的成就,是以等级制度和家族宗法制度为内容,在农业基础上形成的,适应小农经济的文化,这种文化具有小农意识的保守性与封闭性,是一种集"礼治文化、家族文化、安土重迁文化"于一体的综合性文化。① 其次,乡土文化的主体是农民,文化是人的文化,乡土文化的形成和发展离不开农民的农业生产实践和生活实践,农民是乡土文化的创造者和传承者。最后,乡土文化根植于农村,农村地理环境是乡土文化得以生存的土壤,是农民赖以生存、获取农业生产和生活资料的基础。

**2. 乡土文化的类型**

学者们就乡土文化的分类展开了诸多探讨。高君、赵微指出,"乡土文化应该是植根于农业、农民、农村,逐渐演变发展、适应城镇化发展要求的,具有鲜明地域、民族、习俗特征的物质财富和精神财富的总和"。② 谢治菊认为乡土文化包含"乡村独特的自然景观""乡村特有的生产劳作方式""乡村生活孕育、传递的文化与情感的交流融合"等三个方面。③ 艾莲认为可以从四个方面来分析乡村的优秀文化,包括山水风貌、乡村建筑、民间民俗工艺品、乡村聚落等的物态文化,包括生活习惯、传统节日、传统文艺表演等的行为文化,包括社会规范、农村生产生活组织方式、乡约村规等的制度文化,包括家族文化、孝文化、宗教文化等的观念文化。④ 在表现形式上可以分为物质与非物质两种,经过乡村旅游

---

① 廖亚辉:《乡土文化的嬗变与农村社会稳定》,《孝感学院学报》2005年第1期,第98~101页。
② 高君、赵微:《乡土文化社会治理功能的理论考量》,《重庆电子工程职业学院学报》2016年第1期,第41~44页。
③ 谢治菊:《转型期我国乡土文化的断裂与乡土教育的复兴》,《福建师范大学学报》(哲学社会科学版)2012年第4期,第156~161页。
④ 艾莲:《乡土文化:内涵与价值——传统文化在乡村论略》,《中华文化论坛》2010年第3期,第160~165页。

开发的不断深化，其中物质性的乡土文化景观有以乡村居民生活空间载体为主的村屋、古建筑群、乡村公共场地和乡村道路等，也有以农耕生产载体为主的从事农、林、牧、副、渔业的劳动场景，还有以环境地貌为主的山川、河流等自然景观。非物质性的乡土文化景观主要是历史传统、习俗、节日、歌舞、饮食和艺术技艺等极具当地"乡土性"的人文特色呈现。①

结合已有研究成果，我们认为乡土文化包括物质文化和非物质文化两种。物质文化主要指乡村文化景观，包括耕地、庭院、学校、祠堂、庙宇等客观环境或场景；非物质文化则包括乡村的方言、讲究、扭秧歌、赏灯会、手工木雕、皮影、赶庙会、求大仙、做礼拜、祷告等乡土习俗或技艺。在城市快速发展与全球化的浪潮下，长期生活在钢筋水泥丛林中的人们格外渴望回归到"日出而作，日落而息"的农耕生活，渴望在蕴含浓厚乡土气息的乡间民宿中小憩几日，这正是乡土文化在当代社会的价值，也是乡村旅游的前景所在。

### （五）耦合机制

"耦合"是一个源于物理学的概念，用于描述两个实体相互依赖的程度，是指两个或多个系统、组件或元素之间相互作用、相互影响的现象或过程。在社会经济领域，耦合被定义为不同事物之间相互作用、彼此影响的程度。它主要描述了两个或两个以上系统或运动形式通过物质、能量、信息的交流，所形成的彼此约束、选择、协同以及扩张的现象。社会学中的"耦合"通常是指不同社会系统或现象之间相互关联、相互作用的过程，可以用来描述各种社会现象之间的相互关系，例如经济系统与政治系统的耦合、文化与社会结构的耦合、科技与社会变迁的耦合等。社会学中的耦合分析通常涉及多个学科领域的知识和方法，例如经济学、政治学、人类学、心理学等。通过对不同社会系统之间的耦合关系进行研究，可以更好地理解社会现象的本质和演变规律，为社会政策制定和社会管理提供科学依据。

---

① 李丽娟：《乡村旅游中"乡土性"的传承与保护》，《社会科学家》2021年第5期，第57~62页。

"机制"一词用于描述机器的构造和工作原理,而后被类比应用于生物学和医学领域,表示有机体发生生理或病理变化时,各器官之间相互联系、作用和调节的方式。在社会学、经济学与管理学等领域中,机制被用来解释在一定的社会组织或经济体中,各构成要素之间相互联系和相互作用的关系及其功能。因此,耦合机制可以被理解为导致事物或系统发生方向性变化的、存在于关联事物或关联系统之间的非线性复杂作用关系。它揭示了不同系统之间通过交互作用影响彼此,从而共同完成任务或产生增力的现象。

在不同的领域中,耦合机制的具体含义和应用可能有所不同。在计算机科学中,耦合机制是指软件系统中各个模块之间相互依赖、相互影响的方式。在这种情况下,耦合机制可以分为不同的类型,如数据耦合、控制耦合、外部耦合等。在生物学中,耦合机制是指不同生物系统之间相互作用、相互影响的方式。例如,生态系统中的生物之间通过食物链和食物网相互联系,形成了一种耦合机制。在社会学中,耦合机制是指不同社会系统之间相互作用、相互影响的方式。例如,经济系统和政治系统之间通过各种政策和法规相互联系,形成了一种耦合机制。总的来说,耦合机制是指不同系统、组件或元素之间相互作用、相互影响的方式或过程,它可以帮助我们理解和分析复杂系统的行为和特性。

## 二 文献回顾

(一) 国外旅游扶贫与乡土文化保护研究进展

### 1. 旅游扶贫方式、效应、主体研究

1999 年,英国国际发展署(DFID)引入 PPT 概念时,就认识到建立合理的旅游扶贫机制是促进穷人受益的一项重要工作。Meyer 针对南非部分地区在旅游发展过程中旅游漏损严重的问题,提出通过加强旅游业与当地贫困社区的联系以促进当地社区从旅游业发展中受益的框架。[①] Pillaya

---

① Meyer, D., "Pro-Poor Tourism: From Leakages to Linkages a Conceptual Framework for Creating Linkages between the Accommodation Sector and Poor Neighbouring Communities," *Current Issues in Tourism*, 2007 (6): 558 – 583.

和 Rogerson 提出了贫困地区旅游业和农业产业融合的扶贫发展模式。[1] Kirsten Tulchin-Francis 等认为以社区发展为目的的旅游扶贫是南非解决贫困问题的一种可行的选择。[2] 由此可以看出，国外关于旅游扶贫方式的研究仍未形成独立的体系，往往只涉及一个项目、一点或一个方面。

在旅游扶贫效应的研究方面，国外学者对于旅游开发对贫困地区的经济效应的研究较为深入。Marc Morell 认为旅游业是典型的劳动密集型产业，劳动资本占比较高，一定量的投资即能形成较大就业需求，带动贫困人口的就业。[3] 20 世纪 60 年代后，国外学术界对旅游的社会文化效应的研究越来越重视。[4] Tan 等提出"旅游可以带来经济增长，这为穷人参与和受益于旅游创造了机会，比如创造就业机会"。[5] Adele 等认为"旅游业还能提供除了经济收益以外的好处，如穷人能力提升、社区基础设施、医疗保健等"。[6] Hatem El-Gohary 等通过对印度的遗产旅游和扶贫的关系进行分析，认为印度的遗产旅游保护了自然与文化遗产，改善了被工业化破坏的自然环境，为当地居民和游客提供了交流和学习的机会。[7] Halder Somenath 和 Sarda Rajesh 指出旅游是非物质文化遗产保护的重要途径，并且提醒人

---

[1] Pillaya, M., Christian, Rogerson. M., "Agriculture-Tourism Linkages and Pro-Poor Impacts: The Accommodation Sector of Urban Coastal Kwazulu-Natal, South Africa," *Applied Geography*, 2003, 36: 49 – 58.

[2] Kirsten Tulchin-Francis, Wilshaw Stevens Jr., Xiangli Gu, Tao Zhang, Heather Roberts, Jean Keller, Dana Dempsey, Justine Borchard, Kelly Jeans, Jonathan Van Pelt., "The Impact of the Coronavirus Disease 2019 Pandemic on Physical Activity in U. S. Children," *Journal of Sport and Health Science*, 2021, 10 (03): 323 – 332.

[3] Marc Morell, "Urban Tourism via Dispossession of Oeuvres: Labor as a Common Denominator," *Focaal*, 2018 (82).

[4] Canoy Nico A., Roxas Gilana Kim T., Robles Augil Marie Q., Alingasa Aniceta Patricia T., Ceperiano Arjohn M., "From Cesspool to Fortified Paradise: Analyzing News Media Territorial Assemblages of Rehabilitating Boracay Island, Western Philippines," *Journal of Sustainable Tourism*, 2020, 28 (8).

[5] Yan-Teng Tan, Pei-Tha Gan, Mohd Yahya Mohd Hussin, Norimah Ramli, "The Relationship between Human Development, Tourism and Economic Growth: Evidence From Malaysia," *Research in World Economy*, 2019, 10 (5).

[6] Breiby Monica Adele, Duedahl Eva, Øian Hogne, Ericsson Birgitta, "Exploring Sustainable Experiences in Tourism," *Scandinavian Journal of Hospitality and Tourism*, 2020, 20 (4).

[7] Hatem El-Gohary, David J. Edwards, Javed Hussain, Navjot Sandhu, "The Reality of Financing Small Tourism Firms: The Case of Indian Tourism SMEs," *International Journal of Customer Relationship Marketing and Management* (*IJCRMM*), 2020, 11 (1).

们缩小旅游开发为开发者带来的经济效益和非物质文化遗产真正的创造者和传承人所获收益之间的差距。①

国外的旅游扶贫研究重视政府在旅游扶贫中的作用，英国政府从1991年起，为农村地区的旅游业发展提供资金支持，在推进乡村旅游产业发展的同时，也促进了乡村经济的发展。② 20世纪90年代以来，国外学者越来越注重对于贫困人口在参与旅游扶贫中的收益的研究，John S. Akama 和 Damiannah Kieti 认为居民应该充分参与到旅游开发中，进而分享旅游开发的成果，促进旅游可持续发展。同时，非政府组织在国外的旅游扶贫中也发挥了不可替代的作用，非政府组织作为旅游发展过程中的众多股东之一，拥有旅游管理权，它能够为社区带来稳定持久的利益。③ Kasum Josip 等认为，政府部门要发挥其职能，通过向乡村旅游发展提供财政支持、发挥部门监管作用等，为乡村旅游发展提供保障。④

### 2. 乡土文化保护与传承研究

国外对于乡土文化保护和传承的研究起源于二战以后。专家们发现在旅游业发展过程中，古建筑被破坏对文化的传承有着极大的影响，于是政府开始制定专门针对文化保护的法律。1977年12月，在意大利举办的国际建协大会通过了 Charter of Machu Picchu，⑤ 其中明确规定：不仅应保护好城市的历史古迹，对代表民族特性的文物、文化都应给予保护和传承。⑥ 认为一切有价值的物质文化和非物质文化都应当得到保护。温迪·格里斯

---

① Halder Somenath, Sarda Rajesh, "Promoting Intangible Cultural Heritage (ICH) Tourism: Strategy for Socioeconomic Development of Snake Charmers (India) through Geoeducation, Geotourism and Geoconservation," *International Journal of Geoheritage and Parks*, 2021 (prepublish).
② 周艺华：《泉州市 HQ 镇乡村旅游扶贫中的政府行为研究》，硕士学位论文，华侨大学，2020。
③ John S. Akama, Damiannah Kieti. "Tourism and Socioeconomic Development in Developing Countries: A Case Study of Mombasa Resort in Kenya," *Journal of Sustainable Tourism*, 2007, 15 (6) 735 – 748.
④ Kasum Josip, Žanić Mikuličić Jelena, Kolić Vinka, "Safety Issues, Security and Risk Management in Nautical Tourism," *Transactions on Maritime Science*, 2018, 07 (02).
⑤ 陈占祥：《马丘比丘宪章》，《城市规划研究》1979年第00期，第1~14页。
⑥ Rudofsky, B., *Architecture Without Architects: A Short Introduction to Non-pedigreed Architecture*, UNM Press, 1964.

沃尔德认为地方文化要顺应社会变化，坚持发展。① 本土文化应不断应对全球化的冲击，不断推动自身发展，只有这样，才能更好地适应外部世界的变化，更好地被传承下去。② 这为我们传承文化提供了一个很好的思路。要想持续传承本土文化，就必须创新本土文化，与时俱进，适应外部世界的变化。在关于乡土文化保护与传承的研究中，MacDonald 和 Lee 认为当地居民以合作的态度参与文化旅游发展能够有效地保护当地特色文化。③ 但是 Thompson 认为乡村旅游带来的外来游客增多，会导致乡村逐渐缺失文化性。④ John Mccarthy 提出要以形成文化聚集区的方式提高乡村的凝聚力，也应该出台关于倡导文化聚集的政策。⑤ 阿古智子指出可以采取整合乡村文化、振兴乡村文化的方式提高乡村凝聚力，从而促进乡村经济发展。⑥ 除此之外，世界各国也基于不同的国情与发展情况，兴起了造乡运动。日本的造町运动、韩国的新村运动、德国的乡村更新运动、荷兰的农地整理与乡村景观美化运动、英国的乡村保护运动等⑦都体现了各个国家对本国文化保护与传承的策略，也提醒我们对于文化的保护与传承既需要借鉴国外的经验，同时更应该结合我国的实际情况采取相应的措施。

### 3. 旅游扶贫与乡土文化传承的关系研究

从 20 世纪开始，国外学者就注意到了乡村旅游开发对当地文化产生的积极影响，提出要从客观辩证的角度去探讨旅游和文化的关系，国外一些学者通过研究发现文化的价值在旅游开发过程中是尤为重要的。Hultman

---

① 卢文超：《什么是文化菱形？——格里斯沃尔德艺术社会学思想研究》，《外国文学》2018 年第 6 期，第 71~80 页。
② 埃德加·莫兰：《迷失的范式：人性研究》，陈一壮译，北京大学出版社，1999，第 33~34 页。
③ MacDonald, R., Lee, J., "Cultural Rural Tourism: Evidence from Canada," *Annals of Tourism Research*, 2003, 30 (2): 307–322.
④ Thompson, C. S., "Host Produced Rural Tourism: Towa's Tokyo Antenna Shop," *Annals of Tourism Research*, 2004, 31 (3): 580–600.
⑤ John Mccarthy, "The Appliation of Policy for Cultural Clustering: Current Practice in Scotland," *Europen Planning Studies*, 2006, (3): 397–408.
⑥ 阿古智子：《日本水田农业中"村落营农"的发展》，《三农中国》2006 年第 2 期。
⑦ 马一桅：《基于乡土文化视野下新农村景观设计研究——以陕西省丹凤县冠山村为例》，硕士学位论文，西安建筑科技大学，2015。

和Hall认为，旅游是生产文化和再造地方性的主要驱动力，① 肯定了旅游开发对当地文化传承发挥的重要作用。Manuel认为不管是把乡村旅游作为文化经济，还是将乡村文化作为文化符号，都可以推动当地文化保护。② Cristiana研究发现，乡村旅游对社区农民的影响在核心区域和边缘区域之间存在较大的空间差异。③ Oh Joon Suk等在对科罗拉多州23个镇的居民调查后指出，居民除了享受旅游开发带来的经济发展外，他们更为关注的是旅游开发给民俗文化带来的影响，他们更为看重的是自己的文化是否能得以延续和发展。④

Warnken和Cannoves通过跨学科、定性与定量相结合的方式对乡村旅游产生的社会影响的积极和消极方面进行了较为系统的研究。⑤ Juan Luis Campa等认为以合作的态度参与文化旅游发展具有保护当地特色文化的作用。⑥ Sedigheh Moghavvemi等强调了在国家或政府支持下的旅游开发能够很好地保护当地文化景观，在一定意义上可以合理有效地促进文化传承。⑦

当然，也有一些研究者对旅游开发对乡土文化的保护传承的作用持否定态度。Caroline Ashley认为如果旅游业无法解决当地的贫困问题，那么在市场化的背景下青少年可能会走上性犯罪的道路，指出旅游业开发不当

---

① Hultman, J., Hall, C. M., "Tourism Place-Making: Governance of Locality in Sweden," *Annals of Tourism Research*, 2012, 39 (2): 547–570.

② Manuel, B. Aalbers, "Financial Geography: Introduction to the Virtual Issue," *Transactions of the Institute of British Geographers*, 2015, 40 (2).

③ Cristiana Cristureanu, "Agritourism: A Challenge for the Romanian Tourism," 문화관광연구, 2016, 18 (2).

④ Oh Joon Suk, Lee Sae Rom, Hwang Min Young, "Consolidation and Adhesion of Cellulose Nitrate of Folklore Artifacts in the 19~20th Century," *Journal of Conservation Science*, 2018, 35 (6).

⑤ Warnken, J., Cannoves, G., "Perception of Local Communities on the Sociocultural Impacts of Rural Tourism. Case of Bellavista, El Oro, Ecuador," *Revista interamericana de ambientey turismo*, 2017, 13 (1).

⑥ Juan Luis Campa, Francesca Pagliara, María Eugenia López-Lambas, Rosa Arce, Begoña Guirao, "Impact of High-Speed Rail on Cultural Tourism Development: The Experience of the Spanish Museums and Monuments," *Sustainability*, 2019, 11 (20).

⑦ Sedigheh Moghavvemi, Kyle M. Woosnam, Amran Hamzah, Ali Hassani, "Considering Residents' Personality and Community Factors in Explaining Satisfaction with Tourism and Support for Tourism Development," *Tourism Planning & Development*, 2020, 18 (3).

会将未成年人带入歧途。① MacDonald 和 Lee 认为发展旅游业会破坏原有的乡村文化性。② 林伍德在他的著作《以磅出售的文化》中提出把当地居民的传统文化做成产品售卖给游客会使当地文化黯然失色，无法凸显出它的专属含义与内在精神。

关于乡土文化的旅游扶贫模式，国外较早开展了研究，不同国家实施了不一样的旅游模式。Agung Wahyu Handaru 指出贫困地区应该发展具有地方特色的旅游业，以此推动经济发展、助力贫困人口脱贫。③ Eshoo Paul Frederick 等④、Rita Parmawati 等⑤分别研究了印度尼西亚爪哇岛的婆罗浮屠和老挝 Nam Ha 生态旅游项目，并指出小企业在旅游扶贫中优势明显，更有助于游客体验当地文化。可见，国外的乡村旅游发展早、经验丰富，各个国家都有独特的模式。政府主导型的开发模式主要涉及爱尔兰、阿根廷和澳大利亚。澳大利亚主要依托土著特色发展旅游扶贫，利用当地独特的民族风情和传统文化，再加上丰富的旅游资源，使当地土著获得了经济自立。⑥ 以市场为主的开发模式主要涉及德国、美国、韩国等。其中，韩国乡村旅游扶贫比较典型，⑦ 其利用本土自然资源优势，发展乡村旅游业，同时十分重视对旅游产品的宣传推介。⑧ 美国属于都市依托型模式，在都

---

① Caroline Ashley, "Methodology for Pro-Poor Tourism Case Studies," *PPT Working Paper*, 2003 (10).
② MacDonald, R., Lee, J., "Cultural Rural Tourism: Evidence from Canada," *Annals of Tourism Research*, 2003, 30 (2): 307–322.
③ Agung Wahyu Handaru, "Pro-Poor Tourism: Findings from Bangka Island, Indonesia," *Academy of Strategic Management Journal*, 2018, 17 (2).
④ Eshoo Paul Frederick, Johnson Arlyne, Duangdala Sivilay, Hansel Troy, "Design, Monitoring and Evaluation of a Direct Payments Approach for an Ecotourism Strategy to Reduce Illegal Hunting and Trade of Wildlife in Lao PDR," *PloS One*, 2018, 13 (2).
⑤ Rita Parmawati, Edriana Pangestuti, Wike Wike, Rizha Hardyansah, "Sustainable Tourism on Red Island Beach Banyuwangi: An Analysis of Rapfish-MDS (Multi-Dimensional Scaling)," Proceedings of the 13th International Interdisciplinary Studies Seminar, IISS 2019, 30–31 October 2019, Malang, Indonesia, 2020.
⑥ 张川杜：《澳大利亚 450 万游客带来 160 亿澳元》，《光明日报》2000 年 3 月 17 日，第 Z03 版。
⑦ 黄渊基：《国外旅游扶贫的实践探索及经验启示》，《衡阳师范学院学报》2018 年第 3 期，第 100~106 页。
⑧ 赵霞：《国内外乡村旅游开发模式的对比研究》，《决策探索（下）》2019 年第 4 期，第 85~86 页。

市的周边结合具有浓厚人文色彩的田园、村舍、农业文化遗产等旅游项目开辟旅游区。① 政府与市场混合开发模式主要涉及法国、新西兰、加拿大等,其中法国乡村旅游已经形成了成熟的模式,乡村旅游类型集中在农业休闲、民俗旅游、美食品尝等方面,形成了以家庭农场为主导的原生态绿色旅游态势。② 老挝琅勃拉邦是典型的价值链旅游扶贫模式。③ 作为老挝著名的文化古都和佛教中心,琅勃拉邦文化底蕴深厚,文化遗产和文化旅游资源非常丰富。印度旅游扶贫依托税收、技术培训等扶持政策带动了传统手工艺产品制造业等地方性旅游企业的发展;④ 印度遗产旅游保护了自然与文化遗产,改善了被工业化破坏的环境,为当地居民和游客提供了交流的机会。⑤ 在非洲国家中,依托土著特色发展旅游扶贫最典型的是南非,其以野生动物资源、地质景观、热带草原景观等为基础发展生态旅游,以土著民族文化为特色发展文化旅游。⑥ 日本属于功能复合型模式,依托各地的自然资源、农业禀赋、人文特色来设计相关产品,打造出多样化、复合型的旅游产品。⑦

(二) 国内旅游精准扶贫与乡土文化传承研究进展

### 1. 旅游精准扶贫模式及问题研究

国内学者对旅游扶贫模式开展了较为丰富的研究,研究多以旅游扶贫某一角度或案例地为对象,对自然旅游、遗产旅游、文化旅游、农业旅游等进行了深入、细致的分析和探讨,并总结了一些成功经验。湖北省旅游

---

① 莫莉秋:《国外乡村旅游发展的典型模式》,《人民论坛》2017年第31期,第202~203页。
② 方忠权、郭艺贤:《法国的乡村旅游及其启示》,《广州大学学报》(社会科学版) 2008年第3期。
③ 龙潜颖、杨德进:《旅游价值链扶贫模式:致力于贫困人口受益的国际实践经验》,载杨德进主编《旅游扶贫——国际经验与中国实践》,中国旅游出版社,2015,第62~63页。
④ Mani Shankar Aiyar, Nupur Tiwar, "Inclusive Growth through Inclusive Goverance in India's North East, Commonwealth," *Journal of Local Goverance*, 2009, 2 (1): 138.
⑤ Poyya Moli G., "Promotion of Peace and Sustainability by Community Based Heritage Eco-cultural Tourism in India." *The International Journal of Humanities and Peace*, 2003, 19 (1): 40-45.
⑥ Bhekizizwe Ntuthuko Mbuli, "Poverty Reduction Strategies in South Africa." *University of South Africa*, 2008 (3): 14-15.
⑦ 莫莉秋:《国外乡村旅游发展的典型模式》,《人民论坛》2017年第31期,第202~203页。

局等的《关于湖北省部分贫困地区旅游扶贫的调查报告》,[①] 张伟、张建春、魏鸿雁的《基于贫困人口发展的旅游扶贫效应评估——以安徽省铜锣寨风景区为例》,[②] 郑群明、钟林生的《参与式乡村旅游开发模式探讨》[③] 提到的旅游扶贫模式主要有政府主导模式、景区带动模式、农旅结合模式和移民迁置模式。李晓琴的《恩施州旅游扶贫模式优化研究——基于贫困度与旅游资源禀赋度的耦合性分析》[④]、倪茜楠的《旅游扶贫模式研究:以鲁山县温泉旅游为例》[⑤]、游佩媛的《旅游扶贫模式研究——以北京郊区民俗村、贵州省巴拉河乡村旅游项目为例》[⑥] 等出于实践发展的需求对旅游扶贫模式进行了更深入的印证。在机制方面,梁明珠在《生态旅游与"三农"利益保障机制探讨》中从"三农"利益保障的角度提出构建机制的设想;[⑦] 朱晶晶等在《基于运行机制的旅游扶贫支持系统和开发模式》中从目标、决策、动力、保障、信息等方面构建了旅游扶贫联动运行机制;[⑧] 王永莉在《旅游扶贫中贫困人口的受益机制研究——以四川民族地区为例》中探讨了四川民族地区贫困人口在旅游扶贫中的受益机制;[⑨] 胡明文、王小琴在《生态旅游扶贫开发的多元主体协同机制探讨——以兴国县天鹅湖社区为例》中指出,要建立有效整合各方力量、高效运行的多元参与

---

[①] 湖北省旅游局等:《关于湖北省部分贫困地区旅游扶贫的调查报告》,《旅游调研》2002年第4期,第327~332页。
[②] 张伟、张建春、魏鸿雁:《基于贫困人口发展的旅游扶贫效应评估——以安徽省铜锣寨风景区为例》,《旅游学刊》2005年第5期,第43~49页。
[③] 郑群明、钟林生:《参与式乡村旅游开发模式探讨》,《旅游学刊》2004年第4期,第33~37页。
[④] 李晓琴:《恩施州旅游扶贫模式优化研究——基于贫困度与旅游资源禀赋度的耦合性分析》,硕士学位论文,中国地质大学(武汉),2013,第36~51页。
[⑤] 倪茜楠:《旅游扶贫模式研究——以鲁山县温泉旅游为例》,硕士学位论文,河南大学,2012,第11~18页。
[⑥] 游佩媛:《旅游扶贫模式研究——以北京郊区民俗村、贵州省巴拉河乡村旅游项目为例》,硕士学位论文,北京第二外国语学院,2006,第5页。
[⑦] 梁明珠:《生态旅游与"三农"利益保障机制探讨》,《旅游学刊》2004年第6期,第69~72页。
[⑧] 朱晶晶、陆林、朱桃杏:《基于运行机制的旅游扶贫支持系统和开发模式》,《资源开发与市场》2005年第4期,第296~299页。
[⑨] 王永莉:《旅游扶贫中贫困人口的受益机制研究——以四川民族地区为例》,《经济体制改革》2007年第4期,第92~96页。

协同机制;① 杨阿莉、把多勋在《民族地区社区参与式旅游扶贫机制的构建——以甘肃省甘南藏族自治州为例》中指出,实现民族地区旅游扶贫的目标,需要构建社区参与的旅游扶贫长效机制。②

从研究内容中可以发现,旅游精准扶贫模式和旅游扶贫模式的研究进程大体上是一致的。胡锡茹总结了云南省在多年扶贫实践中形成的生态旅游模式、民族文化旅游模式、边境旅游模式三大旅游扶贫模式。③ 陈雪钧和李莉对我国民族地区旅游精准扶贫的模式进行了研究,认为乡村旅游、民族文化旅游是重要的旅游扶贫模式。④ 也有很多学者根据参与主体的不同来研究旅游扶贫模式。例如,杨冬琴和吕叶认为"旅游业是一个政府主导型产业",强调"政府在市场运作机制基础上采取主导型措施扶持旅游业的发展"。⑤ 王玉清和陈玥彤总结出我国旅游精准扶贫有政府主导、景区带动、政企合作、扶贫试验区、区域联合发展五种模式。⑥

随着精准扶贫阶段的到来,造血式的旅游扶贫模式成为研究的热点。社区参与同样成为国内重要的旅游精准扶贫模式。李雪琴认为政府主导型旅游扶贫效果会大打折扣,扶贫路子走得比较缓慢或不会持续发展,因此她主张社区主导型旅游扶贫。⑦ 民族地区在精准扶贫、乡村振兴战略背景下突出少数民族独特的民族风情和民俗文化来发展民宿旅游,如湖北省利川市土家族、苗族聚居区。⑧ 以土特、非遗产品为基础的乡村旅游发展模式,如海南省会山镇下属的苗绣园村大力培植苗绣文化与民族手工业,引

---

① 胡明文、王小琴:《生态旅游扶贫开发的多元主体协同机制探讨——以兴国县天鹅湖社区为例》,《江西农业大学学报》(社会科学版) 2010 年第 4 期,第 43~46 页。
② 杨阿莉、把多勋:《民族地区社区参与式旅游扶贫机制的构建——以甘肃省甘南藏族自治州为例》,《内蒙古社会科学》(汉文版) 2012 年第 5 期,第 131~136 页。
③ 胡锡茹:《云南旅游扶贫的三种模式》,《经济问题探索》2003 年第 5 期,第 109~111 页。
④ 陈雪钧、李莉:《精准扶贫视角下民族地区乡村旅游扶贫模式创新——以重庆市渝东南民族地区为例》,《江苏农业科学》2019 年第 5 期,第 337~341 页。
⑤ 杨冬琴、吕叶:《政府主导型少数民族扶贫式旅游开发探索——以云南省彝良县木椿沟苗族风情园建设为例》,《旅游纵览》(下半月) 2012 年第 20 期,第 19~20 页。
⑥ 王玉清、陈玥彤:《国内旅游精准扶贫实践启示》,《旅游纵览》(下半月) 2019 年第 22 期,第 147~148 页。
⑦ 李雪琴:《基于社区主导型发展的乡村旅游扶贫模式探讨》,《生态经济》(学术版) 2013 年第 2 期,第 351~353 页。
⑧ 卢世菊、吴海伦:《精准扶贫背景下民族地区民宿旅游发展研究》,《贵州民族研究》2019 年第 1 期,第 135~138 页。

导与带动全镇苗族风俗、文化、土特产品产业的可持续发展。①

邓小海等的研究指出，旅游精准扶贫能够使贫困地区的环境得到很大改善，贫困人口能够从中受益，但由于各种基础条件薄弱，贫困人口的获益会大打折扣。② 杨建等从旅游精准扶贫的内涵上进行分析，认为旅游精准扶贫能够改善贫困地区旅游发展条件，提高贫困人口参与旅游发展的能力，进而达到贫困人口脱贫致富的目标。③ 田翠翠等通过对重庆一个村庄的研究，构建了旅游精准扶贫效应评价指标体系。④

国内旅游扶贫问题研究是伴随着对旅游扶贫实践经验的总结而兴起的。高舜礼的《旅游扶贫的经验、问题及对策》⑤、郭清霞的《旅游扶贫开发中存在的问题及对策》⑥、王铁的《规划而非开发——对旅游扶贫规划中的几个问题的探讨》中提到旅游扶贫存在对旅游扶贫认识不到位、将旅游业发展与贫困地区经济增长视为旅游扶贫的目标、将旅游扶贫简化为旅游开发、旅游扶贫目标对象发生偏离、忽视了贫困人口与社区利益等问题。⑦ 针对旅游扶贫实践中出现的问题，学者们提出了相应的对策。李永文、陈玉英的《旅游扶贫及其对策研究》⑧、王铁的《规划而非开发——对旅游扶贫规划中的几个问题的探讨》⑨ 中提出，"首先要把旅游扶贫目标从'区域'转为'穷人'"。

---

① 黄震方、陆林、苏勤、章锦河、孙九霞、万绪才、靳诚：《新型城镇化背景下的乡村旅游发展：理论反思与困境突破》，《地理研究》2015年第8期，第1409~1421页。
② 邓小海、曾亮、罗明义：《精准扶贫背景下旅游扶贫精准识别研究》，《生态经济》2015年第4期，第94~98页。
③ 杨建、韩宗伟、张翊红：《旅游精准扶贫的作用机理和推进策略》，《云南社会科学》2016年第6期，第52~56页。
④ 田翠翠、刘黎黎、田世政：《重庆高山纳凉村旅游精准扶贫效应评价指数模型》，《资源开发与市场》2016年第12期，第1436~1440页。
⑤ 高舜礼：《旅游开发扶贫的经验、问题及对策》，《旅游学刊》1997年第4期，第8~11页。
⑥ 郭清霞：《旅游扶贫开发中存在的问题及对策》，《经济地理》2003年第4期，第558~560页。
⑦ 王铁：《规划而非开发——对旅游扶贫规划中的几个问题的探讨》，《旅游学刊》2008年第9期，第7~8页。
⑧ 李永文、陈玉英：《旅游扶贫及其对策研究》，《北京第二外国语学院学报》2002年第4期，第74~76页。
⑨ 王铁：《规划而非开发——对旅游扶贫规划中的几个问题的探讨》，《旅游学刊》2008年第9期，第7~8页。

### 2. 乡土文化传承现状与困境研究

乡土文化是中国传统文化的重要组成部分，不同学科，如社会学、教育学、经济学、艺术学、建筑学、文学等领域均对其开展了研究。随着我国乡村振兴和乡村建设事业的不断推进，乡土文化开始受到越来越多学者的关注。

在乡土文化研究中，我国著名社会学家费孝通提出的中国乡土社会的"熟人社会"和"礼治社会"社会网络模式以及伦理本位人际关系的文化原理最具有影响力。在乡土文化传承途径方面，张琳通过调研，提出了民宿文化提升、文化旅游空间主动营造、村民公共活动空间改造三种传统村落旅游发展与乡土文化传承的空间耦合模式。[1]

以整体性的视角看待乡土文化的发展过程，可以发现乡土文化的传承与发展存在一定的困境，学者们将此困境产生的原因主要归结为现代化、城市化以及由此引起的人们思想观念的转变等。基于此类问题，学者们认为应该突破这一困境，转向乡土文化与旅游结合的模式。

随着社会的不断发展，乡土文化的传承逐渐面临问题，江又明通过调研发现安徽省乡土文化保护与传承存在古建筑与景观文化破坏严重，乡土民俗活动、传统农耕种植遗失明显以及传统文化传承断层等问题。[2] 刘晓航在研究中也提出传承与创新优秀乡土文化面临着自然村落逐渐消失、文化传承主体缺位以及文化承载客体日渐衰退等一些挑战。[3] 谭燕瑜等提出在文化基因视角下，少数民族传统文化保护与传承存在少数民族传统文化失真、文化同化与异化、文化自觉意识衰退和文化生态环境衰落等问题。[4] 学者柯艳霞在《城镇化进程中乡土文化的危机与重构》中立足于城镇化对地方文化的催化作用，逐步阐释了地方文化所面临的生存危机。乡土文化由于不能承受和适应城市化的发展，正面临着文化发展模式消失的问题，

---

[1] 张琳：《乡土文化传承与现代乡村旅游发展耦合机制研究》，《南方建筑》2016年第4期，第15~19页。
[2] 江又明：《乡村振兴中安徽乡土文化的保护与传承机制研究》，《池州学院学报》2018年第5期，第77~81页。
[3] 刘晓航：《优秀乡土文化传承与创新的路径研究——基于乡村振兴战略的视角》，《现代化农业》2018年第9期，第44~46页。
[4] 谭燕瑜、钟泓、康忠慧：《文化基因视角下少数民族传统文化保护与旅游扶贫协同发展策略研究》，《文化学刊》2020年第5期，第84~86页。

乡村韵味的逐渐丢失将成为必然发展趋势。①

王健基于乡村振兴战略的背景提出，面对乡土文化传承的困境，我们要坚定文化自信，以社会主义核心价值观为引领，将主流文化与乡土文化有机结合，同时鼓励乡村教师发挥自身优势，培育乡土情怀，多管齐下促进乡土文化的传承。②曲延春和宋格基于乡土文化传承主体、传承客体、传承方式以及传承环境四个维度提出，重塑乡土文化传承主体、保护好乡土文化传承客体、优化乡土文化传承环境、创新乡土文化传承方式是乡村振兴战略下乡土文化传承的路径。③邢千里、李晓荣认为，在加快乡村振兴战略实施步伐的当下，乡土文化的传承很容易被忽视，无形的文化随着传统村落的消失而消失，他们从文化建设的不平衡、文化载体的缺失以及村民对自身乡土文化的传承意识不足三个角度分析了乡土文化传承困境产生的原因，并且提出应该充分利用乡村振兴战略的资源与途径来完善乡土文化传承方面的工作。④

### 3. 旅游精准扶贫与乡土文化传承的关系研究

乡村旅游有利于文化保护、传承或传播等。⑤马路遥认为，开展民族文化传承研究应该具备一定的范式，从而使研究更为系统和科学。⑥文化传承体系是多种元素、多个环节组成的复杂系统，传承体系各要素、各环节之间是一种相互影响、相互制约的多重关系，这些要素包括传承主体（传者与受者）、传承场、传承内容、传承方式和保障体系。事实上，旅游

---

① 柯艳霞：《城镇化进程中乡土文化的危机与重构》，《兰州学刊》2012年第11期，第210~212页。
② 王健：《乡村振兴战略背景下乡土文化的传承》，《湖南科技学院学报》2019年第11期，第99~101页。
③ 曲延春、宋格：《乡村振兴战略下的乡土文化传承论析》，《理论导刊》2019年第12期，第110~115页。
④ 邢千里、李晓荣：《新时代乡土文化传承与乡村振兴研究》，《美与时代》（城市版）2020年第5期，第105~106页。
⑤ 相关理论在以下文献中都有涉及。杨桂华：《民族生态旅游接待村多维价值的研究——以香格里拉霞给村为例》，《旅游学刊》2003年第4期，第76~79页；林锦屏、周鸿、何云红：《纳西东巴民族文化传统传承与乡村旅游发展研究——以云南丽江三元村乡村旅游开发为例》，《人文地理》2005年第5期，第78~80页；李萍、王倩、Chris Ryan：《旅游对传统村落的影响研究——以安徽齐云山为例》，《旅游学刊》2012年第4期，第57~63页。
⑥ 马路遥：《旅游开发背景下民族文化传承研究述评》，《铜仁学院学报》2018年第2期，第122~128页。

开发有助于培育传统民族文化的现代生存空间，促进传统文化的复兴和保护，在经济利益的驱动下，民族文化的传承也就"自然而然"地出现了，其对民族文化的保护与传承利大于弊。

旅游激活了传统文化、唤醒了民族自觉。旅游通过对共同体认知和价值观的直接干预，影响了共同体成员对有用性的评判，从而间接影响传统文化的传承。① 民族旅游推动了各少数民族传统文化的复兴以及民族身份、民族精神的再建构，而且为族群文化的复制、再造和再生产提供了前所未有的场景和舞台。② 发展民族旅游，将会实现族群认同的文化要素与民族旅游开发项目的完全对接，使旅游成为一种文化事业。③ 在旅游背景下族群认同研究的方法上，旅游对族群认同的影响应该考虑到旅游地族群的参与程度和参与方式，不以族群文化为主要吸引物的社区，其族群认同会被旅游活动强化。④

在旅游开发与文化传承方面，阚如良、李肇荣提出在旅游开发中应保护文化生态，提倡社区旅游。⑤ 光映炯、张晓萍认为在旅游开发中"传统"的传承场域具有了现代"旅游场域"的新的传承特点，反映了在社会经济大发展时代下的特有传承环境。⑥ 邓小艳基于文化传承源在社区以及承载社区中的特点，认为社区参与旅游开发是有利于非物质文化遗产传承的实践方式，有利于保护和培育非物质文化遗产的生存空间。⑦

在旅游开发对文化传承内容的影响的研究中，学者们主要探讨了旅游如何影响文化的原真性，如何确保文化在旅游开发中保持原真性，从而使

---

① 郭山：《旅游开发对民族传统文化的本质性影响》，《旅游学刊》2007 年第 4 期，第 30 ~ 35 页。
② 杨慧：《民族旅游与族群认同、传统文化复兴及重建——云南民族旅游开发中的"族群"及其应用泛化的检讨》，《思想战线》2003 年第 1 期，第 41 ~ 44、79 页。
③ 白杨：《旅游视野下的壮族族群认同》，《百色学院学报》2006 年第 5 期，第 23 ~ 25 页。
④ 孙九霞、陈浩：《旅游对目的地社区族群认同的影响——以三亚回族为例》，《地理研究》2012 年第 4 期，第 758 ~ 768 页。
⑤ 阚如良、李肇荣：《论旅游开发与非物质文化遗产传承》，《旅游论坛》2008 年第 6 期，第 361 ~ 365 页。
⑥ 光映炯、张晓萍：《基于旅游人类学视角的民族节日传承与发展——以西双版纳傣族"泼水节"为例》，《中南民族大学学报》（人文社会科学版）2010 年第 1 期，第 45 ~ 49 页。
⑦ 邓小艳：《文化传承视野下社区参与非物质文化遗产旅游开发的思路探讨》，《广西民族研究》2012 年第 1 期，第 180 ~ 184 页。

民族文化传承的内容规避异质化。张瑛、高云认为，商业开发使非物质文化遗产原真性被扭曲，从而使文化失真。① 吴兴帜、罗沁仪主张，在旅游开发中，手工艺遗产保护传承以手工艺品的原生性主体对其分类为指导，以"手、工、艺、品"四个层面为实践途径，从而实现手工艺遗产的活态、原真性保护传承。② 孙海洋认为，应该进行区域特色文化、现代多元文化与旅游纪念品相结合的产品设计，强调旅游纪念品的造型、色彩、材质及功能应具有民族特色元素，让民族文化在时尚中传承。③ 在旅游开发中的文化传承方式上，施伟萍主张在职业学校设立"非遗传承教学基地"，学校与企业深度合作，非遗大师进校参与教学，构建以技能培养为主的现代人才培养模式。④

由于我国大众旅游起步较晚，许多地方的旅游开发与非物质文化遗产的保护工作是同时进行的，这为旅游开发中文化传承的保障体系建设提供了有利的条件。学者们也对文化传承的保障体系进行了一定的探讨。雷蓉、胡北明认为，旅游开发为非物质文化遗产的保护提供了必要的资金。⑤ 李欣华、吴建国认为，在旅游开发中，国家法规、寨规（习惯法）和"工分制"的综合作用使村寨文化得到有效的保护和继承。⑥ 翁时秀认为旅游开发中文化传承保护所采取的所有措施都要符合"合法性"，且同时具备形式合法性和实质合法性，即文化传承者既认可文化的价值，又遵守保护政策和行为倡议。⑦

当然，旅游开发也可能对当地的乡土文化保护与传承造成负面影响。

---

① 张瑛、高云：《少数民族非物质文化遗产保护与旅游行政管理研究——以云南民族歌舞为例》，《贵州民族研究》2006 年第 4 期，第 79~84 页。
② 吴兴帜、罗沁仪：《手工艺遗产保护传承研究：回顾与思考》，《云南师范大学学报》（哲学社会科学版）2015 年第 1 期，第 56~62 页。
③ 孙海洋：《西兰卡普的艺术传承及其旅游纪念品设计研究》，《包装世界》2016 年第 2 期，第 92~94 页。
④ 施伟萍：《基于现代学徒制的非遗传承人培养模式构建——以苏州旅游与财经高等职业技术学校为例》，《职教通讯》2017 年第 5 期，第 36~38、42 页。
⑤ 雷蓉、胡北明：《非物质文化遗产旅游开发的必要性分析——基于保护与传承的视角》，《贵州民族研究》2012 年第 2 期，第 130~134 页。
⑥ 李欣华、吴建国：《旅游城镇化背景下的民族村寨文化保护与传承——贵州郎德模式的成功实践》，《广西民族研究》2010 年第 4 期，第 193~199 页。
⑦ 翁时秀：《旅游发展与文化传承保护的合法性》，《旅游研究》2016 年第 3 期，第 8~10 页。

保继刚和苏晓波认为历史城镇的过度商业化发展会侵蚀传统文化,造成传统文化和艺术的消亡和改变;① 孙艺惠等的研究指出,旅游发展会使乡土文化的景观结构发生改变,造成文化景观的破碎化、边缘化,以及文化孤岛现象的出现;② 黄震方等认为传统的乡土文化正在面临景观消减化、价值低估化、地位边缘化、文脉撕裂化、内容变异化、形式低俗化、主体空心化、传承艰难化等困境。③ 马树同认为乡村旅游开发可以改善乡村的基础设施条件,增加与外界交流的机会,提高乡村的生活水准。但是随着外来文化强势进入乡村,乡土文化不断被削弱,文化的传承受到很大威胁。④

近年来,依托乡土文化而开展的旅游精准扶贫模式的研究成果颇为丰富,部分学者以旅游精准扶贫的某一角度或案例地为对象进行研究,对乡土文化、地区政策、本土资源等方面开展了深入、细致的研究,⑤ 并将一些实践的成功归结于模式选择上的正确性,对模式运行中存在的问题进行分析,并提出相关建议。

针对乡村旅游发展模式,任丽娜、史敏总结出政府主导型、项目带动型、景区帮扶型、公司+农户型及农户自主经营型等。⑥

从研究内容上看,文旅融合型乡村旅游精准扶贫模式获得了较多学者的关注。桂拉旦、唐唯指出这一融合模式可以实现本土文化资源和旅游要素的深度整合,从而全面提升乡村扶贫的经济、文化、社会等效应,增强乡村的"造血"功能,推动新农村和美丽乡村建设。⑦ 刘建莉总结出了文化旅游+

---

① 保继刚、苏晓波:《历史城镇的旅游商业化研究》,《地理学报》2004年第3期,第427~436页。
② 孙艺惠、陈田、王云才:《传统乡村地域文化景观研究进展》,《地理科学进展》2008年第6期,第90~96页。
③ 黄震方、陆林、苏勤、章锦河、孙九霞、万绪才、靳诚:《新型城镇化背景下的乡村旅游发展:理论反思与困境突破》,《地理研究》2015年第8期,第1409~1421页。
④ 马树同:《乡村振兴战略背景下乡土文化传承略论》,《延边党校学报》2020年第3期,第79~84页。
⑤ Haitang Wu, "Influence and Inspiration of Collectivized Rural Tourism Development Model on Rural Revitalization Strategy," *International Journal of Higher Education Teaching Theory*, 2022, 3 (4).
⑥ 任丽娜、史敏:《乡村振兴战略下乡村旅游发展模式探究》,《山西广播电视大学学报》2021年第4期,第106~108页。
⑦ 桂拉旦、唐唯:《文旅融合型乡村旅游精准扶贫模式研究——以广东林寨古村落为例》,《西北人口》2016年第2期,第64~68页。

节庆模式、文化旅游+非遗模式、文化旅游+社会力量参与模式三大文旅融合型乡村旅游精准脱贫模式。[①] 李文婷、陈丽琴认为文旅融合,关键要抓住一个地方独特的文化资源,特别是要立足乡土文化、地域文化、历史文化,做到保护和利用结合,使每一个村庄都有文化标识性特色。[②]

从研究角度上看,李秀峰构建了"政府主导+全民参与+系统开发+精准扶贫"四位一体的乡村旅游可持续发展模式。[③] 刘文提出了博弈论视角下的可持续旅游扶贫模式,认为传统习俗随着旅游开发的推进不断变迁和优化,从而使旅游扶贫目标的实现能够真正融入资源型旅游开发过程中。[④] 无论是文化的传承还是旅游业的发展,都需坚持走可持续发展道路。罗淇提出民族文化旅游资源开发模式。[⑤] 包杰提出了生态休闲模式、文化体验模式、梦幻田园模式,探索具有地域特色的乡村旅游模式。[⑥] 林万成提出"景村融合"模式,探寻乡村旅游与美丽乡村建设的互动模式,推动乡村旅游与美丽乡村建设融合发展。[⑦]

何琼峰和宁志中提及典型"造血式"产业扶贫模式,充分挖掘贫困地区自然环境和民族文化等独特资源,将旅游业打造成贫困群众能增收、可脱贫的富民产业。[⑧] 朱宝莉和刘晓鹰提出了"群马拉大车"的联动模式,即全域旅游度假区目的地发展模式,将"小旅游"变为"大旅游",将旅游带进传统村落,开发特色旅游项目。[⑨] 崔亚飞等提出旅游扶贫模式引导下

---

[①] 刘建莉:《文旅融合型乡村旅游精准脱贫模式研究——以湖南老家寨传统村落为例》,《黑龙江生态工程职业学院学报》2019年第6期,第33~35、132页。

[②] 李文婷、陈丽琴:《乡村振兴战略背景下乡村文旅产业发展的思考》,《农业经济》2022年第6期,第15~17页。

[③] 李秀峰:《乡村旅游开发与精准扶贫策略研究——以全国最美乡村湖北十堰市樱桃沟村为例》,硕士学位论文,广西师范大学,2017。

[④] 刘文:《旅游反贫困作用之争——关于旅游扶贫效应问题的研究综述》,《江苏农业科学》2020年第23期,第6~13页。

[⑤] 罗淇:《怒江州民族文化旅游资源开发模式研究》,硕士学位论文,云南大学,2018。

[⑥] 包杰:《精准扶贫背景下乡村旅游发展研究——以福建古田县为例》,硕士学位研究,仲恺农业工程学院,2018。

[⑦] 林万成:《"景村融合"模式下的乡村旅游度假区规划研究——以陕西省丹凤县竹林关度假区为例》,硕士学位论文,西南科技大学,2018。

[⑧] 何琼峰、宁志中:《旅游精准扶贫助推贫困地区乡村振兴的思考》,《农业现代化研究》2019年第5期,第721~727页。

[⑨] 朱宝莉、刘晓鹰:《精准扶贫视域下的民族地区全域旅游:经验和思考——以贵州黎平为例》,《社会科学家》2018年第2期,第104~109页。

的多元主体参与的精准扶贫模式，主张旅游精准扶贫是"政府主导、社会参与、开发扶贫、市场运作"的扶贫开发模式，并总结出产业扶贫模式、技术扶贫模式、消费扶贫模式、文化扶贫模式、旅游扶贫模式五大模式。①

（三）研究述评

综上，旅游精准扶贫与乡土文化传承问题一直是学界关注的焦点，概括来讲现有研究主要具有以下特点。

在研究视角方面，现有研究从人类学、民族学和旅游学等方面进行了研究，为本书奠定了基础。但是，从社会学视角系统探讨旅游精准扶贫与乡土文化传承耦合关系的研究还较为缺乏。在研究内容方面，国外较早关注旅游扶贫的减贫和促进贫困人口发展的目标，形成了大量关于旅游与反贫困案例（项目）的研究成果，PPT 与 ST-EP 理念为我国贫困地区乡土文化传承实践提供了指导和借鉴。国内旅游精准扶贫以及乡土文化传承困境问题引起了学界关注，学者们对旅游产业与文化产业的耦合进行了相关研究，但关于二者的研究还处于独立分割状态，缺乏系统研究二者耦合关系的理论成果。从研究方法来看，现有研究以定性研究为主，从单一学科视角就某一地域开展的局部性研究比较多，理论性的创新探索稍显不足，同时，定性与定量相结合的跨学科、多学科的交叉研究不多。

## 三 研究思路与方法

（一）研究思路

本书是在旅游精准扶贫的大背景下，对乡村旅游业发展过程中的乡土文化传承问题进行研究。通过梳理分析国内外旅游精准扶贫和乡土文化传承的相关研究进展，以可持续发展理论、比较优势理论、精准扶贫理论等为理论基础，以西南部分地区为研究对象，通过分析该地区旅游精准扶贫的状况和历程以及乡土文化传承中的困境，利用耦合结构方程模型对该地区旅游精准扶贫与乡土文化传承的耦合情况进行分析，探寻旅游精准扶贫

---

① 崔亚飞、蔡芳、范星：《精准扶贫背景下的乡村规划模式探析——以怒江州贡山县茨楞村为例》，《小城镇建设》2020 年第 1 期，第 98~105 页。

与乡土文化传承耦合的内在逻辑，并对其适宜性进行评估，试图建立旅游精准扶贫与乡土文化传承耦合的结构方程模型，确立旅游精准扶贫与乡土文化传承耦合的内在机理。在前期文献研究的基础上，我们选取14个有代表性的区县为研究对象，采用问卷调查及访谈的方法开展调查与研究，总结西南地区旅游精准扶贫与乡土文化传承耦合的五种不同的模式，最后探寻西南地区旅游精准扶贫与乡土文化传承耦合的机制与实践路径，并提出相应建议。本书研究技术路线逻辑见图0-1。

| 问题识别 | 乡土文化面临传承困境 | 系统耦合理论 | 旅游精准扶贫遭遇瓶颈 |
|---|---|---|---|
| | 找寻乡土文化传承与旅游精准扶贫二者的耦合机制，使其互为解决问题的有效途径 | | |

| 理论研究 | 旅游精准扶贫是动态传承乡土文化的主要途径 | 旅游精准扶贫与乡土文化二者的耦合与互动 | 乡土文化传承为旅游精准扶贫提供资源基础 |
|---|---|---|---|
| | 旅游精准扶贫使乡土文化获得新的生命力 | | 乡土文化传承是旅游精准扶贫的文化目标 |

| 实证研究 | 综合测度样本区乡土文化传承状况及困境 | 综合测度样本区旅游精准扶贫状况及瓶颈 |
|---|---|---|
| | 实证研究旅游精准扶贫与乡土文化传承耦合的内在机理 | |

| 对策研究 | 旅游精准扶贫与乡土文化传承的耦合模式与路径设计 | 不同旅游社区旅游精准扶贫与乡土文化传承的耦合模式与路径 |
|---|---|---|
| | | 同一旅游社区不同时间段旅游精准扶贫与乡土文化传承的耦合模式与路径 |
| | 旅游精准扶贫与乡土文化传承的制度保障与政策建议 | 旅游精准扶贫与乡土文化传承的制度保障 |
| | | 旅游精准扶贫与乡土文化传承的政策建议 |

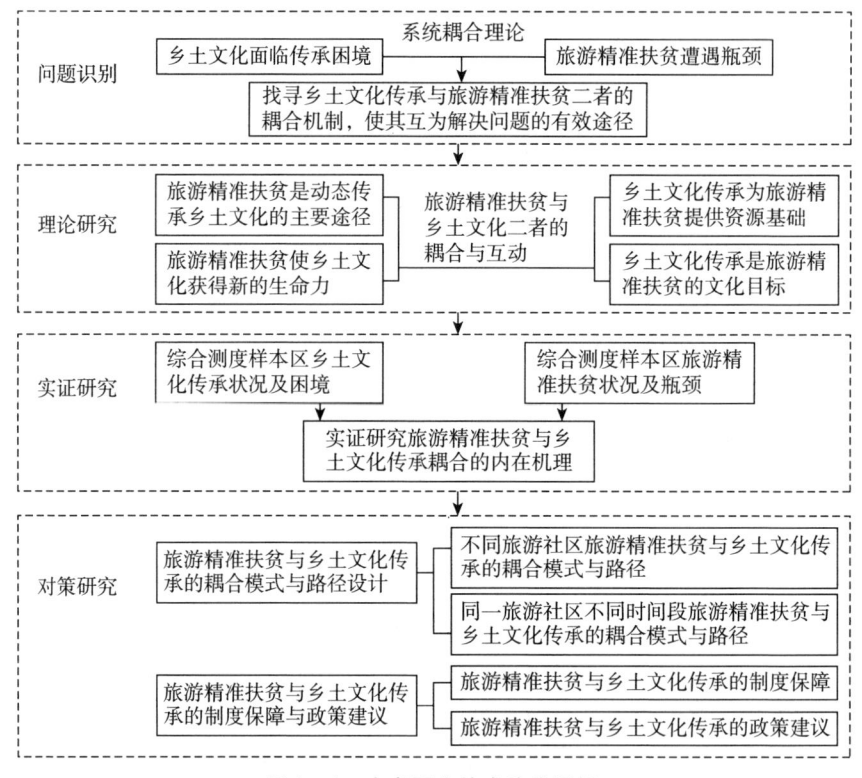

图0-1 本书研究技术路线逻辑

（二）研究方法

本书充分考虑西南地区旅游精准扶贫的特殊性，为获得全面客观的效果评价结论，根据典型性和特殊性，从西南地区第一批国家级贫困县中，基于其乡土文化资源特色以及乡村旅游发展阶段，选取具有代表性的14个贫困县开展实地调研：重庆市城口县、酉阳县、武隆区、石柱县、黔江区，贵州省丹寨县、雷山县、天柱县、镇远县，四川省苍溪县、广安区，广西壮族自治区三江县、巴马县，云南省红河县。课题组分别于2018年6~7月、2019年7~8月、2020年7~8月对14个贫困县的村民进行了问卷调查和访谈，并在2022年6月，前往重庆城口县、武隆区等地进行了补充调研，对被调查村民进行了回访，以进一步完善研究所需要的相关数据资料。具体研究方法如下。

1. 文献研究法

文献研究法是最为古老的研究方法，主要通过搜集、鉴别、整理文献来形成对事实的科学认识。本书收集了旅游精准扶贫与乡土文化传承方面的历史文献、政策文件及相关部门的统计数据，并对这些资料进行整理和分析，准确把握旅游精准扶贫与乡土文化传承的发展轨迹、基本特征及发展趋势。

2. 问卷调查法

问卷调查法是社会科学研究中采用得最频繁的一种基本方法，它是研究者使用统一严格设计的问卷，通过书面语言向调查对象了解情况或征询意见的调查方法。对于调查对象的选择，先在选定的贫困县选择有代表性的旅游精准扶贫项目，然后再对景区周边的贫困村进行随机抽样，进而在选中的贫困村进行整群抽样。问卷填写采取集中填答法，调研组事先联系贫困村村干部，他们通过某种形式把贫困农户集中到一起，由调查人员统一对调查目的、要求及填答方法等问题做出阐释，并要求被调查者当场填答，填答完毕，由调查人员当场收回。共计发放问卷2600余份，收回有效问卷2480份。后文关于旅游精准扶贫成效的数据主要通过分析问卷调查结果获取。

3. 田野调查法

田野调查法是社会科学研究中的重要方法，是指研究者进入某一地区，通过参与观察、居住体验等方式来获取第一手资料的研究方法。由于有关城镇化与旅游开发背景下西南地区乡土文化变迁，以及旅游扶贫开发与乡土文化传承二者关系的文献资料较少，因此，课题组在2018~2022年一共分4次对14个贫困县的部分政府部门官员、社会组织负责人、旅游从业人员、社区居民及游客等进行了深度访谈，以获取研究所需要的相关资料。在田野调查的过程中我们具体采取了以下两种方法。

(1) 参与观察法

参与观察法是田野调查中最为常用的一种方法，通常是指研究者进入调研地区，深入研究对象的生活背景中，在实际参与研究对象日常社会生活的过程中通过观察来获取第一手资料。它是一种非结构性的观察。参与观察可以丰富完善收集到的信息，起到去伪存真的作用。笔者以长期从事的民族研究与减贫研究为基础，结合近年来参与的西南地区 10 余个县市、30 多个村庄脱贫攻坚评估、总结等方面的工作，开展参与观察，深入研究旅游精准扶贫与乡土文化传承中的问题。对旅游从业人员、当地居民以及游客进行参与观察，对相关人员的活动、反应展开详细、客观的记录，对于该研究的推进有着重要的作用。

(2) 深度访谈法

深度访谈法是社会科学研究中广泛使用的一种方法，主要通过研究者和被研究者交谈的方式来收集研究资料。课题组对政府部门官员、社会组织负责人、旅游从业人员、社区居民及游客等行动主体开展了深度的访谈，挖掘旅游精准扶贫与乡土文化传承中的问题。考虑到西南地区特征，先在选定的 14 个贫困县选择有代表性的旅游扶贫项目，然后根据研究目标再对景区周边的贫困村进行重点筛查，进而在选取的贫困村中确定访谈对象，主要采取入户访谈的方式进行资料收集。共收集到 260 份深度访谈资料，其中男性 142 名、女性 118 名。深度访谈为本书深入了解西南地区旅游业的发展状况提供了真实、有深度、第一手的资料。

**4. 参与式农村评估法**

参与式农村评估法是一种在介入农村社区的条件下对农民及农民的行为进行分析的社会科学调查方法。这种方法强调"听农民的意见，尊重乡土知识"，其基本原则是，在分析农村问题、制定解决方案时要始终坚持以农民自身为主、外部专家协助为辅；赋予农民参与社区产业发展、资源分配的权利；促进农民学习，提高其讨论问题、发现问题、解决问题的能力等。[①] 这一方法对于研究乡村的旅游精准扶贫的开展具有较强的适用性。

---

[①] 王叶红、张韬、陈瑞剑、张建宇：《引进参与式农村评估方法提升我国农村贫困帮扶效率——基于甘肃农村"联村联户，为民富民"行动的案例分析》，《安徽农业科学》2014 年第 24 期，第 8391~8392、8413 页。

# 第一章　理论基础与分析框架

## 第一节　旅游精准扶贫与乡土文化传承耦合的理论基础

旅游精准扶贫与乡土文化传承问题一直是学界关注的焦点，既往研究从旅游学、地理学、人类学、民族学和社会学等方面进行了研究，为本书奠定了理论基础。本书以系统耦合理论为指导，综合运用旅游经济学、旅游地理学、社会学等学科的基础理论，研究旅游精准扶贫与乡土文化传承耦合发展问题。

### 一　系统耦合理论

（一）理论阐释

耦合（coupling）这一概念来源于物理学，是指两个及以上的体系之间相互作用、彼此影响，进而联合起来，或者是通过各种内在机制互相作用，形成一体化的现象。① 耦合理论以系统论、控制论、协同学、系统动力学等系统科学理论为基础，研究耦合体系间的反馈、协调和发展机制，这一理论现已被广泛应用于文化、旅游及生态环境等社会科学领域。通常来说，耦合是指"两种或两种以上系统要素（或子系统）之间相互作用、

---

① 宋长春、邓伟、宋新山、栾兆擎：《松嫩平原西部生态脆弱带景观结构与生态耦合分析》，《应用生态学报》2003年第9期，第1464~1468页。

相互演变及发展的结果"。① 譬如，文化与艺术的耦合、文化与旅游的耦合、文化与生态的耦合等。系统耦合是由耦合衍生而来的概念，用于表达系统之间及其运动方式的联结程度，具有联结、配合的含义。当组成系统的要素（或子系统），不仅在静态上具有相似性，在动态上也存在互动关系，能够促进系统功能充分发挥时，子系统的关系就被称为系统耦合。反之，如果组成系统的要素（或子系统）相互干扰、相互破坏，导致系统的功能降低甚至消失时，子系统的关系则被看作系统相悖。

我们在判断系统要素（或子系统）是否存在耦合关系时，主要通过相近性、互动性和促进性等特征进行判断。相近性是指两个不同的系统在静态时表现出很强的内在关联，两者存在一定的联系；互动性是指两个不同的系统在动态时能够互相作用，彼此产生一定的影响；促进性是指两个不同的系统在具有互动性的基础上，产生了积极的相互作用，彼此互补，最终得到共同的发展。为了判断系统要素（或子系统）关联程度的高低，还应确定其耦合度，"采用系统间关联耦合度，能够更深入分析系统间的内在关联特征"。② 一般来说，系统要素（或子系统）的耦合度越高，说明它们之间的关联程度越高；反之，系统要素（或子系统）的耦合度越低，说明它们之间的关联程度越低。

（二）理论应用

乡村旅游地的乡土文化与旅游精准扶贫彼此作用构成耦合系统。一方面，乡土文化是村民在长期的农业生产和社会活动中所创造的物质文明和精神文明，包括文物古迹、民俗、工艺、语言文字、建筑、宗教信仰、戏曲等。优秀的乡土文化是乡村旅游的核心吸引力，也是旅游精准扶贫的前提和基础。③ 另一方面，旅游精准扶贫是动态传承乡土文化的主要途径之一，旅游开发背景下的乡土文化资源具有经济、社会、文化和生态等多重

---

① 李金锴：《内蒙古旅游产业与文化产业耦合发展研究》，硕士学位论文，内蒙古财经大学，2019。
② 吴连霞、赵媛、管卫华、王玉娟：《江苏省人口—经济耦合与经济发展阶段关联分析》，《地域研究与开发》2016 年第 1 期，第 57~63 页。
③ 饶金涛、刘红升：《陕西省文化产业与旅游产业耦合协调度分析》，《西安工业大学学报》2020 年第 1 期，第 121~127 页。

价值，旅游开发提高了居民的文化自觉意识和文化认同程度，对于乡土文化传承具有积极的作用。

旅游精准扶贫不仅追求经济上的脱贫，还强调通过扶持旅游发展充分带动社会、文化、生态等各方面的整体发展。旅游产品通常由"吃、住、行、游、购、娱"等要素综合构成，为满足旅游者的需求，旅游产业的发展通常会涉及其他相关行业或部门。研究表明，旅游业的直接供给涉及铁路运输、道路运输、航空运输、住宿、餐饮、保险、环境管理、公共设施管理、石油及核燃料加工等九大行业，[1] 而间接供给涉及的产业部门就更多了。因此，在实施旅游精准帮扶时，帮扶内容不仅应强调"扶业"，还应强调"扶环境"，更应强调"扶人"。[2]

乡土文化传承系统与旅游精准扶贫系统不仅存在相近性、互动性和促进性，还存在系统耦合的特征，能够实现两个系统中各要素的积极互补，使整体处于协调有序的状态，最终实现相对平衡，达成系统耦合。因此，借鉴系统耦合理论，厘清乡土文化与旅游精准扶贫耦合系统的特征，促使乡土文化与旅游精准扶贫二者产生积极互补作用，构建二者的耦合机制，有助于实现乡土文化与旅游精准扶贫二者的动态平稳。

## 二 文化再生产理论

（一）理论阐释

20 世纪 70 年代初，法国社会学家皮埃尔·布迪厄提出了"文化再生产"概念，指出文化通过不断的再生产进行传承并使社会延续，这表现出社会文化的动态发展过程。布迪厄文化再生产理论主要包括文化资本的概念、文化资本的形态以及文化资本的再生产三个方面的内容。

文化资本（capital culture）是布迪厄对马克思的资本理论进行非经济学解读之后提出的重要概念。布迪厄在对马克思的资本概念进行扩展的基础上指出，资本是一种通过时间和具体化的方式进行积累的劳动，这种劳

---

[1] 黄常锋、孙慧、何伦志：《中国旅游产业链的识别研究》，《旅游学刊》2011 年第 1 期，第 18~24 页。
[2] 张鹏顺：《区域理论视野下的旅游扶贫》，《理论探讨》2011 年第 2 期，第 100~103 页。

动可以作为社会资源在排他的基础上被行动者或群体所占有。与此同时，资本也是一种以同一或扩大的方式获取生产利润的潜在能力，即一种进行自身再生产的能力。资本分为经济资本、文化资本和社会资本三种基本形态，其中经济资本是显性资本，社会资本和文化资本是隐性资本。① 布迪厄指出，文化资本是一种表现行动者文化中有利或不利因素的资本形态，具有与经济资本一样的特质，即可以在各种市场进行投资并取得相应的收益。三种资本之间可以相互转化，经济资本可转化为社会资本和文化资本，社会资本和文化资本也可转化为经济资本。

在对文化资本进行概念界定的基础上，布迪厄进一步将文化资本分为三种基本形态，分别是身体化形态、客观形态和制度形态。② 身体化形态，以精神和身体的持久性的形式体现出来；客观形态，以具体的文化商品的形式（图片、书籍、工具、机器等）呈现；制度形态，指由个人的身体化文化资本转换成的社会层面的客观形态文化资本（主要指各种学历文凭）。

关于文化资本的再生产，布迪厄认为既与具体的人有着密切的关系，又联系着社会体制。文化资本的再生产包括人类早期的家庭教育和后期的社会教育。首先，家庭是人类早期文化资本再生产的主要场所，家庭所拥有的文化资本决定了个人文化资本的原始积累。不同家庭出身的人所继承的不同的文化资本总量，导致每个人拥有不同的行动起点。从小竭力仿效父母的一举一动，在无意识状态中学习父母的文化素质和兴趣爱好，通过这种模仿行为，他们继承并身体化父母的文化资本，这种发生在家庭内部的文化资本再生产始终在秘密状态下进行。其次，文化资本的再生产不仅发生在家庭内部，还经常在各种公共场域发生，并且以社会教育的方式进行，学历再生产就是典型的文化再生产方式，人类通过社会教育，完成文化资本的再生产，并以考试的形式使知识和能力得到承认，并以颁发文凭的方式被制度化。总之，文化资本通常是通过家庭教育和社会教育两种方式进行再生产，文化资本的总量和性质随时可能发生改变。

---

① 朱伟珏：《"资本"的一种非经济学解读——布迪厄"文化资本"概念》，《社会科学》2005年第6期，第117~123页。
② 宫留记：《布迪厄的社会实践理论》，河南大学出版社，2009，第148页。

### （二）理论应用

文化传承本身就是一个文化再生产的过程。因此，运用文化再生产理论能够很好地阐释乡土文化传承问题。文化资本在内涵上其实是经济现象，因为文化的价值能够推导和产生经济价值，随着经济价值的产生，文化价值也得以提升。相反，忽视文化的资本价值和意义，在文化演变的过程中乡土文化会随之衰落，这种既没有必要投资又缺乏文化保护意识的行为会直接导致传统乡土文化的衰落。因此，我们有必要从乡土文化开发利用、发展质量、公共服务、保障水平等不同层面出发，探索乡土文化资源的旅游产业价值，以此形成具有综合性、可持续性的文化资本和产业资本，使其具备和旅游产业进行综合联动、协同发展、耦合协调的对等基础。在探讨旅游精准扶贫与乡土文化传承两个系统间的耦合关系时，把"乡土文化资源要素"作为"内生"动力的依据，能够解释旅游精准扶贫与乡土文化传承在资源要素层面是如何进行耦合的。文化再生产理论能够为贫困农户将乡土文化进行资本转化提供理论基础。后文将运用文化再生产理论探讨贫困农户生计变化情况，阐释贫困农户生计模式对旅游精准扶贫与乡土文化传承耦合系统的调节作用，阐述乡土文化生产性及其商品化的特征，揭示乡土文化生产的途径以及文化旅游品牌与经济效益的关系。

## 三 比较优势理论

### （一）理论阐释

比较优势理论，也称比较利益说，最早可追溯至亚当·斯密有关贸易的绝对比较优势理论。亚当·斯密认为人都是具有经济理性的人，在此基础上，每个家庭都应当精打细算、衡量收支。这种理性同样适用于国家层面，也就是说，如果其他国家生产某种产品的成本较之本国要低，那么本国就应该放弃由自己生产该种产品，而将注意力集中在更能体现自己竞争优势的其他产品上去。此后，大卫·李嘉图和穆勒等人在亚当·斯密绝对比较优势理论的基础上，进一步提出了相对比较优势理论。相对比较优势理论认为两国之间的贸易并非必须拥有绝对优势，就算某个国家在所有产品的生产方面都处于劣势，也不应拒绝贸易、封闭自守。只要其在生产某一产品方面有相对的优势就可以进行贸易。比较优势理论的核心思想是各国（地区）受自然和历史因素制约，其所拥有的各种资源要素不尽相同，应利用自身的优势资源开展相应的经济活动，在市场竞争中占据有利的地位。比较优势理论为贫困地区经济发展提供了新思路，并在旅游精准扶贫实践中得到了应用。贫困地区在解决贫困问题的发展战略选择上，应推行与比较优势理论相符的发展战略，优先发展那些具有比较优势的产业。①

（二）理论应用

贫困地区脱贫致富的方式有多种，而扶贫资源是有限的，因此，贫困地区应着力深入挖掘本地区优势资源，通过比较本地区与发达地区、相邻地区之间的资源差异和比较利益，选择最为有效的扶贫方式。旅游精准扶贫的开展需要具备一定的条件，如旅游资源条件、客源市场条件、交通区位条件、政策条件等。首先，贫困地区应基于旅游发展要素禀赋确定是否采用旅游精准扶贫方式。在进行旅游精准扶贫项目规划与开发时，贫困地区应考虑旅游扶贫的机会成本，也就是说，把有限的资源用于旅游产业发展而放弃的其他经济活动所带来的最大收益，如果旅游扶贫带来的收益大于旅游扶贫的机会成本，则表明旅游扶贫方式较其他扶贫方式更具比较优势。

其次，比较优势理论还可以用来识别和确定贫困地区旅游扶贫的目标对象，与此同时，对贫困人口的能力与产业要素进行精准匹配。一般来说，旅游精准扶贫要求贫困人口通过参与旅游业的发展来实现脱贫增收，这就意味着参与旅游业发展的贫困人口必须具备基本的素质、技能和资本。由于贫困人口存在个体差异，旅游扶贫的方式其实并不适用于所有贫困人口。对于那些不具备基本的服务技能、旅游知识及资本的贫困人口，他们可以通过比较参与不同形式的扶贫方式所获得的收益来决定参与哪一种扶贫方式，也就是说，如果一种扶贫方式对他而言不具有比较优势，他

---

① 林毅夫：《消除贫困也要发挥比较优势》，《瞭望新闻周刊》2002年第15期，第43页。

就应该选择参与其他扶贫方式。而对于那些最终参与旅游扶贫的贫困人口来说，也应基于自身的素质、技能以及资源条件，基于比较优势"精准"选择参与方式。

### 四 内源式发展理论

**（一）理论阐释**

20 世纪六七十年代，发展中国家城市化速度加快，随着大量农村剩余劳动力向城市转移，农村日益凋敝。为扭转农村地区日趋衰落的局面，发展中国家开始采取吸引产业进入乡村、优化乡村产权结构的"外源式发展模式"，也叫"外生式发展模式"。外源式发展模式虽然在短期内能够促进农村经济发展，但从可持续发展的角度来分析，这种模式由于过分追求短期经济效益目标，在一定程度上会造成乡村资源被过度开发、乡土文化被过度商业化，而且这种模式很容易导致农村地区发展过度依赖外部力量。在对外源式发展模式进行反思的基础上，"内源式发展"[①] 的概念被正式提出，1984 年，联合国教科文组织出版了《内源发展战略》[②] 一书，对内源式发展的形式和价值取向做了基本描述，认为"内源式发展是由内部产生的发展，是着眼于为人类服务的发展"。内源式发展的提出弥补了过分追求经济效益的外源式发展的缺陷，在实践层面，内源式发展模式逐渐成为各国乡村发展的主要模式；在理论层面，各国学者分别基于不同的视角来解释内源式发展。

目前，学术界关于内源式发展的内涵尚未形成统一看法。Van der Ploeg 和 Long 的观点具有代表性，他们认为，内源式发展是本地社会动员的过程，它需要一个具备将本地各种力量团结起来的能力的组织机构，建立符合本地意愿的战略规划和资源分配机制，内源式发展模式可以实现发展过程由本地控制、发展选择由本地决定、发展利益由本地保留。[③] 因此，内源式发展是一种先进的发展模式。宫本宪一认为内源式发展模式要点包

---

① "内源式发展"又叫"内生式发展"，两者的英文皆为 endogenousdevelopment。
② 该书中文版于 1988 年由社会科学文献出版社出版。
③ Van der Ploeg, J. D., Long, A., *Born from Within: Practice and Perspectives of Endogenous Rural Development*, Assen: Van Gorcum, 1994.

括：地区内居民要以本地的技术、产业、文化为基础，以地区内市场为主要对象开展学习、计划、经营活动；在环保的框架内考虑开发，追求包括福利、文化以及居民人权的综合目标；产业开发并不限于某一种产业，而是要跨越复杂的产业领域，力图建立一种在各个阶段都能使附加价值回归本地的地区产业关联；建立居民参与制度，自治体要体现居民的意志，并拥有为实现计划而管制资本与土地利用的自治权。① 颜安、龚锐认为内源式发展的核心要义包括三点：一是强调以人为本，人是发展的动力也是发展的目标；二是强调对本土发展要素的尊重，强调主观与客观的有机统一；三是强调对贫困户主观能动性的激发及内生能力的培育。②

（二）理论应用

结合已有研究成果，本书认为乡村振兴阶段我国乡村发展应采取内源式发展模式。从本质上讲，内源式发展是由内部驱动的发展，其目标首先是满足人的真正需要从而确保他们自身得到充分发展。③ 在乡村振兴阶段，乡村旅游产业的内源式发展具有下列特点：①注重旅游产业的在地化培育和自主经营；②培育居民地方认同意识，突出乡村居民的主体地位，在旅游产业发展过程中，注重本地居民的参与权、决策权和控制权，在利益获取上更强调本地居民的最大利益，在发展效应上更强调创新性引发的扩散效应；③根据当地的资源禀赋、区位条件等实际情况，综合运用比较优势理论，开发具有竞争力的旅游产品，同时保护本地文化多样性和生态环境。

关于内源式发展的动力来源，目前主要有三种观点。一为"外部资源注入说"，认为政府在资源占有和政策推进中具有强制性，能够为乡村发展提供资金、基础设施、市场环境等保障，闫丽娟、孔庆龙认为村庄发展的内生动力可以通过外部资源的注入、外部条件的改善得到激发。④ 二为"内生动力激活说"，强调村庄的主体作用以及自身资源的合理利用，温铁

---

① 宫本宪一：《环境经济学》，朴玉译，生活·读书·新知三联书店，2004，第317~337页。
② 颜安、龚锐：《乡村旅游精准帮扶中内源式发展机理与路径》，《中南民族大学学报》（人文社会科学版）2021年第1期，第154~160页。
③ 联合国教科文组织编《内源发展战略》，卢晓衡译，社会科学文献出版社，1988，第19页。
④ 闫丽娟、孔庆龙：《政府扶持、社会助力与农民行动——人口较少民族乡村发展的内源动力新探》，《西南民族大学学报》（人文社科版）2016年第7期，第19~25页。

军、董筱丹认为在"苏南模式"中，乡镇企业发挥村社理性，以劳动力替代资本解决了资本原始积累的问题。① 三为"内外合力说"，即"外发促内生"与"内联促外引"的有机结合，② 大多数学者持这种观点，国外学者 Ray 提出的"新内源式发展理论"③ 比较有代表性。"内外合力说"为乡村内源式发展的动力来源提供了思路，即在旅游发展过程中，并不排斥外源因素，而是强调乡村的全面振兴应以内源式发展为根本，并在此基础上合理利用外源因素，以实现乡村地区的可持续发展。在乡村旅游产业发展方面，具体到乡村振兴领域，内源式发展强调通过挖掘和动员乡村资源推动村庄发展，进而建立乡村旅游产业发展的内生动力机制。

## 五 可持续生计框架理论

### （一）理论阐释

20 世纪 80 年代中期，Chambers 和 Conway 在研究贫困问题时强调，除了解决贫困人口的收入贫困，更应关注贫困人口的发展能力贫困，提出了生计（livelihood）一词，并将生计定义为"建立于能力、资产和活动基础之上的谋生方式"，④ 首次从农户微观层面对贫困的根源进行了深入分析。目前应用最广泛的是英国国际发展署（Department For International Development，DFID）建立的可持续生计分析框架（Sustainable Livelihood Analysis，SLA）。SLA 框架以脆弱性环境和政策制度为分析背景，将贫困家庭看作在脆弱性环境中的谋生主体，通过链接生计资本、生计策略、生计结果等诸多因素，揭示了可持续生计的作用机制。⑤ 可持续生计分析框架包括脆弱性背景、生计资本、结构和制度的转变、生计策略和生计结果五

---

① 温铁军、董筱丹：《村社理性：破解"三农"与"三治"困境的一个新视角》，《中共中央党校学报》2010 年第 4 期，第 20~23 页。
② 何慧丽、邱建生、高俊、温铁军：《政府理性与村社理性：中国的两大"比较优势"》，《国家行政学院学报》2014 年第 6 期，第 39~44 页。
③ Christopher Ray, "Culture, Intellectual Property and Territorial Rural Development," *Sociologia Ruralis*, 1998, 38 (1).
④ Chambers, R., Conway. G., "Sustainable Rural Livelihoods: Practical Concepts for the 21st Century," Brighton: Institute of Development Studies (UK), 1992: 5-9.
⑤ 郭华、杨玉香：《可持续乡村旅游生计研究综述》，《旅游学刊》2020 年第 9 期，第 134~148 页。

个部分，①理论框架旨在解决贫困人口的生计问题，致力于改善生计结果，为可持续生计研究提供一种规范化的工具和系统化的思路。其中，生计资本是可持续生计分析的基础和农户生计结构的核心，②指家庭或个人拥有的资本状况，包括自然资本、金融资本、物质资本、人力资本和社会资本五大类型。③生计资本决定着农户生计策略选择和生计结果，同时也是农户抵御外在生计脆弱性风险及增强可持续生计能力的重要保障。④准确量化农户生计资本，精准刻画其组合与配置状况是对农户所处发展阶段及未来发展态势进行识别和判断的基础。⑤

随着乡村旅游发展对农户生计的影响日益凸显，可持续生计分析框架被拓展用于乡村旅游地居民生计问题研究。学者们基于农户视角，围绕"乡村旅游发展如何有益于当地农户生计实现可持续目标"这一问题展开讨论，选取某一要素进行了大量具体而深入的实证研究，关于生计资本、生计策略及生计结果的研究成果较多。一些学者在农户生计资本量化评估的基础上，对比分析旅游开发前后农户生计资本的变化，⑥对旅游地农户进行生计类型划分。⑦还有一些学者立足宏观政策环境，探讨了乡村旅游

---

① DFID, *Sustainable Livelihoods Guidance Sheets*, London: Department for International Development, 2000: 68 – 125.
② 苏芳、蒲欣冬、徐中民、王安民：《生计资本与生计策略关系研究——以张掖市甘州区为例》，《中国人口·资源与环境》2009 年第 6 期，第 119~125 页。
③ 张志亮：《旅游开发背景下大寨的文化资本及其再生产》，《旅游学刊》2009 年第 12 期，第 36~41 页。
④ 赵雪雁：《生计资本对农牧民生活满意度的影响——以甘南高原为例》，《地理研究》2011 年第 4 期，第 688~700 页。
⑤ 王利平、王成、李晓庆：《基于生计资产量化的农户分化研究——以重庆市沙坪坝区白林村 471 户农户为例》，《地理研究》2012 年第 5 期，第 945~954 页。
⑥ 这方面的成果较多，主要包括以下文献。王新歌、席建超：《大连金石滩旅游度假区当地居民生计转型研究》，《资源科学》2015 年第 12 期，第 2404~2413 页；陈佳、张丽琼、杨新军、李钢：《乡村旅游开发对农户生计和社区旅游效应的影响——旅游开发模式视角的案例实证》，《地理研究》2017 年第 9 期，第 1709~1724 页。
⑦ 这种类型划分在以下文献中有所体现。贺爱琳、杨新军、陈佳、王子侨：《乡村旅游发展对农户生计的影响——以秦岭北麓乡村旅游地为例》，《经济地理》2014 年第 12 期，第 174~181 页；席建超、张楠：《乡村旅游聚落农户生计模式演化研究——野三坡旅游区苟各庄村案例实证》，《旅游学刊》2016 年第 7 期，第 65~75 页；崔晓明、杨新军：《旅游地农户生计资本与社区可持续生计发展研究——以秦巴山区安康一区三县为例》，《人文地理》2018 年第 2 期，第 147~153 页；李文龙、匡文慧：《草原牧区旅游发展对牧户生计的影响——以内蒙古希拉穆仁草原为例》，《地理科学》2019 年第 1 期，第 131~139 页。

与农户可持续生计的协同发展路径。① 总体来看，学者们在研究乡村旅游地居民生计问题时，基本沿用了 DFID 的可持续生计分析框架。

然而，随着可持续生计问题研究的不断深入，可持续生计分析框架因对传统文化背景与价值的忽视而不断受到质疑与挑战。② 刘相军、孙九霞等学者研究指出，风俗习惯、精神信仰、价值观念等无形的文化要素与有形的自然、物质、金融等资本同样对农户可持续生计具有重要影响。③ 文化资本作为表现行动者文化上有利或不利因素的资本形态，深刻影响着农户生计决策与生计水平。④ 乡村旅游发展在促进乡村社会经济发展的同时，更推动了乡村潜在财富状态的文化资源向显性财富状态的文化资本转变。⑤ 文化资本的作用发挥将在很大程度上影响农户的生计状态和幸福感。⑥ 王蓉等结合案例地农户现实生计状况，创新性地构建了纳入文化资本的乡村旅游地农户生计资本评价指标体系，从自然、物质、金融、人力、社会和文化资本六个维度对农户生计资本进行了量化评估。⑦ 可见，把文化资本纳入农户生计资本已经得到了广泛共识。Su 等则将文化资本正式纳入可持续生计框架，以 Scoones 提出的可持续乡村生计框架为基础，在对安徽省旅游地居民生计问题进行研究的基础上，构建了"旅游语境下的可持续生

---

① 可参见以下文献。崔晓明、陈佳、杨新军：《乡村旅游影响下的农户可持续生计研究——以秦巴山区安康市为例》，《山地学报》2017 年第 1 期，第 85～94 页；史玉丁、李建军：《乡村旅游多功能发展与农村可持续生计协同研究》，《旅游学刊》2018 年第 2 期，第 15～26 页。
② 樊友猛、谢彦君、王志文：《地方旅游发展决策中的权力呈现——对上九山村新闻报道的批评话语分析》，《旅游学刊》2016 年第 1 期，第 22～36 页。
③ 刘相军、孙九霞：《民族旅游社区居民生计方式转型与传统文化适应：基于个人建构理论视角》，《旅游学刊》2019 年第 2 期，第 16～28 页；Daskon, C., "Cultural Resilience——The Roles of Cultural Traditions in Sustaining Rural Livelihoods: A Case Study from Rural Kandyan Villages in Central Sri Lanka," *Sustainability*, 2010, 2 (4): 1080 - 1100.
④ Tao, T. C. H., Wall, G., "Tourism as a Sustainable Livelihood Strategy," *Tourism Management*, 2009, 30 (1): 90 - 98.
⑤ 孙九霞、刘相军：《生计方式变迁对民族旅游村寨自然环境的影响——以雨崩村为例》，《广西民族大学学报》（哲学社会科学版）2015 年第 3 期，第 78～85 页。
⑥ Daskon, C., Binns, T., "Culture, Tradition and Sustainable Rural Livelihoods: Exploring the Culture Development Interface in Kandy, Sri Lanka," *Community Development Journal*, 2010, 45 (4): 494 - 517.
⑦ 王蓉、代美玲、欧阳红、马晓龙：《文化资本介入下的乡村旅游地农户生计资本测度——婺源李坑村案例》，《旅游学刊》2021 年第 7 期，第 56～66 页。

计框架"（Livelihood Framework in a Tourism Context，LFTC）①，其调整内容包括：一是增加了历史、经济、文化、社会、政治等宏观环境的条件与趋势分析；二是将社会与文化资源纳入生计资源，强调"文化元素在生计资源转化为生计策略，特别是与旅游相关的生计策略过程中至关重要"。②

### （二）理论应用

旅游精准扶贫背景下贫困农户的生计资本、生计策略和生计结果均发生了改变。运用 LFTC 框架研究贫困农户生计变化及影响因素，具有重要的理论和实践意义。目前，对 LFTC 框架的应用研究还较为缺乏。既有研究大多基于传统可持续生计分析框架研究农户生计问题，对乡村旅游发展前后农户生计资本和生计策略变化状况进行分析，或者对乡村旅游地不同生计类型农户生计资本、生计策略、生计结果的差异进行比较分析，而对生计资本变化的影响因素尚缺乏研究，基于扶贫视角瞄准贫困农户的生计资本的影响的研究尚需进一步深化。本书研究主题为旅游精准扶贫与乡土文化传承的耦合发展，贫困农户拥有的乡土文化资源在很大程度上影响其生计选择。因此，后文将运用修正的 LFTC 框架对西南地区进行应用研究。

## 六 社会交换理论

### （一）理论阐释

20 世纪 50 年代，美国著名社会学家 Homans 首次提出社会交换理论，社会交换理论认为，个体行为受某种或明或暗的、能带来报酬或减少惩罚的交换活动所支配。③ 社会交换理论关注个人和群体之间在互动情形下进

---

① Su, M. M., Wall, G., Wang, Y., et al., "Livelihood Sustainability in a Rural Tourism Destination——Hetu Town, Anhui Province, China," *Tourism Management*, 2019, 71: 272 – 281.

② Su, M. M., Wall, G., Wang, Y., et al., "Livelihood Sustainability in a Rural Tourism Destination——Hetu Town, Anhui Province, China," *Tourism Management*, 2019, 71: 272 – 281.

③ Homans, C. G., "Social Behavior as Exchange," *The American Journal of Sociology*, 1958, 63 (6): 597 – 606.

行的资源交换。20世纪80年代，一些学者运用社会交换理论研究旅游影响感知与态度，阐释个体参与交换的动因。美国学者Ap研究指出，社会交换理论是旅游研究中重要的基础理论，可以解释居民对旅游的积极和消极态度，并提出了一个社会交换过程模型。关于居民的旅游影响态度，他认为"居民与旅游业之间资源交换程度较高且处于平等地位，或者即使不平等，但倾向于居民一方，则居民对旅游业持积极支持的态度；资源交换虽平等，但交换程度低，或地位不平等，居民的态度则转为消极反对"。[1] Andereck等学者提出了与Ap类似的观点，从交换中感知到利益的个体大多对交换持肯定的态度，对旅游业的发展表现出支持的态度；相反，在交换中感知到成本的个体则持否定态度，对旅游业的发展表现出反对的态度。[2]

（二）理论应用

贫困农户对旅游影响的认知及态度是他们对发展旅游的成本与收益综合评价后的结果，如果旅游收益大于旅游成本，居民就表现出积极的态度；反之，居民就会持消极态度或零态度。居民参与不足已成为制约旅游精准扶贫与乡土文化传承耦合发展的瓶颈性问题。社会交换理论为解决居民（尤其贫困人口）参与动力不足问题提供了理论指导。

## 第二节　旅游精准扶贫与乡土文化传承耦合的分析框架

综合依据前文所阐述的系统耦合理论、文化再生产理论、比较优势理论、内源式发展理论、可持续生计框架理论，本书沿着耦合发展的"起点—过程—结果"逻辑，对西南地区旅游精准扶贫与乡土文化传承耦合发展的实践加以学理分析，构建旅游精准扶贫与乡土文化传承耦合发展的分析框架（见图1-1）。

---

[1] Ap, J., "Residents' Perceptions on Tourism Impacts," *Annals of Tourism Research*, 1992, 19(4): 665-690.

[2] Andereck, K. L., Valentine, K. M., Knopf, R. C., Vogt. C. A., "Residents' Perception of Community Tourism Impact," *Annuals of Tourism Research*, 2005, (4): 1056-1076.

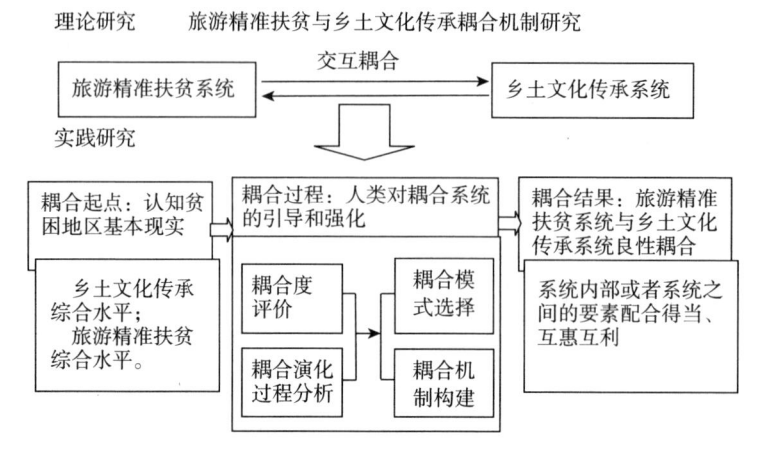

**图 1-1　旅游精准扶贫与乡土文化传承耦合发展的分析框架**

旅游精准扶贫与乡土文化传承耦合发展的分析框架包括理论和实践两个层面内容。在理论层面，本书对现有文献资料和调研资料进行整理、归纳，基于乡村地域系统理论，将乡村视为一个复杂的地域系统，旅游精准扶贫和乡土文化传承则可视为其中的两个子系统。以贫困农户行为为媒介，基于系统耦合理论，分析旅游精准扶贫与乡土文化传承两个子系统的相互作用和演变规律。这部分内容在第二章有专门论述，此处不再赘述。在实践层面，基于前文的理论分析，在对西南地区贫困村庄进行实地调研的基础上，沿着耦合发展的"起点—过程—结果"逻辑，对西南地区旅游精准扶贫与乡土文化传承耦合发展实践加以学理分析。

## 一　耦合起点：认知贫困地区基本现实

实现旅游精准扶贫与乡土文化传承耦合发展的起点为厘清贫困地区的基本现实，不仅要了解贫困地区的经济发展机会、经济结构以及贫困家庭的劳动力结构和家计模式等，还应重点把握贫困地区的乡土文化传承综合水平和旅游精准扶贫综合水平。

（一）乡土文化资源禀赋与传承状况

我国大多数贫困村庄受自然地理环境和社会经济条件约束，乡土文化资源禀赋独特深厚，并且因较少受到现代化、城市化冲击而得到了较好的传承。因此，我们在研究贫困村庄乡土文化传承与旅游精准扶贫耦合发展问题时，首先应对村庄内乡土文化进行盘点，查清乡土文化资源的种类、数量、空间分布以及等级等，以判断村庄是否具备以乡土文化为核心实施旅游精准扶贫的条件。

乡土文化资源禀赋虽然是先赋性的，通常与贫困村庄特定的地理区位、气候条件、地形地貌等方面紧密联系在一起，不轻易发生改变，但是，在现代乡村旅游的冲击下，贫困村庄的乡土文化资源禀赋也在发生改变。这种改变可能是良性的，譬如以乡土文化为核心的乡村旅游赋予了乡土文化新价值，成为动态传承乡土文化的重要方式，也可能是破坏性的，譬如过于追求经济目标的旅游开发造成了乡土文化的商业化、庸俗化、碎片化等问题。为全面了解乡村旅游背景下的乡土文化传承状况，有必要对乡土文化传承的主体，包括外来经商者、文化持有者、外来保护者、游客和当地政府等参与乡土文化传承的方式、内容及效果进行调查。

（二）旅游开发条件及旅游精准扶贫情况

旅游精准扶贫属于典型的产业扶贫，因此，对旅游开发条件进行评价是开展旅游精准扶贫的基础。贫困村庄在进行旅游开发时，除了考虑旅游资源，还应考虑村庄自然环境条件、社会经济基础、区位交通条件以及旅游公共服务等。村庄自然环境条件包括地质地貌、气候、植被等环境要素，有些要素本身就是旅游资源的组成部分，直接影响旅游质量、品牌策划，如植被、水文条件等；有些要素则直接决定旅游资源开发的效益，如气候、植被条件等。村庄社会经济基础包括经济发展机会、经济结构以及贫困家庭的劳动力结构和家计模式状况等。村庄区位交通条件包括地理位置、交通条件以及村庄与周边地区旅游资源的关系，旅游资源与交通干线、辅助线的距离越近，其可达性越强，越容易被开发利用。旅游公共服务是指由政府和其他社会组织、经济组织为满足游客的共同需求而提供的不以营利为目的，具有明显公共性、基础性的旅游产品与服务的统称，旅游公共服务设施的体系架构包括硬件服务设施（公共服务中心、交通服务设施、医疗保障设施等）与软件服务（公共信息服务、安全服务、行政管理）两大类。

在具备旅游开发条件的贫困村庄中，发展旅游产业成为精准扶贫的重要方式。为全面了解贫困村庄旅游精准扶贫的基本情况，首先，应梳理贫困村庄旅游精准扶贫历程；其次，分析、归纳不同类型贫困村庄的旅游精准扶贫模式；最后，从经济、文化和社会三个方面分析贫困村庄的旅游精准扶贫成效，对贫困村庄自旅游精准扶贫以来贫困农户社会经济特征的变化进行分析，包括贫困农户家庭特征和参与旅游业行为特征，同时，对村庄旅游发展前后村级条件进行分析，包括出行是否更加方便、生产是否更加方便及村内加工企业是否增多。

## 二 耦合过程：人类对耦合系统的引导和强化

### （一）耦合系统的演化过程与耦合度分析

基于系统耦合视角，构建耦合协调度模型是对某个事物的协调发展水平进行量化评价的常见方法，近年来受到了学界的广泛关注。本书研究西南地区旅游精准扶贫与乡土文化传承耦合系统的演化过程，同样需要通过构建耦合协调度模型对旅游精准扶贫与乡土文化传承耦合系统的协调发展水平进行量化，以分析耦合系统的协调发展态势、成效和经验，从而促进西南地区乡土文化传承与乡村产业兴旺。

关于系统耦合发展水平，学界构建了多种模型进行评价，Peper[1]，生延超、钟志平[2]，高楠等[3]，赵文亮等[4]，Owiński 等[5]，周蕾、王冲[6]，黄

---

[1] Peper, C., Betteco, E., Boer, J., Harjo, J., Poel, J. Beek, "Interlimb Coupling Strength Scales with Movement Amplitudey," *Neuroscience Letters*, 2008, (1): 221-232.

[2] 生延超、钟志平:《旅游产业与区域经济的耦合协调度研究——以湖南省为例》,《旅游学刊》2009年第8期,第23~29页。

[3] 高楠、马耀峰、李天顺、白凯:《基于耦合模型的旅游产业与城市化协调发展研究——以西安市为例》,《旅游学刊》2013年第1期,第62~68页。

[4] 赵文亮、丁志伟、张改素、朱连奇:《中原经济区经济-社会-资源环境耦合协调研究》,《河南大学学报》(自然科学版) 2014年第6期,第668~676页。

[5] Owiński, P. S., Tsaneva-Atanasova, K., "Effects of Time-Delay in a Model of Intra-and Interpersonal Motor Coordination," *The European Physical Journal Special Topics*, 2016, 225 (13-14): 2591-2600.

[6] 周蕾、王冲:《旅游产业-区域经济-信息产业系统耦合协调发展研究》,《统计与决策》2017年第18期,第103~107页。

丽等①、Maa等②学者基于不同视角构建了不同的耦合发展水平评价模型，归纳起来有七种，分别为：耦合协调度模型、灰色关联模型、熵变模型、TOPSIS 模型、系统动力学模型、复合函数几何模型、结构方程模型。以模型对比为基础，在综合参考和借鉴国内外学者耦合评价主流模型的基础上，结合本书研究目的与内容，兼顾数据获取等实际情况，本书选用耦合协调度模型作为评价工具。耦合协调度模型评价体系成熟，在研究过程中可以进行一些序列性、地区间比较，且能够处理多个研究对象间的耦合关系。本书通过构建二者之间的耦合度模型、耦合协调度模型，来测度西南地区旅游精准扶贫与乡土文化传承耦合发展水平。

（二）耦合模式选择与路径设计

在旅游精准扶贫与乡土文化传承耦合演化过程中，人是调控耦合系统的真正主体，在适应赖以生存的乡村环境的同时，也通过一系列的旅游经济活动对乡土文化资源、乡村环境产生作用、形成压力。在压力的影响下，与旅游经济活动有关的乡土文化资源的数量、质量和功能等发生变化，这种变化反过来又制约着人类旅游经济活动的规模、强度和效果。人类为应对乡土文化资源变化对旅游经济活动产生的制约效应，对乡土文化资源的反馈通过生计改善、政策调整、技术改进等形式做出进一步的响应，最终实现乡村旅游经济建设能力的提升和乡土文化资源传承的良性转变。本书将选取西南地区进行实证研究，主要探讨耦合系统主体如何通过对耦合系统的引导和强化，促进旅游精准扶贫与乡土文化传承二者相互促进、良性互动、有机耦合，具体拟从旅游精准扶贫与乡土文化传承耦合的模式和路径两个方面进行探讨。

### 三 耦合结果：旅游精准扶贫系统与乡土文化传承系统良性耦合

旅游精准扶贫与乡土文化传承耦合系统是旅游精准扶贫子系统和乡土

---

① 黄丽、林诗琦、陈静：《中国区域创新能力与能源利用效率的时空耦合协调分析》，《世界地理研究》2020 年第 6 期，第 1161~1171 页。
② Maa, B., Fei, Z., Nwc, D., et al., "Corrigendum to Coupling Coordination Analysis and Spatio-temporal Heterogeneity between Urbanization and Eco-environment along the Silk Road Economic Belt in China," *Ecological Indicators*, 2020, (2): 121-132.

文化传承子系统耦合而成的复合系统,两个子系统之间是相互作用、相互影响的耦合关系。旅游精准扶贫与乡土文化传承耦合系统在各种耦合因素的驱动与作用下,可能产生良性耦合关系或不良耦合关系。本书将结合西南地区的具体实际,总结旅游精准扶贫与乡土文化传承耦合发展的逻辑结果,旅游精准扶贫与乡土文化传承两个子系统之间产生的良性耦合关系。一方面,旅游精准扶贫子系统是动态传承乡土文化的主要途径,为乡土文化传承子系统注入了新的生命;另一方面,乡土文化传承子系统为旅游精准扶贫子系统提供资源基础,并成为旅游精准扶贫子系统的文化目标。①

## 小　结

本章主要对与研究主题相关的理论及其框架进行了论述。首先,厘清了与研究主题相关的基本概念,分别对贫困、旅游扶贫、旅游精准扶贫、乡土文化的概念和内涵进行了界定;其次,梳理了与本书相关的重要理论,包括系统耦合理论、文化再生产理论、比较优势理论、内源式发展理论、可持续生计框架理论,主要从理论内涵和应用依据两个方面进行阐释;最后,综合依据前文所阐述的相关理论,沿着耦合发展的"起点—过程—结果"逻辑,构建了旅游精准扶贫与乡土文化传承耦合发展的分析框架,为后文研究奠定了理论基础。

---

① 饶金涛、刘红升:《陕西省文化产业与旅游产业耦合协调度分析》,《西安工业大学学报》2020年第1期,第121～127页。

# 第二章　旅游精准扶贫与乡土文化传承耦合机理

一方面，旅游精准扶贫作为一个典型的产业扶贫方式，在创新乡村发展模式、调整乡村产业结构以及促进农民脱贫增收等方面起着重要作用。在乡村振兴阶段，旅游业的发展仍然是建设美丽乡村的重要手段，旅游作为一种特殊的产业形态，是引导乡村全面协调发展、有效解决"三农"问题、实现乡村振兴的重要突破口。[①] 乡土文化是乡村旅游的灵魂，因此，乡村地区在旅游精准扶贫实践中，应注重挖掘、整理和保护优秀的乡土文化，在对乡土文化的旅游开发利用中活态传承乡土文化。另一方面，乡土文化传承为旅游精准扶贫提供必要的旅游资源基础。旅游精准扶贫与乡土文化传承二者是相互影响、相互促进的关系。因此，厘清二者协调发展的内在机理是十分有必要的，可以为开展旅游精准扶贫与乡土文化传承实践提供相应的理论指导。

## 第一节　旅游精准扶贫与乡土文化传承耦合的现实背景

旅游精准扶贫与乡土文化传承实践是一种相互影响、相互促进的关系，但在现实中，这二者在相当多的旅游实践中处于相对割裂的状态，旅游精准扶贫通常以经济发展为主要目标，而乡土文化传承又过分强调对乡土文化的保护而忽视其可能带来的经济效益。基于系统耦合理论的旅游精

---

① 崔剑生、赵承华：《沈阳市乡村振兴战略及其乡村旅游发展研究》，《沈阳农业大学学报》（社会科学版）2017年第6期，第731~735页。

准扶贫与乡土文化传承之间应是一种相互影响、相互制约的关系。

## 一 旅游精准扶贫"反贫困"与"乡土文化传承"的矛盾

传统的乡村扶贫理念过于强调经济的发展而忽视对文化的保护，以牺牲传统文化为代价来换取经济的发展，强调短期的经济目标而忽略了对乡土文化的保护，这种以牺牲文化而换取经济发展的现象比比皆是，传统文化的保护在很多时候成为一纸空文。

在旅游精准扶贫的背景下，乡村地区丰富的乡土文化是进行旅游开发的重要资源基础，然而在具体的实践中，乡土文化的商业价值被夸大，而文化价值、历史价值、生态价值等则被严重低估。乡土文化的保护趋于表面化、碎片化、商业化。碎片化是工业文化和后工业文化的一个主要特征，而乡土文化保护碎片化是指对乡土文化的保护脱离其原有的、整体性的文化结构。在旅游开发中，对乡土文化往往采取缩略的形式，将其集中在特定的时间和空间，通过"舞台化"的形式向游客集中展示，而忽略或抛弃了乡土文化深层意义和内在逻辑。文化的传承需要符号和载体，这种载体通常被称为文化客体。正如川剧需要各种脸谱、皮影戏需要特制的灯光与人偶，这些看似简单的道具需要相当高的制作工艺，失去这些道具，表演也就失去了灵魂，文化的传承也会断裂和消逝，因此对于传统文化传承而言，文化客体至关重要。文化客体与文化主体是密不可分的，要想借助乡土文化助力乡村振兴，只有将两者交融在一起，才可以在乡土文化传承延续的基础上实现乡村振兴。①

我们具体以贵州西江千户苗寨的苗族古歌为例来看一看传统文化是如何被碎片化的。古歌这一形式原本是苗族的心灵记忆，是可以有效增强本民族凝聚力的一种珍贵遗产，具有哲学、史学、民族学、社会学等多方面的价值，同时，苗族古歌被誉为苗族古代社会的百科全书和经典。然而，在进行旅游开发后，古歌在舞台上展示给游客的是其中欢庆的部分，其他的部分被丢掉了，也就是它被由整体切成了一个个小块，造成了碎片化。

---

① 汤杨旸：《优秀乡土文化的传承与发展——基于乡村振兴战略视角》，《农村经济与科技》2020年第13期，第272~274页。

苗族古歌这一拥有几千年历史的文化遗产原有的功能性要素在时代的发展中已发生了本质性的变化，原本所具有的价值功能也受到了侵蚀（见表2-1）。游客们所能欣赏的仅仅是外在的形式，而对于其蕴含的丰富的文化内涵与久远的历史背景缺乏基本的了解，在日复一日的展演中，演员也只是作为一个表演者进行形式上的展现，其内在的精神底蕴无法通过表演向观众传达。

表2-1 西江千户苗寨旅游开发前后古歌传承情况对比

| 项目 | 旅游开发前 | 旅游开发后 |
| --- | --- | --- |
| 传承场所 | 家中、空坝、家门口或戏场 | 指定的戏场 |
| 传承方式 | 一年四季，白天黑夜；逢年过节均有大型比赛 | 逢年过节才安排演唱一次，甚至有的年份不安排 |
| 传承内容 | 每唱一句，解释一句，或先讲完再演唱（有道白，有翻译） | 只演唱不解释（没有道白，没有翻译） |
| 传承目标 | 给人维系感，增强内聚力，提高民族意识，重在文化传承 | 也是文化传承活动，但重在取悦游客，讲求悦耳动听 |

资料来源：毛进《西江苗寨旅游开发与苗族古歌变迁》，《贵州师范学院学报》2010年第3期，第40~44页。

针对西江千户苗寨传统文化变迁，我们对当地村民展开调查，结果发现，41.7%的被调查村民对传统文化的保护感到沮丧、悲观失望，21.5%的被调查村民感到传统文化不再受尊重，在旅游开发之前，能够充分体现西江千户苗寨传统文化特色的建筑、用具、服饰、礼仪等随处可见，但在旅游开发之后，出于旅游商业活动目的，这些地方特色文化逐渐失去其本来的乡土气息，甚至被异化和歪曲，从而对乡土文化造成不可避免的伤害。突破传统旅游扶贫模式的局限，从系统耦合的视角探讨旅游精准扶贫与乡土文化传承二者的耦合发展十分有必要。

## 二 乡土文化"静态封存"与"活态传承"的争论

乡土文化作为中国传统文化的重要组成部分，具有促进社会和谐发展、凸显地域文化特色、推动美丽乡村建设的重要作用。乡土文化的保护和传承关乎乡村的"根"、民族的"魂"。乡村建设不仅要满足百姓生产生活需求，还应将乡土文化的保护与传承作为首要任务。① 乡土文化传承问题一直是各界关注的热点，早期的研究主要集中于如何在保护下实现乡土文化的传承，随着精准扶贫的推进，反贫困理论视角下的乡土文化的活态传承逐渐成为新的关注点。

基于两种不同视角，形成了两种不同的乡土文化传承模式。一是基于保护视角的"静态封存"式乡土文化传承模式。博物馆是对传统文化进行原地保护和延续的一种重要形式。② 但在实践中我们发现，民族博物馆、民族村等文化旅游开发形式确实在一定时期内非常好地促进了民族旅游业的发展，但其活动的展演缺乏真实性和参与性，而且商业化和庸俗化趋势明显，由此带来的文化"舞台化"和"博物馆化"引起不少文化学者的担忧。甚至有学者提出，不开发就是最好的保护。上述观点基于以下假设：东道主将被迫和被动接受一揽子"现代化"，而"当外界的寒风吹来时，当地的文化就像娇花一样萎缩"。③ 甚至有学者认为，旅游是使"一切美好之物招致毁坏"④ 的罪魁祸首。

二是基于反贫困理论的产业发展型传承模式，该模式强调文化保护是一种动态的传承过程。"文化或许不是随时间而演变的区域性格，而是快速变迁的一组关系"，⑤ 旅游不是造成文化变迁的唯一或主要因素。文化保护主义者通常所倡导的是一种静态的保护模式，而产业发展型传承模式强调文化保护是一个动态的传承过程，也就是说在发展经济的过程中传承和发展乡土文化。在当前的文化传承中，发展旅游业是较为普遍的方式，主要是通过对区域内乡土文化进行挖掘、整理和包装等来发展旅游业，为当地居民带来直接的经济收益，使他们重新认识乡土文化的旅游价值和商业

---

① 卢渊、李颖、宋攀：《乡土文化在"美丽乡村"建设中的保护与传承》，《西北农林科技大学学报》（社会科学版）2016 年第 3 期，第 69～74 页。
② 杨凯健、黄耀志：《乡村空间肌理的保护与延续》，《小城镇建设》2011 年第 3 期，第 65～69 页。
③ 瓦伦·L. 史密斯主编《东道主与游客——旅游人类学研究》，张晓萍、何昌邑等译，云南大学出版社，2002，第 92、113、166 页。
④ Erik Cohen：《旅游社会学纵论》，巫宁、马聪玲、陈立平主译：南开大学出版社，2007，第 4、7、9 页。
⑤ Mike Crang：《文化地理学》，王志弘、余佳玲、方淑惠译，台北：巨流图书公司，2003，第 32 页。

价值，主动保护当地乡土文化。同时，发展所带来的经济收益也部分解决了乡土文化传承中的资金问题。譬如，传统手工艺的传承问题，传统手工艺是在手工业时代和聚落化生活环境中发展起来的独特文化形态，它是数千年乡土文化的物质呈现。① 然而，在现代化和工业化的大背景下，传统手工艺日渐萎缩，因此，建设传统手工艺基地，吸引游客参观游览、购买手工艺产品，成为手工艺传承的主要方式。

"静态封存"与"活态传承"是乡土文化传承最主要的两种方式，但在具体实践中，两种模式都面临一些急需解决的难题。"静态封存"模式过于强调对乡土文化的保护，这就使乡土文化的资源优势无法得到有效发挥，地区经济发展也难以实现，从某种意义来说，这对乡土文化资源的保护是非常不利的。"活态传承"又过于关注在旅游开发过程中传统文化的经济功能，特别是当面临着巨大的商业利益时，在经济运作的过程中很难坚持对乡土文化的保护，在利益的裹挟下，乡土文化成为经济洪流中的一员，不得不前行，无法保证自己的完整性。

### 三 旅游精准扶贫与乡土文化传承耦合的战略取向

在乡村振兴背景下，旅游精准扶贫目标由单一经济目标转化为经济、文化、生态以及社会等多维目标，旅游也成为乡土文化活态传承的重要方式。在实践过程中，人们不再割裂地看待旅游精准扶贫与乡土文化传承问题，人们也逐渐认识到，旅游的基本属性是文化性，乡土文化是乡村旅游的灵魂。旅游精准扶贫是以发展乡村旅游产业的方式解决贫困问题，促进区域社会发展，乡土文化传承是其主要的文化目标，旅游精准扶贫为乡土文化传承提供资金、人才、技术等保障，有助于乡土文化的可持续保护。旅游精准扶贫与乡土文化传承是相互影响、相互促进的关系。

旅游精准扶贫与乡土文化传承之间正逐渐由各自为政向协调发展转变。系统耦合理论为旅游精准扶贫与乡土文化传承耦合发展提供了理论指导，研究表明，负责任旅游开发为二者的耦合发展提供了动力，负责

---

① 徐艺乙：《中国历史文化中的传统手工艺》，《江苏社会科学》2011 年第 5 期，第 223~228 页。

任旅游开发是一种创造更好的生活之地和更好的旅游之地的旅游方式，是实现可持续旅游发展的途径。负责任旅游开发是一种全新的方式，注重旅游开发的多维目标，不仅关注相关利益者（包括贫困群体）的旅游经济收益，还强调旅游开发的生态、文化和社会目标，即对当地生态、文化以及社会环境产生较小负面影响。Honey 等研究认为负责任旅游和伦理旅游行为使文化多样性得到保护，用公平的方式利用传统文化资源解决贫困问题，并且避免旅游开发造成旅游地环境与文化的退化。[1] 可见，负责任旅游强调对传统文化资源进行保护性开发，在利用传统文化资源时应避免旅游地文化的退化。在建设美丽乡村的大背景下，负责任旅游开发是旅游精准扶贫与乡土文化传承耦合发展的外力因素，在这种外力作用下，旅游精准扶贫既可以促进乡村经济发展，又可以在最大程度上保留乡土文化的发展根基，保留地域特色，增强广大群众对家园的认同感，并为乡土文化创造在新历史时期可持续传承、发展的生存土壤。[2]

总之，旅游精准扶贫与乡土文化传承二者具有耦合关系，基于系统间或系统内部要素之间的协调情况，表现为良性耦合和不良耦合。在实践过程中，旅游精准扶贫与乡土文化传承两个子系统彼此产生积极的相互作用，优势互补，则为良性耦合；反之，则为不良耦合。负责任旅游开发等外力能够促进旅游精准扶贫与乡土文化传承两个子系统之间的良性耦合。

## 第二节 旅游精准扶贫系统与乡土文化传承系统

随着我国乡村旅游扶贫工程的深入推进，旅游精准扶贫系统与乡土文化传承系统相互作用逐步增强。为揭示旅游精准扶贫与乡土文化传承两个系统的交互耦合关系，我们有必要先分析旅游精准扶贫系统与乡土文化传承系统的构成。

---

[1] Honey, M., *Ecotourism and Sustainable Development: Who Owns Paradise?*, Washington DC: Island Press, 1999: 128 – 159; Buckley, R., "Testing Take-up of Academic Concepts in an Influential Commercial Tourism Publication," *Tourism Management*, 2008, 29 (4): 721 – 729.

[2] 季中扬:《乡土文化认同危机与现代性焦虑》,《求索》2012 年第 4 期, 第 162~164 页。

## 一 旅游精准扶贫与乡土文化传承的耦合系统

（一）耦合系统的概念

"耦合"最初是一个物理学概念，主要是指两个或两个以上系统或运动形式通过相互作用而彼此相互影响甚至协同的现象。[①] 社会科学借鉴这个词来表述人与地之间、不同社会系统以及不同自然系统之间由无序趋向有序的协调状态。系统包括两个及以上的主体，子系统之间相互影响，形成具有新结构的功能体。一般来说，系统耦合是指两个或两个以上具有相似性质的生态系统交互调和，一旦条件成熟，也就是系统达到相对平衡状态时，二者之间的耦合系统也就会形成全新的、高级的综合体。简单来说，也就是各个要素之间相互影响、相互作用，从复杂系统内的无序状态逐渐走向有序状态的一个动态的全过程，是一个追求秩序的趋向过程。

本书把"耦合"一词引入旅游精准扶贫与乡土文化传承研究中，以系统耦合理论为指导思想，把旅游精准扶贫和乡土文化传承视为两个子系统，通过研究两个子系统之间的相互依赖、相互协同以及相互作用关系，揭示旅游精准扶贫与乡土文化传承二者的耦合机理，并提出二者耦合发展的一般路径，为后文对西南地区进行实证研究奠定理论基础。

（二）旅游精准扶贫与乡土文化传承耦合系统

旅游精准扶贫与乡土文化传承耦合系统是一个复杂系统，是旅游精准扶贫子系统与乡土文化传承子系统之间，以及子系统内部各要素之间相互影响及相互作用的过程，是一个从复杂无序状态向有序状态动态发展的过程，是一个追求秩序的趋向过程，是在旅游开发扶贫和乡土文化保护传承的过程中，两个系统之间相互作用、相互影响的线性和非线性关系的总和。

## 二 旅游精准扶贫系统

旅游精准扶贫是一项复杂的系统工程，具有系统化特征。一些学者运

---

[①] 田瑾、明庆忠：《山地旅游目的地"山—镇"双核结构空间联系及耦合机理——来自云南丽江的案例剖析》，《经济地理》2021年第1期，第212~220页。

用系统思想对旅游精准扶贫问题进行了研究。邓小海等认为"旅游精准扶贫是由旅游精准扶贫识别、旅游精准扶贫帮扶、旅游精准扶贫管理构成的一个动态的有机系统，是精准扶贫理念在旅游扶贫领域的具体应用，它以实现旅游扶贫'扶真贫''真扶贫'为目标，是一种区别于以往粗放式旅游扶贫的全新方式"。① 李锋认为"旅游精准扶贫是一个动态的有机系统，有其特定结构和层次"，并从横向和纵向两个层面分析了系统的构成要素，"从横向水平内容结构看，包括对象精准、内容精准和目标精准等三个层次，从纵向垂直过程机制看，包括前提（扶贫主体）、基础（贫困维度测度）、条件（靶点识别）、关键（路径和模式）、保障（扶贫管理）等五个层次，两者构成了旅游精准扶贫的系统结构框架"。② 已有研究为分析旅游精准扶贫问题提供了相应的理论基础，本书借鉴已有研究成果，同时结合研究目标，将旅游精准扶贫视为一个系统，认为旅游精准扶贫系统由要素、联结和功能构成。

系统论认为系统并不仅仅是一些事物的简单集合，而是一个由一组相互联结的要素构成的、能够实现某个目标的整体。因此，在分析旅游精准扶贫系统构成时，我们从这三个构成要件进行分析。

### （一）旅游精准扶贫系统的构成要素

**1. 旅游精准扶贫的实施主体**

旅游精准扶贫是一项浩大的系统工程，旅游精准扶贫目标的实现离不开社会各界的共同努力。因此，旅游精准扶贫的实施过程是多元主体共同参与和协作的过程。邓小海认为旅游精准扶贫实施的主体包括各级政府部门、旅游企业、非政府组织及旅游者等。③ 也有学者认为旅游扶贫的主体涉及立法者和决策者、非政府组织、旅游开发商、社会其他扶助力量、旅

---

① 邓小海、曾亮、肖洪磊：《旅游精准扶贫的概念、构成及运行机理探析》，《江苏农业科学》2017年第2期，第265~269页。
② 李锋：《旅游精准扶贫：逻辑内涵、适宜性判断与系统结构》，《扬州大学学报》（人文社会科学版）2017年第4期，第52~64页。
③ 邓小海：《旅游扶贫精准帮扶探析》，《新疆大学学报》（哲学·人文社会科学版）2015年第6期，第21~27页。

游研究者，甚至包括部分旅游者。① 本书认为在旅游精准扶贫与乡土文化耦合过程中，旅游精准扶贫的实施主体主要有：政府、旅游企业、非政府组织、社区居民以及旅游者。贫困地区旅游发展基础相对薄弱，需充分发挥政府在旅游扶贫过程中的主导作用，政府主要进行旅游精准扶贫管理，保障旅游精准扶贫的有效实施及其目标的实现，但旅游精准扶贫应遵循有限政府主导原则，政府不应大包大揽。② 政府在旅游精准扶贫项目识别过程中，无疑是重要的参与者。作为市场最具活力的主体，旅游企业不仅为贫困人群创造就业机会，也为贫困型目的地旅游发展提供资金和技术支持，有利于带动多元化的旅游精准扶贫主体，形成全社会力量参与旅游精准扶贫的大格局。非政府组织是由民间人士在自愿的基础上组成的，独立于政府之外的、具有特定目标的非营利性组织或团体。非政府组织一般通过竞争的方式来获取扶贫资源，因此只有那些扶贫效率高的项目和组织才能得到扶贫资源。在国外，非政府组织也是旅游扶贫的重要力量。在各类项目中，都可以看到非政府组织的身影。相较而言，国内非政府组织对旅游扶贫参与不足。由于非政府组织本身的非营利性特点，其在旅游精准扶贫项目的识别（选择）过程中更具有客观性，可有效防止盲目性，在旅游精准扶贫项目识别上更有优势。社区居民是乡土文化的创造者和传承者，是旅游精准扶贫过程中的主体。

### 2. 旅游精准扶贫的帮扶对象

旅游精准扶贫是产业扶贫，旅游精准扶贫的帮扶对象应基于贫困人口识别和旅游项目识别共同确定。首先，贫困地区应判断该区域是否具备发展乡村旅游的区位条件、资源基础、市场条件以及保障条件等。其次，贫困地区还应考虑发展乡村旅游是否有利于贫困人口，贫困人口是否有机会、能力和意愿参与旅游开发等因素。据此，确定旅游精准扶贫的帮扶对象。旅游精准扶贫的目标人群是那些既具备劳动能力又愿意参与旅游精准扶贫的、可通过旅游精准扶贫进行扶持的贫困人口，即旅游精准扶贫的"可扶之人"。

---

① 周歆红：《关注旅游扶贫的核心问题》，《旅游学刊》2002年第1期，第17~21页。
② 叶普万：《贫困经济学研究》，中国社会科学出版社，2004，第331~334页。

### 3. 旅游精准扶贫的载体

旅游精准扶贫的载体为旅游产业。旅游精准扶贫在本质上是一种产业扶贫方式。旅游精准扶贫通过旅游产业发展所引发的生产要素在目的地的经济体系中的快速流动，使旅游产业真正成为刺激区域经济发展的催化剂，[①] 推动贫困地区快速发展，惠及贫困人口，从而实现脱贫目标。旅游精准扶贫实践的首要前提是对贫困地区资源进行优化组合开发，通过旅游消费的方式，实现资源价值或提高资源的附加值，找到其发展的经济空间，从而解决贫困地区人口的脱贫问题。我国一些旅游资源丰富的贫困地区，根本不适宜进行大规模集约化工业发展，而通过旅游化的发展方式来解决地区贫困问题具有比较优势。通过旅游化发展，贫困农民可以实现就业的在地化；通过乡村旅游经营，贫困农民可以获得资产性收入、经营性收入和劳动性工资收入；通过旅游化发展，农村保持固有的风貌，促成乡土文化的传承和创新；通过旅游化发展，农业生产的附加值得到提升。从我国旅游发展的内在逻辑来说，旅游是一种通过空间变换而形成的空间消费，目前我国旅游经济发展就受到空间扩展的掣肘。

### 4. 旅游精准扶贫的环境

在贫困地区实施旅游精准扶贫，政府的政策支持至关重要。各级政府部门要为旅游精准扶贫提供良好的政策环境和投资条件，提高贫困地区对社会资源的获取能力，应根据贫困地区实际制定出台有利于旅游业发展的金融、税收、财政等一系列优惠政策，营造良好的招商引资环境，鼓励与引导具有扶贫性质的旅游（社区旅游）优先和快速发展。第一，通过财政直接拨款、转移性支付等方式，来帮助贫困地区进行旅游基础设施建设。第二，完善旅游投资政策，制定出台各种旅游扶贫优惠政策，拓宽旅游引资渠道，比如可以出台相关政策将符合条件的旅游企业和项目纳入国家专项资金支持范围，如服务业、扶贫开发、节能减排等。第三，鼓励高等院校、企业参与贫困地区旅游人才教育培训，积极探索建立开放、公开、合作的旅游扶贫社会参与体系。采取旅游扶贫项目招标等形式为非政府组织的参与创造条件，放手让非政府组织参与旅游扶贫开发，推动政府与非政

---

① 刘丽梅:《旅游扶贫发展的本质及其影响因素》,《内蒙古财经学院学报》2012 年第 1 期,第 75~79 页。

府组织密切合作,充分发挥非政府组织在旅游扶贫中的优势及其有益补充和示范作用。

(二) 旅游精准扶贫系统各要素的联结

旅游精准扶贫系统内部各要素之间相互作用、相互制约。应从扶贫整体目标出发,厘清各要素之间的相互关系和多要素共同作用所能产生的扶贫效应。旅游精准扶贫系统包括四个构成要素:实施主体、帮扶对象、载体以及环境。旅游精准扶贫系统的四个构成要素之间相互作用,其中,帮扶对象是基础要素,实施主体是关键要素,载体是核心要素,环境是保障要素。

1. 帮扶对象是基础要素

识别贫困人口是开展旅游精准扶贫的先决条件。旅游精准扶贫系统运行的基础是识别帮扶对象。旅游精准扶贫的特殊性就在于通过给予"可扶之人"相应的扶持,提升其自身能力,消除或减少其参与旅游发展的障碍,使其在旅游发展中获益。因此,对旅游精准扶贫目标人群旅游参与优势与障碍进行识别,能够为有效确定旅游精准扶贫帮扶内容和帮扶措施奠定基础。

2. 实施主体是关键要素

旅游精准扶贫的实施主体是旅游精准扶贫系统运行的关键要素,旅游精准扶贫的实施是多元主体共同参与和协作的过程。提高利益相关者在旅游精准扶贫中政治、经济和社会等方面的有效参与度,是确保实现旅游精准扶贫目标的起点。[1] 贫困地区居民是核心利益相关者,处于非常重要的一个环节,社区居民是否能参与到旅游发展当中,关系到旅游发展的可持续性,关系到旅游精准扶贫目标的最终实现。由于贫困人口处于弱势地位,要解决贫困人口的参与问题,主要方法就是实施公平的利益分配制度和扩大其自身权利。换言之,贫困人口与其他利益主体共同参与到旅游精准扶贫之中需要被赋予一定的参与权利,只有这样才能保障他们合理合法的权益,实现真正的与利益相关者的合作参与。

---

[1] 李佳、钟林生、成升魁:《中国旅游扶贫研究进展》,《中国人口·资源与环境》2009 年第 3 期,第 156~162 页。

### 3. 载体是核心要素

旅游精准扶贫的载体为旅游产业，旅游产业的发展直接关系到旅游精准扶贫目标能否实现。贫困地区大部分分布在山区、少数民族地区、边境地区、革命老区等地区，位置偏远且交通不便，但拥有丰富的较少受人类经济活动和外来文化影响的旅游资源，而旅游资源又是旅游产业发展的基石，因此，贫困地区可充分依托其特有的自然和人文旅游资源，深入实施乡村旅游扶贫工程，既可将农村拥有的青山绿水变成财富，又可将农民熟悉的乡土文化变成乡村旅游资源，把传统农业升级为乡村休闲旅游产业，同时发挥乡村旅游的综合带动效应，促进三产融合发展，提高旅游精准扶贫总体效益，进而实现脱贫减贫的目标。在空间关系方面，已有研究通过分析发现贫困与旅游资源存在明显的空间关联。在旅游精准扶贫效率与绩效方面，有研究认为旅游资源开发具有一定的减贫效应，且由最初单一的经济效应拓展到社会、生态和文化等非经济效应。[1] 旅游产业发展是旅游精准扶贫目标实现的基础和保证，如果旅游产业不能得到发展，那么旅游精准扶贫的目标也只是空中楼阁。因此旅游精准扶贫需要遵循旅游市场发展规律，坚持以市场为导向，发展旅游产业。旅游精准扶贫应该是一种旅游发展方式和扶贫模式，即以旅游发展为主旨来推动扶贫目标的实现。而目标实现涉及贫困地区的方方面面，其实质上是一个旅游化过程。

### 4. 环境是保障要素

旅游精准扶贫环境是旅游精准扶贫系统的保障要素，包括政府政策、地理区位与交通条件、市场环境等，为系统的良性运行提供支撑力。首先，政府相关部门要从宏观层面完善相关的政策和机制，并为旅游业的发展提供政策支持和规划引导。旅游精准扶贫战略是一项利国利民的重要战略，它不仅能有效解决乡村地区的经济贫困问题，同时可以促进地区文化事业的发展，对传统文化的保护和传承起着重要的推动作用，对推动地方经济发展的作用也是不言而喻的。因此，作为旅游精准扶贫战略实施的主

---

[1] 杨德进、白长虹：《我国旅游扶贫生态效率的提升路径》，《旅游学刊》2016年第9期，第12~14页；郭舒：《基于产业链视角的旅游扶贫效应研究方法》，《旅游学刊》2015年第11期，第31~39页；黄渊基：《连片特困地区旅游扶贫效率评价及时空分异——以武陵山湖南片区20个县（市、区）为例》，《经济地理》2017年第11期，第229~235页。

导部门，政府在推行相关规划时，应当考虑到旅游产业和乡土文化的融合性发展，从经济发展政策和产业发展规划的层面做好顶层设计，实施旅游精准扶贫战略，加强对乡土文化的保护与传承、完善乡村基础设施建设，制订旅游与文化产业耦合规划等，进行产业引导，实现旅游转型升级，促进旅游产业与文化产业的耦合发展，促进旅游精准扶贫与乡土文化传承的耦合。

其次，良好的地理区位与交通条件是旅游精准扶贫的重要外部保障因素。地理区位与交通条件反映了区域与其他有关地区接触、进行社会经济和技术交流的机会与潜力。

最后，市场环境也是影响旅游精准扶贫的重要外部因素。只有拥有较大的经济发展需求，才能形成相应规模的市场，因此，在进行乡村旅游规划时，应该始终强调以需求为核心内容对各项资源进行有计划的全面整合与有效利用，这也就充分体现了以市场需求为驱动力的本质。在新时代人们对美好生活的向往下，广大群众对乡村旅游业和乡土文化事业的发展有着较大需求，因此在保护与传承乡土文化下发展旅游业一方面适应了时代发展的需要，另一方面也充分满足了普通民众对旅游休闲的需求。

（三）旅游精准扶贫系统的功能

旅游精准扶贫系统是由相互作用和相互依赖的若干要素结合而成的具有特定功能的有机整体。旅游精准扶贫系统具有经济、社会与文化等方面的功能。

经济功能是旅游精准扶贫系统的首要功能。在旅游精准扶贫中，促进区域经济增长是目的地旅游业发展的直接要义，而扶贫则是区域经济发展的间接结果，[1] 旅游精准扶贫以消除弱势群体的贫困状态为目标起点，以实现贫困地区的可持续发展为终极追求，其本质在于通过旅游业发展促进区域经济增长与发展。

旅游精准扶贫系统还具有社会与文化功能。旅游精准扶贫，就是要打破贫困地区的"PPE"恶性循环，即"贫困（Poverty）—人口（Popula-

---

[1] Deloitte, Touche, *Sustainable Tourism and Poverty Elimination: A Report for the Department for International Development*, London: IIED and ODI, 1999: 87 - 91.

tion）—环境（Environment）"之间的恶性循环。因此，旅游精准扶贫强调协调发展，在发展的过程中要处理好经济、社会、文化系统和自然环境系统及其子系统之间的关系，具体要做到"城乡统筹、区域统筹、经济社会统筹、人与自然和谐统筹"等。在统筹城乡发展方面，通过在乡村、山区等地区实施旅游精准扶贫，进行旅游开发，实现脱贫目标，缩小城乡差距，逐步打破城乡二元结构；在统筹区域发展方面，通过实施旅游精准扶贫实现旅游客源地与旅游目的地的互动，实现区域内和区域间的协调和平衡发展；在统筹经济社会发展方面，旅游精准扶贫不仅有助于推动贫困地区经济发展，而且有助于推动贫困地区社会、文化发展；在统筹人与自然和谐发展方面，人与自然和谐发展必然成为旅游精准扶贫的基本要求之一。

旅游精准扶贫是一个动态的有机系统，其内部各组成要素的相互作用与相互联系会因所处环境的变化和实践的发展而产生变化，系统会根据各方面反馈回来的信息并结合目标的实现情况进行相应的调整。

### 三 乡土文化传承系统

文化传承是一个复杂的系统，其构成要素主要有：传者与受者、传承场、传承内容、传承方式、保障体系等。[①] 在已有研究基础上，结合本研究目标，本书将乡土文化传承视为一个系统，从要素、联结和功能三个方面对乡土文化传承系统进行分析。

#### （一）乡土文化传承系统的构成要素

乡土文化传承系统的构成要素包括传承主体、传承内容、传承客体以及传承方式等。在传统社会里，乡土文化是在一种集体无意识的情况下传承的，"文化传承主体是在没有选择余地的社会环境中被动实现传承的，文化的传承主体缺乏比较和选择的可能"。[②] 因此，从广义来说，村民是乡土文化的创造者与传承者，他们是乡土文化的主要传承主体。此外，地方

---

[①] 段超：《中华优秀传统文化当代传承体系建构研究》，《中南民族大学学报》（人文社会科学版）2012年第2期，第1~6页。

[②] 赵世林：《云南少数民族文化传承论纲》，云南民族出版社，2002。

政府、旅游企业和游客等在乡土文化传承中也发挥重要作用，也是乡土文化传承主体的重要组成部分。从狭义来说，乡土文化的传承主体是优秀乡土文化的传承人或传承群体，即掌握某项乡土文化的知识、技艺、技术，并且具有公认的代表性、权威性与影响力的个人或群体。

乡土文化传承内容主要为优秀的传统乡土文化，包括物质文化和非物质文化。物质文化，是指人类在长期生产生活实践过程中所创造的物质产品及其所表现的文化，包括生产工具和劳动对象以及创造物质产品的技术，具体包括饮食、服饰、建筑、交通、生产工具等，是文化要素或者文化景观的物质表现方面。非物质文化，是指人类在长期生产生活实践过程中所创造的各种精神文化，如社会制度、节庆习俗、生活方式、传统歌舞等。

乡土文化传承客体包括传承场和传承媒介。乡土文化的传承离不开特定的文化传承场。从广义来说，"传承是指人习得文化和传递文化的总体过程，所以一切人与人、人与社会接触的空间组合都可以是传承场"。然而，"文化传承的机制和规律决定某些场合是固定的、主要的，重要的文化传承和有意识的文化再生产在这里进行"。[①] 因此，就乡土文化传承而言，家庭、学校、村寨中的文化活动场所、传统集市以及民族村寨社区等这些固定的、主要的场所是文化传承的主战场。

乡土文化传承媒介主要包括民族文化典籍、现代影像资料、大众媒体以及旅游开发。以前，传承一种民族传统文化主要通过对民族文化保存或传播的方式，比如民族文化博物馆、民族文化书籍以及民族文物保存等，而现代科学技术的发展使得各类新的技术手段可以用于保存相关的民族文化材料。但这种传承也受到专业人士的质疑，于是民族文化传承人以及非遗等概念开始走进文化传承的领域。大众媒体以及大众文艺生活也是文化传承的媒介，换句话说，民族文化通过大众媒体实现了某种程度的传承，云南孔雀舞、贵州苗家舞、云南山歌等都是实现文化传承的明证。大众媒体的活动不仅增强了文化自身的影响力，也激发了文化传承人的文化自信，同样政府给予的物质补贴，为传承及发展民族文化创造了有利的条件。民族文化传承也可以旅游业为载体，开发民族文化旅游，这就需要设

---

[①] 赵世林：《民族文化的传承场》，《云南民族学院学报》（哲学社会科学版）1994年第1期，第63页。

计者真正了解民族文化的精髓、挖掘民族文化的精华，从中选取可以向旅游者展示的部分，并要选择合适的方式或手段进行展示，在丰富旅游者旅游体验的同时，促进少数民族群体以外来者的角度重新审视本民族传统文化，从而在面临外来文化的冲击时能够坚信本民族文化的价值，增强文化自信，以一种较为理性的态度来面对文化的变迁。

传承方式是文化传承的形式、方法、工具、手段和策略等的总和，传统与现代传承方式的结合是当前我国在传承传统文化中普遍采取的方式。传承方式逐渐多样化，主要有静态保护与活态传承两种传承方式。静态保护属于传统乡土文化传承方式，强调对乡土文化进行保护性传承。静态保护的具体方式有：民间传承，包括体现于生产、生活方式中的师徒、家庭、社区、节日等各种传统传承方式；学校教育传承，历史上的官学与私学对中华文化，特别是上层精英文化的传承发挥过重要作用，现代学校仍是文化传承的主要场所；媒体传承，传统社会的各种媒介，特别是以典籍为代表的纸质媒介是文化传承的主要方式之一，在现代社会中，又增加了报纸、杂志、广播、电视、网络等现代媒介；场馆传承，在现代社会，博物馆、纪念馆、文化馆、艺术馆、资料馆、图书馆、档案馆等场馆对于文化传承越来越重要，这种活态的形式是当前乡土文化传承的重要方式，也是对乡土文化进行开发性保护的重要手段。

（二）乡土文化传承系统各要素的联结

乡土文化传承系统是多种要素组成的复杂系统，传承系统各要素之间是一种相互影响、相互制约的多重关系。乡土文化传承系统的四个要素之间相互作用，其中乡土文化传承主体是基础要素；乡土文化传承内容是核心要素；乡土文化传承客体及传承方式是关键要素。

乡土文化传承主体是乡土文化传承系统运行的基础要素。乡土文化传承主体具有多元性，包括政府、企业和村民，三者共同参与乡土文化传承，但是各自的角色和作用不同。其中，政府是宏观的指导者、制度的设计及维护者、资金的筹措者；企业是具体事务的执行者和被监督者；村民才是基本的，也是最为强大的文化遗产创造者、传承者、保护者及传承开发的利益主体。因此，乡村振兴，是立足于农民的振兴，乡土文化的保护与开发要立足于真正的民间，而不能将民众排除在外。

乡土文化传承内容是乡土文化传承系统运行的核心要素。乡土文化的传承有赖于丰富的乡土文化，这类文化资源是乡土文化传承的起点，也是乡土文化传承的重点。

乡土文化传承客体及传承方式是乡土文化传承系统运行的关键要素。随着新型城镇化的不断推进，乡土文化传承的客体及方式也在发生变化。乡土文化传承方式直接决定乡土文化传承的成效。与静态的传承方式相比，乡土文化的活态传承方式具有较好的社会、经济和文化效应，发展旅游业是贫困地区乡土文化活态传承的主要方式，为乡土文化传承提供相应的资金、人才、技术等。

（三）乡土文化传承系统的功能

乡土文化传承系统是由相互作用和相互依赖的若干要素结合而成的、具有特定功能的有机整体。乡土文化传承系统主要有教育和社会规范功能、历史文化功能以及经济功能等三大功能。

第一，教育和社会规范功能。传统乡土社会是由家庭、家族和村落等构成的，在血缘的亲情和地缘的乡情联系下，形成了大致一样的生活方式和彼此熟悉的生活共同体，并在此基础上形成了具有共同价值伦理、惯例习俗和社会舆论的礼治社会。[①] 在传统社会，其教化方式通常是由上一代将其所习得的共同的价值伦理、惯例习俗等传授给下一代，成为下一代人生产、生活的重要指南。这些在日常生活中所形成的共同的价值伦理、惯例习俗和社会舆论等就成为乡村人们生活的方法指南，在生活实践中起到教育规范人们行为的作用。乡土规范文化就是在这样长期潜移默化中教给人们乡土知识和技能，培养和规范人们的行为方式与习惯，有效调节人与自身、他人、社会和自然的各种关系，从而实现稳定的、内聚的、带有传承性的道德秩序的建构，对社会发展起着规范和教育作用。[②]

---

① 赵霞：《传统乡村文化的秩序危机与价值重建》，《中国农村观察》2011年第3期，第80~86页。
② 韩琳琳、李倩、吴明君：《乡土文化在当代美丽乡村建设中的作用与传承》，《农业经济》2020年第11期，第41~43页。

第二，历史文化功能。乡土文化是在人们适应和改造乡村自然环境过程中逐渐形成的，其独特性与当地的自然环境密切相关。中国 2000 多年的农业文明使得中国人形成了安土重迁、固守小农经济的乡土文化，同时，由于自然条件的优劣不同，自然资源的富足情况直接决定了农民的生存情况，这使他们从小就在与自然的关系中懂得了人与自然和谐相处的重要性，进而在开发与利用自然的过程中，形成了敬畏自然、顺应自然、保护自然的"天人合一"的生态伦理观。

三是经济功能。乡土文化是重要的文化旅游资源，通过旅游开发的方式助推乡村经济发展。首先，依托乡土文化资源开发乡村文化旅游产品，通过吸引游客前来参观游览获取经济收益，比如，西双版纳傣家竹楼、平遥古城这样富有历史、民族文化特色的古建筑景区每年吸引大批游客前来参观，从而给地方带来经济效益，同时，游客在参观这样的乡土文化景观时，能认识到其所蕴含的人文价值。其次，将乡土文化资源包装为旅游商品出售给游客，获取直接经济收益，如湖北秭归县的手工绣花鞋垫、传统工艺背篓、微型龙舟木雕。最后，通过举办旅游节等活动来拉动地方经济发展，比如利用地方节庆、名胜古迹、人文历史等，举办具有地方特色的乡土文化艺术节、乡土文化表演等活动，在传承乡土文化的过程中实现旅游业的发展。

## 第三节　旅游精准扶贫系统与乡土文化传承系统耦合机理分析

基于系统耦合理论，旅游精准扶贫系统和乡土文化传承系统是相互制约又相互促进的两大系统，它们共同构成了旅游精准扶贫与乡土文化传承的耦合系统。旅游精准扶贫系统与乡土文化传承系统内部各要素之间相互作用，最终影响旅游精准扶贫系统和乡土文化传承系统之间的耦合协调发展水平。

### 一　耦合机理的概念与分析模型

（一）耦合机理的含义

"机理"是指为实现某一特定功能，一定的系统结构中各要素的内在工作方式以及诸要素在一定环境条件下相互联系、相互作用的运行规则和原理。旅游精准扶贫与乡土文化传承作为两个复杂的系统，内部含有多个要素，系统之间交互耦合、彼此作用。旅游精准扶贫与乡土文化传承耦合机理是指为实现乡村振兴目标，旅游精准扶贫系统和乡土文化传承系统之间，以及两大系统内部在一定环境条件下相互联系、相互作用的运行原理。

（二）耦合机理的分析模型

在对旅游精准扶贫与乡土文化传承耦合系统的概念及其构成进行分析的基础上，本书将进一步阐述耦合系统发展的内在机理，主要从旅游精准扶贫系统与乡土文化传承系统的耦合关系、耦合模式以及耦合路径三个方面揭示其演化机理（见图2-1）。旅游精准扶贫系统与乡土文化传承系统之间交互耦合、彼此作用。优质的文化产品是旅游产业发展的灵魂与重要根基，有竞争力的旅游产业是传统文脉延续的载体和重要平台。旅游产业要想持续健康发展，必须对文化产品的创新和发展给予高度重视，借此不断提升产业自身的品位与内涵。乡土文化资源的开发利用和衍生产品，是传统文化再塑和创新的重要组成部分，同旅游产业的可持续发展存在互相促进、互相依存、协同发展的关系。乡土文化传承与旅游精准扶贫的共同核心是乡土文化资源。在旅游精准扶贫与乡土文化传承的耦合发展实践中，借助旅游产业发展的带动，人们可以加深对乡土文化资源价值的理解和认知，从而促进乡土文化资源的传承；同时，优秀乡土文化资源的挖掘、开发与利用还能进一步推动农村旅游产业的可持续发展，提高旅游产业的竞争力，从而实现旅游精准扶贫的可持续发展。因此，旅游精准扶贫系统与乡土文化传承系统之间是相互作用、相互影响的耦合关系。

旅游精准扶贫与乡土文化传承两个系统之间通过不同动力因素互相影响以及多层面联动互促，形成较为紧密的耦合关系。为促进两个子系统的良性耦合，人们应对耦合系统加以引导和干预。因此，我们有必要探讨系统主体如何响应耦合系统压力，通过一系列的社会经济活动对耦合系统产生作用，从而影响耦合系统演化过程。

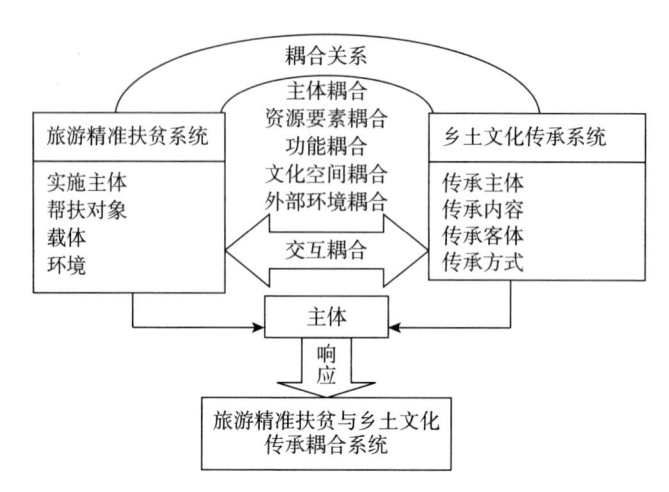

图 2-1　旅游精准扶贫系统与乡土文化传承系统耦合机理

## 二　旅游精准扶贫系统与乡土文化传承系统的耦合关系

本书综合依据前文所阐述的文化再生产理论、可持续生计框架理论以及系统耦合理论,主要从主体耦合、资源要素耦合、功能耦合、文化空间耦合、外部环境耦合五个方面,分析旅游精准扶贫与乡土文化传承两个系统间的关联作用,阐释两个系统耦合的基本原理,从而推动旅游精准扶贫与乡土文化传承二者的耦合协调发展。

### (一) 主体耦合

一方面,乡村居民中的贫困人口是旅游精准扶贫系统运行主体的重要组成部分,是旅游精准扶贫的帮扶对象,依托农村丰富的乡土文化资源参与地方旅游产业发展是他们脱贫致富的主要路径;另一方面,作为乡村居民中的一个特殊群体,贫困人口也是乡土文化传承的重要主体之一,他们是乡土文化的创造者和传承者。依据文化再生产理论,贫困人口通过乡土文化资源的资本化过程,能够实现与旅游要素和旅游资本的有序结合和联动。因此,旅游精准扶贫系统与乡土文化传承系统在主体层面耦合(见图 2-2)。

首先,对于旅游精准扶贫系统来说,乡村居民中的贫困人口是该系统运行主体的重要组成部分。在"社会协同参与"的大背景之下,乡村旅游

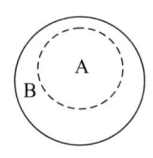

**图 2-2　旅游精准扶贫与乡土文化传承的主体耦合**

注：虚线圆 A 代表旅游精准扶贫系统；实线圆 B 代表乡土文化传承系统。

的主体逐渐增多，政府、企业、地方自组织、慈善机构、基金会等各类主体都加入到了乡村旅游开发大队伍中。乡村居民中的贫困人口是旅游精准扶贫的帮扶对象。旅游精准扶贫的目标人群是那些既具有劳动能力，同时又具有参与旅游精准扶贫意愿的贫困人口。一方面，这些贫困人口是区域旅游业的直接与间接参与者，与乡村旅游业的发展关系密切，同时，他们又是集饮食、文化、生活于一体的人文景观，同自然景观一样，是乡村旅游的核心资源。另一方面，贫困人口作为乡村旅游的经营者，他们的服务行为、服务态度和服务效率直接决定了旅游者对环境和文化的评价，这对于地方旅游业的可持续发展具有重要的影响。因而，充分发挥乡村居民中贫困人口的主体作用，对旅游精准扶贫的实现具有至关重要的作用。

其次，对于乡土文化传承系统来说，乡村居民是该系统运行最重要的主体，贫困人口作为乡村居民的重要组成部分，他们既是乡土文化的创造者，也是乡土文化的传承者。乡土文化是乡村地区居民在长期的生产生活中改造自然的产物，是农耕文明的重要组成部分。从理论上讲，乡村居民生于斯长于斯，对于自己家乡的风土人情、历史文化等独具地方特色的乡土文化有着更全面深入的理解，他们才是乡土文化传承的重要主体。然而，从 20 世纪八九十年代开始，由于越来越多的青壮年农民涌入城市寻找更多的生存与发展机会，乡土文化的传承主体面临着严重不足的局面。自旅游精准扶贫战略实施以来，乡村旅游的快速发展吸引了许多青壮年返乡，在很大程度上缓解了乡土文化传承人断裂问题。倘若在旅游精准扶贫与乡土文化传承耦合发展中不能充分发挥乡村居民的主体作用，贫困人口无法获得相应的利益，那么乡村旅游就难以获得良性发展，旅游精准扶贫与乡土文化传承两个系统也就无法实现良性的互动。所以，贫困地区应基于主体耦合，通过持续改进贫困人口旅游生计模式，充分发挥贫困人口在旅游精准扶贫与乡土文化传承两个系统中的主体作用，从而促使旅游精准扶贫与乡土文化传承两个系统内部以及系统之间相互依存和相互促进。

(二) 资源要素耦合

乡土文化资源作为一种特殊的资源形式，具有民族性、传承性、变异性和文脉性，同时具有社会属性和经济属性，是旅游产业发展和乡土文化传承中具有共性吸引力的资源因素。旅游精准扶贫与乡土文化传承在乡土文化资源要素层面具有耦合性。

在旅游精准扶贫系统与乡土文化传承系统耦合发展的初期，贫困地区人们为开展旅游扶贫工作，强势地向乡土文化系统索取乡土文化资源，把区域内各种乡土文化资源包装成旅游产品，在市场上进行出售以获取经济收入。在这个过程中，人们高度关注旅游精准扶贫系统如何依托丰富的乡土文化资源发展旅游产业，帮助贫困人口脱贫致富成为工作重点。而如果缺乏对乡土文化传承系统的关注，将会带来两个方面的问题，第一，贫困地区在发展旅游业的过程中因过于追求乡土文化资源的经济价值而导致一些具有重要价值的乡土文化资源遭到破坏或损毁；第二，那些暂时不能带来明显经济效益的乡土文化资源基本处于自生自灭的状态，不能建立合理的乡土文化传承机制。总体来看，旅游精准扶贫系统与乡土文化传承系统处于不对等的位置，在资源层面，主要表现为旅游精准扶贫系统对乡土文化传承系统的强势索取和掠夺行为，两个系统在资源层面表现为单向掠夺型耦合关系（见图 2-3）。旅游精准扶贫系统的发展依赖于乡土文化传承系统的变化，而该依赖关系由旅游精准扶贫系统的强势单向掠夺行为主导。

单向掠夺型耦合关系不利于贫困地区旅游产业的可持续发展。乡土文化是乡村旅游的灵魂，贫困地区乡土文化的数量、种类以及级别直接影响区域旅游产业核心竞争力。对乡土文化传承系统的不重视必然导致乡土文化资源遭到破坏，没有丰富的乡土文化资源，旅游精准扶贫也就无从谈起。为了扭转单向掠夺型耦合关系可能带来的不利局面，贫困地区不断对旅游精准扶贫与乡土文化传承二者的耦合关系进行调整，尝试在旅游精准扶贫系统与乡土文化传承系统之间找到一种新的耦合方式，即两个系统在资源要素层面表现为双向共生型耦合关系。双向共生型耦合关系一般出现在旅游精准扶贫与乡土文化传承耦合发展的中后期，人们不仅关注旅游精准扶贫系统的功能，也关注乡土文化传承系统的文化和经济功能，表现为两个系统互利互惠、相互促进。旅游精准扶贫系统通过前期的发展，完成了乡土文化增值，人们逐渐意识到乡土文化不仅具有文化价值，还具有经济价值。自党的十九大提出实施乡村振兴战略以来，贫困地区不断推动优秀传统乡土文化的传承和创新，促进乡土文化与乡村旅游融合发展。在保持乡土文化传统的基础上，把新的现代化影响因素注入乡土文化之中，找到新的结合方式与融合点，使其能够随着现代化进程的推进展现出新时代发展面貌。[①]其中，发展旅游业就是把现代化影响因素注入乡土文化，通过对乡土文化资源进行保护性开发的方式活态传承乡土文化。最终，旅游精准扶贫与乡土文化传承两个系统通过资源要素的相互影响、相互作用而连接起来，并通过子系统的良性互动形成相互依赖和协调的动态关联关系。

**图 2-3　旅游精准扶贫与乡土文化传承的资源要素耦合**

注：虚线圆 A 代表旅游精准扶贫系统；实线圆 B 代表乡土文化传承系统。

### （三）功能耦合

旅游精准扶贫与乡土文化传承耦合系统中各子系统都具有相应的功能，在旅游精准扶贫系统与乡土文化传承系统耦合的过程中，各子系统功能之间可能协调，也可能出现不一致，甚至会产生反作用。因此，旅游精准扶贫与乡土文化传承耦合系统的总体功能应通过各子系统功能性协同得以实现。功能性协同是系统总体协同的具体表现，通过子系统功能的最优组合和相互协同作用，达到整体功能最优、负效应最小。[②]尽管旅游精准

---

① 王晶晶：《乡村振兴背景下乡土文化保护研究》，《乡村科技》2020 年第 32 期，第 30～31 页。

② 王玉芳：《国有林区经济生态社会系统协同发展机理研究》，中国林业出版社，2007，第 52～67 页。

扶贫系统与乡土文化传承系统的功能和特征存在差异，其发挥的作用大小也不同，但对整体功能都是不可或缺的，任何一个系统功能的衰弱或残缺都会影响整体功能的发挥。

旅游精准扶贫与乡土文化传承耦合系统作为一个复杂系统，旅游精准扶贫系统的主导功能为经济功能，其次为保护与传承乡土文化的文化、社会功能；而乡土文化传承系统的主导功能为文化功能，其次为经济、社会功能。在旅游精准扶贫与乡土文化传承耦合系统的形成过程中，我们应综合平衡子系统的各种功能并有所侧重，才能达到整体功能的最佳和协同。旅游精准扶贫与乡土文化传承在功能层面具有耦合性（见图2-4）。这里的功能性协同应该是一种主导功能分异性的协同。不同乡村地区的资源禀赋、区位交通条件以及战略地位不同，各自的主导功能也不同。对于深度贫困地区来说，以旅游精准扶贫的经济功能为主导功能，在坚持主导功能的同时，兼顾文化、社会功能；而对于民族地区来说，传承优秀的民族文化为其主导功能，应在坚持主导功能的同时，兼顾经济、社会功能，促进旅游精准扶贫与乡土文化传承耦合系统的协调发展。

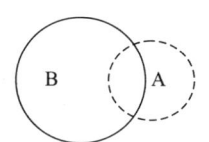

**图2-4 旅游精准扶贫与乡土文化传承的功能耦合**

注：虚线圆A代表旅游精准扶贫系统；实线圆B代表乡土文化传承系统。

（四）文化空间耦合

乡村地域系统是在特定乡村范围内，由自然环境、资源禀赋、区位条件、经济基础、人力资源、文化习俗等要素相互作用构成的具有一定功能和结构的开放系统。[①] 贫困地区人们无论是实施旅游精准扶贫工程，还是开展乡土文化传承与创新活动，均在一定程度上影响和改变着乡村自然生态、乡村风貌以及乡村文化空间等，推进形成乡村地域系统。因此，我们可以把旅游精准扶贫和乡土文化传承视为乡村地域系统的两个子系统，在

---

① 龙花楼、屠爽爽：《论乡村重构》，《地理学报》2017年第4期，第563~576页。

文化空间层面，旅游精准扶贫与乡土文化传承两个子系统具有耦合性（见图2-5），乡土文化传承子系统包含旅游精准扶贫子系统。

随着旅游精准扶贫战略的实施，贫困地区的传统文化空间不仅是展现和传承区域乡土文化的重要载体，还是一种独具特色的旅游空间类型。乡村旅游以具有乡村性的自然和人文客体为吸引物，依托乡村的优美景观、自然环境、建筑和文化等资源，开发各类乡村特色旅游产品。张琳、邱灿华以皖南地区为例，以传统村落空间的改造为依托，提出了传统村落旅游发展与乡土文化传承空间耦合的三种模式，即民宿文化提升模式、文化旅游空间主动营造模式、村民公共活动空间改造模式。[①] 该研究成果对于研究贫困地区旅游精准扶贫与乡土文化传承耦合有一定借鉴意义。但是，对于贫困地区来说，旅游精准扶贫与乡土文化传承两个系统的文化空间耦合过程更加复杂，耦合模式也更加多样化。大体来讲，在耦合发展初期，人们更加注重旅游精准扶贫和乡土文化传承两个子系统的经济功能，乡土文化空间的功能和形态以满足旅游市场需求为目的，缺少对乡土文化空间的主动保护、规划和引导。在耦合发展的中后期，人们逐渐意识到破坏了乡土文化空间，乡土文化也就失去了生存和发展的土壤，乡土文化传承便无从谈起，旅游精准扶贫也就失去了具有竞争力的旅游资源基础。因此，贫困地区开始重视对乡土文化空间进行合理规划和引导，使乡土文化在满足旅游发展需求的同时，也能够得到较好传承，促进了旅游精准扶贫与乡土文化传承两个子系统的良性互动。

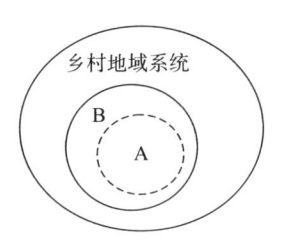

**图2-5 旅游精准扶贫与乡土文化传承的文化空间耦合**

注：虚线圆A代表旅游精准扶贫系统；实线圆B代表乡土文化传承系统。

---

[①] 张琳、邱灿华：《传统村落旅游发展与乡土文化传承的空间耦合模式研究——以皖南地区为例》，《中国城市林业》2015年第5期，第35~39页。

(五) 外部环境耦合

任何系统都处于一定的宏观环境中，旅游精准扶贫与乡土文化传承的耦合发展受到系统外部宏观环境影响。PEST 分析法是对外部环境分析的基本工具，其中，P 是政治（Politics），E 是经济（Economy），S 是社会（Society），T 是技术（Technology）。本书采用 PEST 分析法，通过四个方面的因素分析从总体上把握贫困地区旅游精准扶贫与乡土文化传承耦合发展的宏观环境，并阐述这些因素如何影响两个系统彼此作用的关系。

政治环境是指对贫困地区发展具有重要作用的政治力量，以及政府部门为促进旅游精准扶贫和乡土文化传承而制定的法律、法规和制度等。中国旅游精准扶贫模式为政府主导型，政府在旅游精准扶贫中发挥着主导作用，通过制定和实施旅游精准扶贫政策，引导规范旅游精准扶贫参与主体的行为，帮助贫困人口通过参与旅游产业发展的方式脱贫致富。一方面，对于贫困地区来说，在实施旅游精准扶贫初期，一般不具备发展旅游产业的良好条件，不仅严重缺乏旅游基础设施等，也缺乏发展旅游产业的资本、技术、信息等生产要素。这就需要政府从政策层面进行引导和扶持，为旅游产业发展提供优惠的政策和宽松的成长环境，从而使旅游产业逐渐成长、壮大，并最终发展为区域的支柱产业。另一方面，乡土文化传承是一项浩大的系统工程，对于贫困地区来说，需要长期持续投入大量人力、物力和财力。这就要求地方政府发挥好主导作用，做好乡土文化传承的顶层设计，也需要充分利用市场力量、社会力量，聚集资源要素，形成乡土文化传承的长效机制。因此，实现旅游精准扶贫与乡土文化传承两个系统内部以及系统之间的良性互动，应优化系统的政治环境，充分发挥政府的主导作用。

经济、社会、技术等外部环境因素也制约贫困地区发展。经济环境是指国家或地区的整体经济状况，包括经济发展水平、社会经济结构、经济体制、宏观经济政策、物价水平、劳动力情况等。对于贫困地区来说，如果经济总量相对较大、经济增速较快、经济发展较稳定，则该地区具备发展旅游产业的良好经济环境，旅游精准扶贫才能取得显著成效。这种成效既体现为在经济层面促进区域经济增长，也体现为在文化层面强化了人们的乡土文化传承意识和行为。社会环境包括居民受教育程度、宗教信仰、风俗习惯、审美观点、价值观念等。社会环境因素不仅强烈地影响着旅游地的消费行为和贫困人口的旅游产业参与行为，也深刻影响着村民（包括贫困人口）的乡土文化传承意愿与行为。技术环境主要包括高新技术、工艺技术和基础研究的突破性进展等，随着数字化技术的进步，VR、MR、AR等沉浸式技术被广泛应用于文化旅游领域，为旅游精准扶贫系统和乡土文化传承系统的耦合发展奠定了坚实的物质基础。所以，旅游精准扶贫与乡土文化传承两个系统的外部环境要素大多是相同的，而且相互作用、相互影响，因此，通过外部环境层面耦合（见图2-6），能够促进旅游精准扶贫与乡土文化传承耦合系统的协调发展。

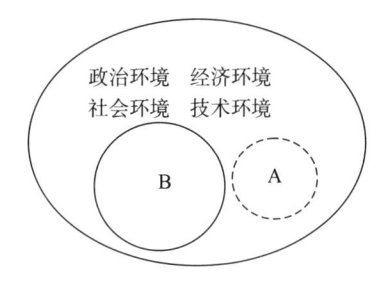

图2-6　旅游精准扶贫与乡土文化传承的外部环境耦合

注：虚线圆A代表旅游精准扶贫系统；实线圆B代表乡土文化传承系统。

## 三　人类对旅游精准扶贫与乡土文化传承有机耦合的干预

对于旅游精准扶贫与乡土文化传承耦合系统来说，人是调控耦合系统的真正主体。他们在适应赖以生存的乡村环境的同时，也通过一系列的旅游经济活动对乡土文化资源、乡村环境产生作用，形成压力；在压力的影响下，与旅游经济活动有关的乡土文化资源的数量、质量和功能等发生变化，这种变化反过来又制约着人类旅游经济活动的规模、强度和效果。人类为应对乡土文化资源变化对旅游经济活动产生的制约效应，对乡土文化资源的反馈通过生计改善、政策调整、技术改进等形式做出进一步的响应，最终实现乡村旅游经济建设能力的提升和乡土文化资源传承的良性转变。

因此，如何通过人类有意识的干预活动加强旅游精准扶贫与乡土文化传承的耦合关系，进而形成耦合系统的良性运行是所有贫困地区需要解决的现实问题。贫困居民和政府是旅游精准扶贫和乡土文化传承耦合系统最主要的两个主体，其对耦合系统的人为干扰，直接影响旅游精准扶贫系统与乡土文化传承系统的耦合关系。后文将结合西南地区实际情况，具体探讨基于耦合系统主体的旅游精准扶贫与乡土文化传承的耦合模式和耦合路径。

## 小　结

本章首先分析了旅游精准扶贫与乡土文化传承耦合发展的现实背景，指出两大系统耦合发展的必要性；其次，基于系统耦合理论，分别对旅游精准扶贫系统和乡土文化传承系统的构成和动力机制进行了分析；再次，对旅游精准扶贫与乡土文化传承两个系统的耦合关系进行了理论解析；最后，对旅游精准扶贫系统与乡土文化传承系统在哪些层面能够耦合以及耦合的模式和路径进行了理论阐释。本章为后续对西南地区旅游精准扶贫与乡土文化传承耦合发展的实证分析奠定了理论基础。

# 第三章 西南地区旅游精准扶贫与乡土文化传承发展

西南地区是集革命老区、边疆山区、民族聚居区、生态脆弱区、连片贫困区于一体的特殊地区，旅游资源和乡土文化丰富，拥有独特的文化多样性，对乡土文化进行旅游开发是精准扶贫的主要途径。自党的十八大至2020年，西南地区乡村旅游业发展迅速，旅游业成为西南地区产业扶贫的中坚力量，乡土文化传承工作也取得了长足发展。为全面了解西南地区旅游精准扶贫与乡土文化传承状况，本章采用定性和定量相结合的方法来进行研究，运用问卷调查、深度访谈、参与式观察等方法获取第一手资料，在对第一手资料进行分析、整理的基础上，全面把握西南地区旅游精准扶贫与乡土文化传承状况。

## 第一节 西南地区区域概况与数据来源

2013年11月，习近平总书记在湖南湘西考察时，第一次提出了"精准扶贫"，标志着我国正式进入精准扶贫阶段。西南地区位于长江、怒江、珠江等大江的上游，是长江上游重要生态屏障和水源涵养地，依托优美的生态环境和丰富多彩的民族文化开展旅游精准扶贫是不二选择。脱贫攻坚期间，西南地区因地制宜认真贯彻落实旅游精准扶贫战略，旅游精准扶贫工作取得良好成效。

### 一 西南地区贫困及其特征

（一）西南地区贫困概况

西南地区作为我国七大自然地理分区之一，主要包括四川盆地、云贵高原、青藏高原南部、两广丘陵西部等地形单元,大致包括重庆、四川、贵州、云南、西藏东部地区、广西西部地区。学术界在研究西南地区相关问题时首先会根据研究主题对西南地区范围进行界定,不同领域、不同时期的学者根据不同的研究主题对西南地区的界定有所不同。刘敦桢先生于1940年对西南地区各省市的古建筑进行了调查,将西南地区大致定义为四川、西康、云南、贵州、广西等五省。童恩正先生在《中国西南民族考古论文集》中将西南地区定义为四川、云南、贵州、西藏四个省区。① 西南地区著名的历史地理学者蓝勇则在《西南历史文化地理》中将西南地区确定为云南、贵州、四川、重庆四个省市。② 结合上述学者的定义,本书中的"西南地区"涵盖云南、贵州、四川、重庆以及广西五个省区市。该地区拥有高原、山地、丘陵、盆地和平原等,以高山峡谷、高原丘陵为主要地貌类型,占我国陆地国土面积的24.5%。③

西南地区自然地理环境复杂,交通闭塞,社会经济发展较为落后,贫困一直是亟须解决的最大难题。2012年,国务院扶贫开发领导小组办公室确定的11个全国集中连片特困区,西南五个省区市涉及6个,其中四川是中国第二大藏族聚居区、最大的彝族聚居区和唯一的羌族聚居区,全省少数民族人口达500万人。④ 2012年确定的中国贫困县数量总计592个,其中西南地区五个省区市共计201个(见表3-1),占全国贫困县总数的34.0%。

表3-1 西南地区贫困县分布

单位:个

| 省区市 | 贫困县数 | 县(市、区)名 |
| --- | --- | --- |
| 重庆 | 14 | 万州区、黔江区、城口县、丰都县、武隆区、开县、云阳县、奉节县、巫山县、巫溪县、石柱县、秀山县、酉阳县、彭水县 |

---

① 童恩正:《中国西南民族考古论文集》,文物出版社,1990。
② 蓝勇:《西南历史文化地理》,西南师范大学出版社,1997。
③ 何德君:《西南少数民族地区民俗旅游可持续发展研究》,《北方经贸》2020年第4期。
④ 黄萍:《尴尬与出路:旅游扶贫视角下西南民族村寨文化遗产管理研究》,《青海民族研究》2015年第1期。

续表

| 省区市 | 贫困县数 | 县（市、区）名 |
|---|---|---|
| 贵州 | 50 | 六枝特区、水城县、盘州市、正安县、道真县、务川县、习水县、普定县、镇宁县、关岭县、紫云县、江口县、石阡县、思南县、印江县、德江县、沿河县、松桃县、兴仁县、普安县、晴隆县、贞丰县、望谟县、册亨县、安龙县、大方县、织金县、纳雍县、威宁县、赫章县、黄平县、施秉县、三穗县、岑巩县、天柱县、锦屏县、剑河县、台江县、黎平县、榕江县、从江县、雷山县、麻江县、丹寨县、荔波县、独山县、平塘县、罗甸县、长顺县、三都县 |
| 云南 | 73 | 东川区、禄劝县、寻甸县、富源县、会泽县、施甸县、龙陵县、昌宁县、昭阳区、鲁甸县、巧家县、盐津县、大关县、永善县、绥江县、镇雄县、彝良县、威信县、永胜县、宁蒗县、宁洱县、墨江县、景东县、镇沅县、江城县、孟连县、澜沧县、西盟县、临翔区、凤庆县、云县、永德县、镇康县、双江县、沧源县、双柏县、南华县、姚安县、大姚县、永仁县、武定县、屏边县、泸西县、元阳县、红河县、金平县、绿春县、文山市、砚山县、西畴县、麻栗坡县、马关县、丘北县、广南县、富宁县、勐腊县、漾濞县、弥渡县、南涧县、巍山县、永平县、云龙县、洱源县、剑川县、鹤庆县、梁河县、泸水市、福贡县、贡山县、兰坪县、香格里拉市、德钦县、维西县 |
| 广西 | 28 | 隆安县、马山县、上林县、融水县、三江县、龙胜县、田东县、德保县、靖西市、那坡县、凌云县、乐业县、田林县、西林县、隆林县、昭平县、富川县、凤山县、东兰县、罗城县、环江县、巴马县、都安县、大化县、忻城县、金秀县、龙州县、天等县 |
| 四川 | 36 | 叙永县、古蔺县、朝天区、旺苍县、苍溪县、马边县、嘉陵区、南部县、仪陇县、阆中市、屏山县、广安区、宣汉县、万源市、通江县、南江县、平昌县、小金县、黑水县、壤塘县、甘孜县、德格县、石渠县、色达县、理塘县、木里县、盐源县、普格县、布拖县、金阳县、昭觉县、喜德县、越西县、甘洛县、美姑县、雷波县 |

资料来源：国务院扶贫办。

（二）西南贫困地区的空间分布特征

西南地区受自然地理环境、交通条件制约，长期以来经济发展缓慢，是我国贫困人口分布较多的区域。有一首民谣的歌词是"治安靠狗、交通靠走、通讯靠吼、娱乐靠酒，高山彝苗水仲家（布依族旧称），伈佬住在石旮旯"，歌词生动地描绘出西南地区贫困的特点。西南贫困地区在空间分布上呈现出与少数民族聚居区高度重叠的特征。西南地区贫困人口主要分布在武陵山区、乌蒙山区、秦巴山区、滇桂黔石漠化区、滇西边境山区等集中连片特困地区，这些地区主要分布的也是少数民族。在 2012 年公布的国家扶贫开发工作重点县中，西南地区有 110 个少数民族贫困县，占西南地区国家扶贫开发工作重点县总数的 54.7%。

从西南地区各贫困县的空间分布来看，呈现出与少数民族自治县高度重叠的特征。重庆市的贫困人口主要集中在三峡库区，14 个国家扶贫开发工作重点县中有 4 个为少数民族自治县。四川省的贫困人口主要集中分布于甘孜藏族自治州、阿坝藏族羌族自治州以及凉山彝族自治州，36 个国家扶贫开发工作重点县中有 19 个为少数民族自治县，占总数的 52.8%。贵州省的贫困人口主要分布在黔东南苗族侗族自治州、黔西南布依族苗族自治州以及黔南布依族苗族自治州三个少数民族自治州，50 个国家扶贫开发工作重点县中有 35 个为少数民族自治县，占总数的 70.0%。云南省的贫困人口也集中分布于少数民族聚居地区，73 个国家扶贫开发工作重点县中有 51 个为少数民族自治县，占总数的 69.9%。①

## 二 调查方法与数据来源

关于西南地区旅游精准扶贫和乡土文化传承综合发展水平的文献资料不多。因此，实地调查工作对于本研究显得尤为重要。本研究主要采用参与式农村评估法（Participatory Rural Appraisal，PRA），通过问卷调查、入户访谈、村干部深入访谈、观察法等 PRA 工具收集数据。在具体研究过程中，关于西南地区旅游精准扶贫成效的调研数据主要由问卷调查获得，而关于西南地区乡土文化传承状况的资料则由访谈法获得。前文已对相关调查方法进行了介绍，本部分仅对问卷调查展开详细介绍。

问卷调查是国内外社会调查中较为广泛使用的一种方法，是研究者运用统一设计的问卷向被调查者了解情况或征询意见的调查方法。在具体研究过程中，关于西南地区旅游精准扶贫成效的调研数据主要采用问卷调查法获得。

---

① 广西数据缺失。

### （一）问卷设计

在旅游精准扶贫背景下，乡村旅游作为农户生计选择之一，扰动了乡村原本相对稳定的社会生态系统。贫困农户是旅游精准扶贫的帮扶对象，旅游开发使贫困农户的生计资本和生计策略均发生改变，并进一步影响其生计结果。关于旅游开发与生计资本的研究成果较多，一般认为旅游开发有助于农户生计资本的增加。生计资本是可持续生计分析的基础和农户生计结构的核心，[1] 指家庭或个人拥有的资本状况，包括自然资本、金融资本、物质资本、人力资本和社会资本五大类型。[2] 随着农户生计问题研究的不断深入，"文化资本"的概念被提出，并被纳入农户生计资本测度，有学者研究指出，风俗习惯、精神信仰、价值观念等无形的文化要素与有形的自然、物质、金融等资本同样对农户可持续生计具有重要影响。[3] 王蓉等在研究乡村旅游地农户生计资本测度时，把文化资本纳入农户生计资本进行了量化评估，认为文化资本在农户生计结构中占主导地位。[4] 对于实施旅游精准扶贫的贫困地区来说，乡土文化资本应纳入贫困农户生计资本。

农户生计资本的禀赋状况是其选择生计策略的基础，也是获得积极生计结果的必要条件。[5] 随着农户生计资本的增加，其生计策略也会不断调整。生计策略是人们在特定环境中为实现生计目标而对生计活动和生计选

---

[1] 苏芳、蒲欣冬、徐中民、王安民：《生计资本与生计策略关系研究——以张掖市甘州区为例》，《中国人口·资源与环境》2009年第6期，第119~125页。

[2] 张志亮：《旅游开发背景下大寨的文化资本及其再生产》，《旅游学刊》2009年第12期，第36~41页。

[3] 刘相军、孙九霞：《民族旅游社区居民生计方式转型与传统文化适应：基于个人建构理论视角》，《旅游学刊》2019年第2期，第16~28页；Daskon, C., "Cultural Resilience——The Roles of Cultural Traditions in Sustaining Rural Livelihoods: A Case Study from Rural Kandyan Villages in Central Sri Lanka," *Sustainability*, 2010, 2 (4): 1080–1100; Tao, T. C. H., Wall, G., "Tourism as a Sustainable Livelihood Strategy," *Tourism Management*, 2009, 30 (1): 90–98.

[4] 王蓉、代美玲、欧阳红、马晓龙：《文化资本介入下的乡村旅游地农户生计资本测度——婺源李坑村案例》，《旅游学刊》2021年第7期，第56~66页。

[5] 何仁伟、刘邵权、陈国阶、谢芳婷、杨晓佳、梁岚：《中国农户可持续生计研究进展及趋向》，《地理科学进展》2013年第4期，第657~670页。

择进行组合的过程。① 生计策略改进能够促进农户生计结果改善,包括收入增加、福利增加、食品质量提高、生活水平提升、脆弱性降低、生态环境改善、自然资源可持续利用等方面。②

综上所述,乡村旅游与贫困农户生计资本、生计策略、生计结果之间存在着密切的联系,根据研究目标,本节主要探讨贫困农户生计策略和旅游精准扶贫效应之间的关系。为确保指标有足够的代表性和科学性,在选取指标和观察变量之前,我们通过梳理大量文献找出了贫困农户生计策略、旅游精准扶贫效应的相关量表,在借鉴前人研究中效度、信度都较高的经典量表的基础上,联系调查地的实际情况,同时开展深度访谈,与当地居民以及当地专家进行意见交流,设计出一套基于贫困农户的旅游精准扶贫效应量表。

(二) 指标选择

针对西南地区旅游精准扶贫与乡土文化传承情况设计调查问卷。调查问卷的内容分为四个部分:一是贫困农户基本情况;二是旅游精准扶贫对贫困农户生计资本的影响;三是旅游精准扶贫背景下贫困农户生计策略的改变;四是基于贫困农户的旅游精准扶贫效应。调查对象主要为贫困户(含低收入人口),也包括地方政府工作人员。问卷除第一部分以外,第二、三、四部分均采用李克特的5分制法进行测定。5代表非常赞成,4代表赞成,3代表中立,2代表反对,1代表非常反对,结果根据均值来测定。一般认为,1.0~2.4表示反对,2.5~3.4表示中立,3.5~5.0表示赞成。③ 每个部分的指标和项目选择分别如下。

**1. 贫困农户基本情况**

主要包括人口特征、家庭年收入、家庭人口规模、家庭劳动力等。

---

① 张芳芳、赵雪雁:《我国农户生计转型的生态效应研究综述》,《生态学报》2015年第10期,第3157~3164页。
② 何仁伟、刘邵权、陈国阶、谢芳婷、杨晓佳、梁岚:《中国农户可持续生计研究进展及趋向》,《地理科学进展》2013年第4期,第657~670页;张芳芳、赵雪雁:《我国农户生计转型的生态效应研究综述》,《生态学报》2015年第10期,第3157~3164页。
③ Tosun, C. Hoet, "Perceptions of Impacts: A Coparative Tourism Study," *Annals of Tourism Research*, 2002, 29: 231-253; 张伟、张建春、魏鸿雁:《基于贫困人口发展的旅游扶贫效应评估——以安徽省铜锣寨风景区为例》,《旅游学刊》2005年第5期,第43~49页。

## 2. 旅游精准扶贫对贫困农户生计资本的影响

根据研究需要，本研究从生计资本角度表征贫困农户对乡村旅游影响的感知。在借鉴已有研究成果①的基础上，本研究从自然资本、物质资本、金融资本、人力资本、社会资本和文化资本六个维度进行测量，共有20个指标（见表3-2）。采用李克特的5分制法对20个反映旅游精准扶贫对贫困农户生计资本影响的指标进行测定。

表3-2 旅游精准扶贫对贫困农户生计资本影响的量表

| 生计资本 | 指标 |
| --- | --- |
| 自然资本 N | N1 自然景观更加优美 |
|  | N2 村里用于旅游发展的土地/园地增加 |
|  | N3 村里人居环境改善 |
| 物质资本 P | P1 家庭住房条件改善 |
|  | P2 村里公共配套设施及服务改善 |
|  | P3 旅游经营性房屋面积增加 |
|  | P4 乡村通达性提高 |
|  | P5 乡村知名度提高 |
| 金融资本 F | F1 家庭年收入增加 |
|  | F2 收入多样性提高 |
|  | F3 家庭获得贷款的渠道、机会增加 |
| 人力资本 H | H1 旅游相关技能培训机会增加 |
|  | H2 旅游就业人数增加 |
|  | H3 返乡经营乡村旅游业的青壮年人数增加 |
| 社会资本 S | S1 与外部社会的联系程度提高 |
|  | S2 社会支持度提高 |
|  | S3 和本村村民之间联系更加紧密 |
| 文化资本 C | C1 乡土文化认知度提高 |
|  | C2 乡土文化运用度提高 |
|  | C3 乡土文化拥有度提高 |

---

① 王蓉、代美玲、欧阳红、马晓成：《文化资本介入下的乡村旅游地农户生计资本测度——婺源李坑村案例》，《旅游学刊》2021年第7期，第56~66页。

自然资本是贫困农户赖以生存和发展的自然资源，主要包括农户承包的耕地、林地、鱼塘等自然资源。贫困农户从事旅游活动必须依托农村优美的自然景观和自然环境，设置自然景观更加优美、村里用于旅游发展的土地/园地增加、村里人居环境改善3个指标。物质资本是指贫困农户能够用于生产物品与劳务的设备和建筑物存量，设置家庭住房条件（包括房屋结构和住房面积）改善、村里公共配套设施及服务（如医疗、教育、娱乐等）改善、旅游经营性房屋面积增加、乡村通达性提高和乡村知名度提高5个指标。金融资本指贫困农户可用于日常消费和生产的现金、可获得的收入以及贷款等，设置家庭年收入增加、收入多样性提高及家庭获得贷款的渠道、机会增加3个指标。人力资本是体现在劳动者身上的资本。如劳动者的知识技能、文化技术水平与健康状况等，设置旅游相关技能培训机会增加、旅游就业人数增加、返乡经营乡村旅游业的青壮年人数增加3个指标。社会资本指贫困农户拥有的社会关系网络，设置与外部社会（邻村、城区）的联系程度提高、社会支持（获得旅游发展的资金、政策、技术和人力等支持）度提高、和本村村民之间联系更加紧密3个指标。乡村旅游地文化资本指的是可在乡村旅游发展中用于创造商品和服务的物质文化要素和非物质文化要素的总称，[①] 具体设置乡土文化认知度提高、乡土文化运用度提高和乡土文化拥有度提高3个指标。乡土文化认知度是指贫困农户对当地传统建筑、民风民俗等传统文化的了解程度；乡土文化运用度是指贫困农户在旅游经营过程中对当地传统文化的运用程度；乡土文化拥有度是指贫困农户对能用于旅游开发的乡土文化资源的拥有度。

**3. 旅游精准扶贫背景下贫困农户生计策略的改变**

本书根据研究需要，在借鉴已有研究成果[②]的基础上，从生计资本角度表征贫困农户对乡村旅游影响的感知。在旅游精准扶贫背景下，通过参与地方乡村旅游发展，农户的生计资本逐渐增加。乡村旅游对农户生计具

---

[①] 王蓉、代美玲、欧阳红、马晓龙：《文化资本介入下的乡村旅游地农户生计资本测度——婺源李坑村案例》，《旅游学刊》2021年第7期，第56~66页。

[②] 王蓉、代美玲、欧阳红、马晓龙：《文化资本介入下的乡村旅游地农户生计资本测度——婺源李坑村案例》，《旅游学刊》2021年第7期，第56~66页。

有显著的积极影响。① 乡村旅游改变了农户原有的生活环境和生计资本的组合形式，在乡村旅游的影响下，当地农业生产功能衰退，促使农户由传统生计向新型生计转化。② 可见，在旅游精准扶贫背景下，贫困农户会结合自身生计资本的基本情况，选择旅游主导或者旅游兼营等不同类型的生计策略，实现生计的多样化和非农化，提高生计的稳定性。一方面，生计多样化是减小生计风险、解决贫困问题、降低农户脆弱性的一种重要方式；③ 另一方面，旅游主导型的生计模式远远好于非旅游农户兼业化的生计模式，④ 对农户生计产生重要影响。因此，本研究采用李克特的 5 分制法，从非农化水平和多样化水平两个维度，通过 5 个指标对旅游精准扶贫背景下贫困农户的生计策略进行测量（见表 3-3）。

表 3-3　旅游精准扶贫背景下贫困农户生计策略量表

| 生计策略 | 指标 |
| --- | --- |
| 非农化水平 | LS1 减少传统的农业生产 |
| | LS2 从事非农活动人口占家庭总人口的比重上升 |
| | LS3 提升旅游服务技能和服务水平 |
| 多样化水平 | LS4 采取农业或非农业等多种方式就业 |
| | LS5 开展更加多样化的生计活动 |

旅游精准扶贫实施之后，贫困农户在生计策略方面会做出相应的调整，首先，积极参与地方旅游产业发展，即表现为生计的非农化，具体设置减少传统的农业生产、从事非农活动人口占家庭总人口的比重上升、提升旅游服务技能和服务水平 3 个指标。其次，贫困农户为减小生计风险会

---

① 陈佳、张丽琼、杨新军、李钢：《乡村旅游开发对农户生计和社区旅游效应的影响——旅游开发模式视角的案例实证》，《地理研究》2017 年第 9 期，第 1709~1724 页。
② 贺爱琳、杨新军、陈佳、王子侨：《乡村旅游发展对农户生计的影响——以秦岭北麓乡村旅游地为例》，《经济地理》2014 年第 12 期，第 174~181 页。
③ Ellis, F., "Household Strategies and Rural Livelihood Diversification," *Journal of Development Studies*, 1998, 35 (1): 1-38; Liu Zhen, Lan Jing, "The Sloping Land Conversion Program in China: Effect on the Livelihood Diversification of Rural Households," *World Development*, 2015, 70, 147-161.
④ 席建超、张楠：《乡村旅游聚落农户生计模式演化研究——野三坡旅游区苟各庄村案例实证》，《旅游学刊》2016 年第 7 期，第 65~75 页。

选择多样化的生计模式，设置采取农业或非农业等多种方式就业和开展更加多样化的生计活动2个指标。

**4. 基于贫困农户的旅游精准扶贫效应**

旅游精准扶贫背景下贫困农户持续改进其生计策略，有助于改善生计结果，从而实现旅游精准扶贫。关于旅游精准扶贫效应，学界进行了诸多研究。旅游精准扶贫效应涵盖对区域的宏观经济效益以及对贫困人口的微观经济效益。[①] 基于贫困农户的旅游精准扶贫效应，主要从对经济、社会及环境的效应，扶贫效应感知，贫困人口的参与能力、意愿及权利等方面进行评估。[②] 张伟等以安徽省铜锣寨风景区旅游扶贫开发为例，从实际效应、感知效应和效应的可持续性三个方面对旅游扶贫效应中贫困人口的受益和发展情况进行了评估。[③] 参考Scoones[④]和张伟等[⑤]的研究，基于贫困农户视角，本研究从经济、社会和文化三个维度设置指标测量旅游精准扶贫成效，共有15个指标。采用李克特的5分制法对15个反映贫困农户对旅游精准扶贫成效的感知的指标进行测定（见表3-4）。

表3-4 基于贫困农户的旅游精准扶贫效应量表

| 旅游精准扶贫效应 | 指标 |
| --- | --- |
| 经济维度E | E1 拓宽了贫困家庭增收渠道 |
| | E2 增加了贫困家庭人均年收入 |
| | E3 提高了贫困家庭生活水平 |
| | E4 土特产品比以前好卖，且价格高 |
| | E5 物价上涨，居民生活成本增加 |

---

[①] 肖建红、肖江南：《基于微观经济效应的面向贫困人口旅游扶贫（PPT）模式研究——以宁夏六盘山旅游扶贫实验区为例》，《社会科学家》2014年第1期，第76~80页。

[②] 郝冰冰、罗盛锋、黄燕玲、李筱琳：《国内外旅游扶贫效应文献量化分析与研究综述（2000~2016年）》，《中国农业资源与区划》2017年第9期，第190~198页。

[③] 张伟、张建春、魏鸿雁：《基于贫困人口发展的旅游扶贫效应评估——以安徽省铜锣寨风景区为例》，《旅游学刊》2005年第5期，第43~49页。

[④] Ian Scoones, "Sustainable Rura Livelihood: A Frame Work for Analysis," IDS Working Paper 72. Brighton: IDS, 1998.

[⑤] 张伟、张建春、魏鸿雁：《基于贫困人口发展的旅游扶贫效应评估——以安徽省铜锣寨风景区为例》，《旅游学刊》2005年第5期，第43~49页。

续表

| 旅游精准扶贫效应 | 指标 |
| --- | --- |
| 社会维度 S | S1 地区知名度提高 |
| | S2 基础设施改善 |
| | S3 和外界信息交流增加 |
| | S4 邻里关系得到改善 |
| | S5 本地卖淫嫖娼、赌博等不良现象增加 |
| 文化维度 C | C1 提高了乡土文化传承意识 |
| | C2 增加了乡土文化传承渠道 |
| | C3 增加了乡土文化传承资金 |
| | C4 乡土文化认同感提高 |
| | C5 乡土文化过度商业化 |

旅游精准扶贫效应首先体现在经济效应上。在旅游精准扶贫效应的经济维度，设置拓宽了贫困家庭增收渠道、增加了贫困家庭人均年收入、提高了贫困家庭生活水平以及土特产品比以前好卖，且价格高等 4 个指标。旅游精准扶贫除了对贫困农户产生积极影响，也可能对贫困农户造成消极影响，设置物价上涨，居民生活成本增加指标进行衡量。在旅游精准扶贫效应的社会维度，具体设置地区知名度提高、基础设施改善、和外界信息交流增加、邻里关系得到改善 4 个指标测量其积极影响；设置本地卖淫嫖娼、赌博等不良现象增加指标，测量旅游精准扶贫带来的消极社会影响。在旅游精准扶贫的文化维度，具体设置提高了乡土文化传承意识、增加了乡土文化传承渠道、增加了乡土文化传承资金以及乡土文化认同感提高 4 个指标，测量旅游精准扶贫带来的积极影响；设置乡土文化过度商业化指标测量旅游精准扶贫带来的负面影响。

## 第二节　西南地区旅游精准扶贫实践成效与瓶颈

西南地区具备开展旅游精准扶贫的良好条件。本部分通过对问卷调查、访谈资料进行整理、分析和提炼，总结西南地区旅游精准扶贫实践中的成绩和问题，为旅游精准扶贫与乡土文化传承耦合发展的实证研究提供相应的基础材料。

## 一 旅游精准扶贫适宜性判断

旅游精准扶贫适宜性是对贫困地区是否适合旅游扶贫开发的一个基本判断，适宜性分析也是旅游精准扶贫前期最为重要的决策依据，是旅游精准扶贫的逻辑起点。[①] 李锋研究认为，旅游精准扶贫适宜性应包括旅游开发的内部适宜性和外部适宜性两个方面。内部适宜性主要指旅游资源本身对旅游开发可行性影响的内在属性，而外部适宜性是指旅游资源所处环境中影响旅游开发可行性的外部环境。[②] 从内外部适宜性两个方面考虑，构建了旅游精准扶贫适宜性判断框架（S-EACR），其中，E（Effectiveness）是旅游扶贫效力；A（Attraction）是旅游吸引力；C（Capacity）是旅游支撑力；R（Right）是利益相关者权力。本书结合西南地区区域特征和旅游产业扶贫条件，从旅游资源禀赋，旅游精准扶贫的政策引导两个方面判断旅游精准扶贫适宜性。

### （一）旅游资源禀赋

旅游资源是发展旅游业的前提，也是开展旅游精准扶贫的先决条件。西南地区不仅有众多的历史遗存，还保留着千差万别的生活和生产方式，具有独特的民族文化和民族风情，西南地区国家 A 级旅游资源情况见表 3-5。

表 3-5 西南地区国家 A 级旅游资源情况

单位：处

| 省区市 | 景区级别 | 数量 | 著名景点 |
| --- | --- | --- | --- |
| 重庆市 | 国家 A 级以上 | 243 | 黔江区濯水景区、阿依河景区、云阳龙缸景区、江津四面山景区、金佛山、黑山谷景区、酉阳桃花源旅游景区、武隆喀斯特旅游区、巫山小三峡、大足石刻景区 |
| | 国家 5A 级 | 10 | |

---

[①] 李佳：《扶贫旅游理论与实践》，首都经济贸易大学出版社，2010，第 275~282 页。
[②] 李锋：《旅游精准扶贫：逻辑内涵、适宜性判断与系统结构》，《扬州大学学报》（人文社会科学版）2017 年第 4 期，第 52~64 页。

续表

| 省区市 | 景区级别 | 数量 | 著名景点 |
| --- | --- | --- | --- |
| 贵州省 | 国家 A 级以上 | 391 | 赤水丹霞、镇远古城、梵净山、花溪青岩古镇、荔波樟江、百里杜鹃、安顺市龙宫、黄果树大瀑布 |
| | 国家 5A 级 | 7 | |
| 云南省 | 国家 A 级以上 | 232 | 文山州普者黑、腾冲火山热海、昆明世博园、迪庆州香格里拉普达措、崇圣寺三塔、丽江古城、西双版纳热带植物园、玉龙雪山、石林 |
| | 国家 5A 级 | 9 | |
| 四川省 | 国家 A 级以上 | 449 | 稻城亚丁、光雾山、碧峰峡、甘孜州海螺沟、仪陇朱德故里、剑门蜀道剑门关、阿坝州汶川特别旅游区、北川羌城、阆中古城、邓小平故里、阿坝州黄龙、乐山大佛、九寨沟、峨眉山、青城山—都江堰 |
| | 国家 5A 级 | 15 | |
| 广西壮族自治区 | 国家 A 级以上 | 661 | 涠洲岛南湾鳄鱼山、德天跨国瀑布、两江四湖·象山、青秀山、独秀峰·王城、乐满地度假世界、漓江、百色起义纪念园 |
| | 国家 5A 级 | 8 | |

资料来源：国家旅游网。

注：数据截至 2021 年 12 月。

## （二）旅游精准扶贫的政策引导

旅游业产生的良好减贫效应引起了广泛关注，国家层面出台了一系列有关旅游精准扶贫的政策和举措。自中央政府提出"旅游扶贫"以来，西南地区的乡村旅游业表现出强劲的发展势头，并成为推进西南地区脱贫攻坚的中坚力量。为充分发挥旅游业在我国脱贫攻坚中的积极作用，党中央、国务院出台了一系列与旅游扶贫相关的政策文件，对旅游扶贫工作进行引导和支持。1996 年，国家旅游局、国务院扶贫办召开全国旅游扶贫工作会议，对旅游扶贫的相关理论进行了探讨和研究，为后续的旅游扶贫工作提供了理论依据。2010 年，党中央、国务院召开西部大开发工作会议，对深入实施新一轮西部大开发做出重要部署，加大了旅游扶贫的政策倾斜。2001 年和 2011 年先后两次颁布实施《中国农村扶贫开发纲要》，[①] 一

---

① 汪东亮、胡世伟、陆依依：《我国旅游扶贫研究综述》，《商场现代化》2010 年第 9 期，第 183~184 页。

系列旅游扶贫政策和文件的出台为西南地区旅游扶贫发展提供了支撑保障。2014年8月，国务院发布《关于促进旅游业改革发展的若干意见》，提出"加强乡村旅游精准扶贫，扎实推进乡村旅游富民工程，带动贫困地区脱贫致富"，"旅游精准扶贫"概念被首次出现。"十三五"期间，国家旅游局单独或会同相关部门先后下发了《乡村旅游扶贫工程行动方案》《关于实施旅游万企万村帮扶专项行动的通知》等文件，从国家层面对我国旅游扶贫工作进行政策引导。

西南地区各省区市结合国家层面有关旅游扶贫文件的指导精神，根据区域贫困人口特征、分布特点以及旅游资源禀赋，制定了地方性旅游扶贫文件，指导区域旅游精准扶贫工作的推进。贵州省先后出台了《关于大力实施乡村旅游扶贫倍增计划的意见》《贵州省旅游精准扶贫实施意见》《贵州省发展旅游业助推脱贫攻坚三年行动方案（2017—2019年）》等文件，指导本省旅游精准扶贫实践，旅游精准扶贫成效显著。2013年，开展乡村旅游的村寨达到4500多个，占全省3万多个民族自然村寨的14%左右，全省上百万名村民在乡村旅游扶贫中受益。① 云南省也相继出台了一些与旅游精准扶贫相关的文件，2013年，云南省政府出台《关于加快推进民族特色旅游村寨建设工作的意见》，指出到2015年末，在全省新建成150个左右特色鲜明、功能配套、服务规范的民族特色旅游村寨，初步形成连通城乡旅游市场的特色旅游格局，实现民族特色旅游村寨农民人均纯收入增长15%以上。旅游精准扶贫一系列政策与措施的出台为西南地区旅游精准扶贫工作的开展提供了重要的政策保障。

## 二 西南地区旅游精准扶贫的实践模式

从西南贫困地区的空间分布特征来看，西南地区的贫困人口集中分布于少数民族聚居区，丰富的民族文化资源是该地区的优势资源，但由于自然条件恶劣、交通不便，长期以来并未将资源优势转换为经济优势。新时期，随着国家把精准扶贫上升为国家战略，西南地区各省区市开始挖掘和

---

① 杨光明、陈旭川：《基于村寨特色旅游的西南少数民族地区精准扶贫实践研究》，《中国发展》2017年第5期，第63~67页。

探索旅游业在消除贫困上的潜力和能力，旅游业成了反贫困的重要手段。在旅游精准扶贫政策的引导下，西南地区旅游精准扶贫实践成效显著。各地区因地制宜探索出了多样化的旅游扶贫模式。

### 1. "农家乐"旅游扶贫模式

20世纪80年代，四川省成都市成功打造了"农家乐"旅游扶贫模式。"农家乐"旅游扶贫模式是指利用农村地区的农业产业及乡村特色资源，为周边城市居民提供农家餐饮、住宿、棋牌娱乐活动等旅游服务，从而带动贫困户脱贫致富的乡村旅游扶贫模式。1987年，四川省成都市郫县友爱镇农科村建成了首个农家乐，当地村民在自家宅基地上建成了一座典型的川西民居，自发地搞起了旅游接待，吸引了很多市民前来吃饭和住宿，其他村民也纷纷收拾自家庭院，为市民提供餐饮和住宿服务。成都市郫县友爱镇农科村成了中国农家乐旅游发源地。此后，利用农、林、牧、渔业资源优势和乡村风情吸引城市居民，为游客提供综合服务的农家乐旅游在四川地区快速发展。四川省成都市成功打造了"农家乐"旅游扶贫模式。2005年，四川成为全国农家乐旅游发展最快的省份，18000个农家乐遍布全省21个市、州，2005年收入达27亿元，近50万名农民从中获益。[①]"农家乐"旅游扶贫模式通常以整村开发的形式来开展，打造"一乡一品""一村一特"的农家乐品牌。贫困户可种自家菜，养自家鸡、羊，用自家庭院发展农家乐，增加经营性收入。

### 2. "民族村寨"旅游扶贫模式

20世纪90年代末开始，贵州省依托其丰富多彩的民族文化，探索出一条以民族村寨为基本单元的乡村旅游扶贫之路。"民族村寨"旅游扶贫模式是指依托民族村寨开发独具特色的民族文化旅游产品，从而带动村民脱贫致富的乡村旅游扶贫模式。贵州省充分利用民族村寨发展旅游业，积累了推动农民脱贫致富的全国性经验，同时保护了一批古老的少数民族村寨。贵州省安顺市平坝区马场镇新寨村是"民族村寨"旅游扶贫模式的典型。新寨村属于典型的苗族村寨，村民都是苗族。因社会经济发展落后而被列为平坝区一类贫困村寨。寨子里的村民世代以从事农业生产维持生

---

① 资料来源：四川省旅游局。

计。自国家提出旅游精准扶贫战略以来，在当地政府的积极引导下，一些有商业头脑的年轻人利用寨子靠近滇黔公路的交通优势，依托原生态的苗族文化建立了"新寨苗族风情点"，在当地旅游主管部门的大力支持下，编排了"抢新娘""竹竿舞""剪刀、石头、布"等具有苗族文化特色的节目，设计了"打核耙""送香包"等具有苗家生活气息的旅游体验项目，吸引了大量游客前来旅游，旅游精准扶贫成效显著。

### 3. "景区帮扶"旅游扶贫模式

"景区帮扶"旅游扶贫模式是通过旅游景区本身的资源和市场优势来带动周边贫困人口脱贫增收的乡村旅游扶贫模式。景区在发展的过程中，优先为周边贫困人口提供景区及周围的经营场所，安排贫困人口到景区从事导游、歌舞表演、秩序维护、保洁等工作。贵州省安顺市龙宫镇的龙宫景区在带动区域贫困人口脱贫增收方面发挥了重要作用。龙宫镇地处典型的喀斯特地貌山区，境内地形地貌复杂、交通不便，经济发展速度缓慢，属贵州省二类贫困乡镇。在脱贫攻坚期间，安顺市政府积极引导村民开发龙宫景区，通过改善交通基础设施条件，打造龙宫风景名胜区，带动区域村民脱贫增收，有效发挥了旅游景区在旅游扶贫中的积极作用。

## 三 基于贫困人口发展的西南地区旅游精准扶贫成效

本部分的数据主要来源于两个方面：问卷调查和社会经济统计资料。问卷调查对象主要为建档立卡贫困户户主，主要使用 SPSS 26.0 工具对收集到的数据进行分析处理，通过对问卷进行描述性统计获取数据。社会经济统计资料来源于样本县、乡镇部门以及村委会和景区管理委员会，获取的数据包括经济社会发展状况、乡村旅游发展概况、精准扶贫情况等。

### （一）贫困农户基本情况

贫困农户基本情况调查内容包括：家庭劳动力人数、家庭人口规模、家庭年收入、受教育程度以及旅游参与情况。被调查者的基本情况见表3-6。

从受教育程度来看，初中及以下样本较多，在一定程度上反映了当地贫困人口文化水平比较低，受教育程度有待提高，因为劳动者受教育程度是影响劳动者素质的关键因素，劳动者素质又在很大程度上决定了劳动者的生计方式和生计结果。

从贫困农户的年收入来看，80%以上贫困农户的家庭年收入在3万~6万元。

家庭劳动力人数是指能够从事全部劳动的成人人数，调研发现，西南地区绝大多数贫困农户的劳动力人数为3人及以下，部分贫困农户的劳动力人数不足2人。家庭中缺乏劳动力是贫困的一个重要原因。

表3-6 被调查者的基本情况

| 项目 | 基本信息 | | | | |
|---|---|---|---|---|---|
| 性别 | 男 53.1% | 女 46.9% | | | |
| 年龄 | 18岁以下 23.1% | 18~35岁 22.7% | 36~50岁 30.1% | 51~60岁 13.2% | 60岁以上 10.9% |
| 受教育程度 | 小学及以下 27.3% | 初中 39.4% | 高中/中专 23.2% | 大专及以上 10.1% | |
| 家庭年收入 | 3万元及以下 10.5% | 3万~4万元 41.6% | 4万~5万元 29.4% | 5万~6万元 13.3% | 6万元以上 5.2% |
| 家庭人口规模 | 2人及以下 7.5% | 3人 31.4% | 4人 36.1% | 5人及以上 25.0% | |
| 家庭劳动力人数 | 2人及以下 25.5% | 3人 52.7% | 4人 15.5% | 5人及以上 6.3% | |

（二）旅游精准扶贫对贫困农户生计资本的影响

本研究通过对问卷调查数据进行整理分析，得出旅游精准扶贫对贫困农户生计资本的影响情况（见表3-7）。

表3-7 旅游精准扶贫对贫困农户生计资本的影响情况

单位：%

| 项目 | 均值 | 标准差 | 赞成率 | 反对率 |
|---|---|---|---|---|
| 自然景观更加优美 | 3.48 | 0.921 | 81.8 | 13.5 |
| 村里用于旅游发展的土地/园地增加 | 3.07 | 0.736 | 90.7 | 3.8 |
| 村里人居环境改善 | 3.35 | 0.891 | 90.2 | 7.6 |
| 家庭住房条件改善 | 3.68 | 0.901 | 84.7 | 8.6 |

续表

| 项目 | 均值 | 标准差 | 赞成率 | 反对率 |
| --- | --- | --- | --- | --- |
| 村里公共配套设施及服务改善 | 3.01 | 0.773 | 71.6 | 12.1 |
| 旅游经营性房屋面积增加 | 3.09 | 1.116 | 35.2 | 64.1 |
| 乡村通达性提高 | 3.69 | 0.921 | 49.7 | 32.6 |
| 乡村知名度提高 | 3.71 | 0.717 | 86.8 | 3.4 |
| 家庭年收入增加 | 3.85 | 0.901 | 70.4 | 17.8 |
| 收入多样性提高 | 3.91 | 0.854 | 88.3 | 5.5 |
| 家庭获得贷款的渠道、机会增加 | 3.98 | 0.821 | 87.7 | 2.4 |
| 旅游相关技能培训机会增加 | 3.83 | 0.810 | 75.3 | 11.7 |
| 旅游就业人数增加 | 3.77 | 0.969 | 17.3 | 73.8 |
| 返乡经营乡村旅游业的青壮年人数增加 | 2.87 | 0.954 | 32.7 | 54.5 |
| 与外部社会的联系程度提高 | 3.85 | 0.917 | 50.1 | 30.6 |
| 社会支持度提高 | 4.01 | 0.975 | 70.3 | 20.4 |
| 和本村村民之间联系更加紧密 | 3.85 | 0.824 | 87.9 | 6.5 |
| 乡土文化认知度提高 | 4.07 | 0.838 | 76.4 | 12.8 |
| 乡土文化运用度提高 | 3.41 | 0.945 | 34.3 | 56.8 |
| 乡土文化拥有度提高 | 3.83 | 0.810 | 80.1 | 9.8 |

注：赞成率为"赞成"和"非常赞成"所占比例之和；反对率为"反对"和"非常反对"所占比例之和。

对问卷数据进行整理分析发现，贫困地区在实施旅游精准扶贫战略后，贫困农户通过参与地方旅游发展，六类生计资本的总量均有不同程度的增加，但增加的幅度不同，乡村旅游发展对贫困农户的金融资本、文化资本和社会资本影响显著，其次为物质资本和人力资本，对自然资本的影响较小。

对于以传统农耕生产为主要生计方式的贫困农户来说，其金融资本十分匮乏。随着旅游精准扶贫的实施，贫困农户的金融资本总量显著增加，金融资本三个测量项目的均值均高于3.50。为鼓励和支持贫困农户通过参与旅游发展的方式脱贫致富，政府推出了一系列旅游业扶持政策，包括专门的扶贫贷款政策，"家庭获得贷款的渠道、机会增加"的均值为3.98，在访谈过程中了解到，贫困农户一般可申请3万~5万元小额扶贫贴息贷款,这增加了贫困农户获得贷款的渠道。"家庭年收入增加"和"收入多样性提高"的均值均超过3.50,大部分被调查者持赞成态度,这说明贫困农户通过参与乡村旅游发展,家庭收入来源实现多样化、家庭收入增加。

旅游精准扶贫背景下贫困农户的社会资本总量大幅度增加,社会资本三个测量项目的均值均高于3.50。其中,"社会支持度提高"的均值最高,为4.01,说明贫困农户对该测量项目的感知明显,大部分被调查者持赞成态度。乡村旅游发展中贫困农户可获得更多政府补贴、各种技术培训(景区工作、餐饮住宿业等产业培训)、优惠扶持政策等机会,有效拓宽了贫困农户获得帮助与支持的途径。同时,旅游业的发展为贫困农户进行社会接触、与外界交往创造了条件,打破了贫困地区农村的封闭状态,贫困农户与外界的联系增强。另外,旅游业属于综合性很强的产业,涉及购物、餐饮、娱乐、住宿、交通等诸多领域,在乡村旅游发展过程中,一些贫困村建立了合作经济组织,以一种新型的生产形式把贫困农户联系起来从事旅游经济活动,因此贫困农户和本村村民之间联系更加紧密(均值为3.85)。

在旅游开发的过程中,贫困农户更加了解本地的乡土文化,也对乡土文化的旅游价值有了新的认知。旅游精准扶贫背景下贫困农户文化资本总量有了较大幅度增加。"乡土文化认知度提高"和"乡土文化拥有度提高"得分均超过3.50,被调查者中的大多数表示愿意向游客展示当地独特的乡土文化,在谈及当地优秀的乡土文化时展现出较强的自豪感,表示愿意传承当地优秀的乡土文化。实地调研也发现,旅游开发背景下西南地区传统建筑景观得到修缮,饮食文化、民俗文化、手工技艺等非物质文化遗产也得以有效传承。"乡土文化运用度提高"的均值在3.50之下,说明大部分被调查者对该测量项目的感知不明显。贫困农户运用乡土文化进行旅游经营活动的能力还有待提高。

人力资本的数量和质量对于贫困农户生计方式具有重要影响。乡村旅游发展中贫困农户的人力资本储量明显增加。"旅游相关技能培训机会增加"和"旅游就业人数增加"的均值均高于3.50,在访谈过程中了解到,为提高贫困农户的旅游从业水平,地方政府会定期为贫困农户举办各种旅游技能培训活动,提高贫困农户的旅游服务技能。另外,参与旅游发展以后贫困农户的思想观念发生改变，大多数被调查者表示鼓励和支持孩子接受教育。因此，旅游精准扶贫背景下贫困农户劳动者质量有了一定程度提升，旅游就业人数也逐渐增多。不过，"返乡经营乡村旅游业的青壮年人数增加"的均值为2.87，即贫困农户对该测量项目的感知不明显，并且大部分被调查者持反对态度。受现代城市生活价值观的影响，农村地区具有高学历的青壮年仍倾向于选择外出务工。

物质资本是贫困农户进行传统农耕的重要资本之一。参与旅游发展后，贫困农户物质资本存量有了一定程度的增加。其中"家庭住房条件改善"的均值为3.68，高于3.50，这说明旅游精准扶贫实施以后，贫困农户住房条件得到明显改善，在访谈过程中了解到，乡村旅游发展前，绝大多数贫困农户住房为土木结构，仅有少部分贫困农户住房为混凝土或砖混结构；乡村旅游发展后，绝大多数贫困农户的住房进行了重建，成为混凝土或砖混结构的住房，仅有少部分贫困农户住房仍为土木结构，但也进行了修缮，居住条件得到改善。在访谈过程中了解到，绝大多数贫困农户受主客观条件制约，未能或者很少利用自家房屋开展旅游经营活动，这大体可以说明为什么"旅游经营性房屋面积增加"的均值较低且大部分人持反对的观点。

自然资本是贫困农户进行传统农耕最重要的一项资本。参与旅游发展后贫困农户自然资本变化不明显，三个测量项目的均值均在3.50以下。"自然景观更加优美"测量项目的均值略高于其他两项。整体来看，贫困农户对自然资本感知不明显，这可能与贫困地区在旅游精准扶贫过程中过度关注经济效应而忽略了对自然生态环境的保护与利用有关。

综上，旅游精准扶贫背景下贫困农户通过参与地方旅游发展，其生计资本发生变化，但不同类型生计资本的变化情况存在差异。金融资本、社会资本和文化资本这三类资本的存量显著增加；人力资本和物质资本的存量有了一定程度的增加；自然资本的存量增加不明显。

（三）旅游精准扶贫背景下贫困农户生计策略的变化

对问卷调查数据进行整理分析发现，旅游精准扶贫的实施既影响贫困农户生计资本，也影响贫困农户生计策略。旅游精准扶贫背景下贫困农户生计策略变化情况见表3-8。

表3-8 旅游精准扶贫背景下贫困农户生计策略的变化

单位：%

| 项目 | 均值 | 标准差 | 赞成率 | 反对率 |
| --- | --- | --- | --- | --- |
| 减少传统的农业生产 | 3.68 | 0.918 | 82.5 | 11.5 |
| 从事非农活动人口占家庭总人口的比重上升 | 3.89 | 0.736 | 90.9 | 3.3 |
| 提升旅游服务技能和服务水平 | 3.54 | 0.891 | 90.2 | 6.8 |
| 采取农业或非农业等多种方式就业 | 4.08 | 0.901 | 90.5 | 7.6 |
| 开展更加多样化的生计活动 | 4.10 | 0.773 | 72.4 | 11.9 |

注：赞成率为"赞成"和"非常赞成"所占比例之和；反对率为"反对"和"非常反对"所占比例之和。

旅游精准扶贫实施之后，贫困农户在生计策略方面会做出相应的调整，调查结果显示，旅游精准扶贫背景下贫困农户生计策略的变化明显，测量的五个项目的均值均大于3.50。随着旅游业的不断发展，贫困农户更倾向于减少传统的农业生产（均值为3.68），从事非农活动人口占家庭总人口的比重上升（均值为3.89）。同时，面对乡村旅游发展带来的机遇，为更好地参与旅游发展，贫困农户积极参与地方政府组织的旅游从业人员培训，其旅游服务技能和服务水平不断提升，获得了更多的旅游从业机会。生计多样化是减小生计风险的一种重要方式，贫困农户把生计多样化作为可持续生计模式的重要内容，"采取农业或非农业等多种方式就业""开展更加多样化的生计活动"的均值都在4.0以上，大多数被调查者持赞成态度，说明贫困农户对该测量项目的感知十分明显。在对西南地区进行实地调研时发现，贫困农户生计模式类型有"全农""半工半旅""传统农业+外出务工+旅游业""半农半旅""全旅"等，为提高生计的稳定性，贫困农户普遍采取多种方式就业，仅有极少数贫困农户将"全农"或者"全旅"作为生计模式。

（四）基于贫困农户的旅游精准扶贫成效

旅游精准扶贫背景下贫困户通过选择旅游主导或者旅游兼营等不同类型的生计策略，实现生计的多样化和非农化，从而产生积极的生计结果。

对问卷数据进行整理分析发现,贫困户对旅游精准扶贫带来的经济、文化和社会效应感知明显(见表3-9)。

表3-9 基于贫困农户的旅游精准扶贫效应

单位:%

| 项目 | 均值 | 标准差 | 赞成率 | 反对率 |
| --- | --- | --- | --- | --- |
| 拓宽了贫困家庭增收渠道 | 4.08 | 0.910 | 83.6 | 11.8 |
| 增加了贫困家庭人均年收入 | 3.98 | 0.736 | 90.2 | 3.4 |
| 提高了贫困家庭生活水平 | 3.57 | 0.801 | 83.7 | 9.1 |
| 土特产品比以前好卖,且价格高 | 3.87 | 0.768 | 86.2 | 8.6 |
| 物价上涨,居民生活成本增加 | 3.19 | 1.023 | 48.9 | 30.9 |
| 基础设施改善 | 4.23 | 0.874 | 86.8 | 6.1 |
| 地区知名度提高 | 4.19 | 0.824 | 86.9 | 3.7 |
| 和外界信息交流增加 | 3.83 | 0.786 | 76.8 | 10.8 |
| 邻里关系得到改善 | 3.20 | 0.975 | 62.1 | 21.2 |
| 本地卖淫嫖娼、赌博等不良现象增加 | 2.17 | 1.021 | 16.7 | 70.1 |
| 提高了乡土文化传承意识 | 4.01 | 0.736 | 90.2 | 3.8 |
| 增加了乡土文化传承渠道 | 3.97 | 0.871 | 81.5 | 3.1 |
| 增加了乡土文化传承资金 | 3.80 | 0.835 | 82.8 | 3.6 |
| 乡土文化认同感提高 | 3.68 | 0.827 | 81.8 | 8.6 |
| 乡土文化过度商业化 | 2.19 | 0.906 | 23.4 | 67.1 |

注:赞成率为"赞成"和"非常赞成"所占比例之和;反对率为"反对"和"非常反对"所占比例之和。

### 1. 旅游精准扶贫的经济效应总体较显著

从调查结果可以看出,贫困农户对旅游精准扶贫带来的经济效应的积极方面感知比较强烈,均值均超过了3.50。其中,"拓宽了贫困家庭增收渠道"和"增加了贫困家庭人均年收入"两个项目的均值较高,说明旅游精准扶贫在增加就业渠道和收入方面效果显著。有学者认为,贫困人口从旅游中获取的经济收入和工作机会是旅游扶贫开发效应的最主要和最直接体现。[①] 本研究结论与已有研究一致。在对西南地区部分贫

---

① 张伟、张建春、魏鸿雁:《基于贫困人口发展的旅游扶贫效应评估——以安徽省铜锣寨风景区为例》,《旅游学刊》2005年第5期,第43~49页。

困人口进行访谈时发现，旅游精准扶贫前后家庭收入渠道和家庭收入发生较大变化，旅游精准扶贫前大部分贫困农户收入来源较为单一，以外出打工为主。这种收入状况与全国的总体情况基本一致。据统计，"2016年到2020年，中国贫困劳动力外出务工人数增加了1000多万人。外出务工涉及2/3的贫困家庭，这些家庭2/3左右的收入来自务工。"①贫困农户的第二收入来源为务农，被调查者中29.6%的贫困农户的主要收入来源为务农，仅有7.9%的贫困农户的主要收入来源为个体经营等。实施旅游精准扶贫后，贫困家庭通过参与旅游开发，拓宽了增收渠道，调查显示，旅游精准扶贫实施以后，贫困家庭的主要收入来源有四个渠道，分别为旅游劳务（23.5%）、外出打工（19.9%）、务农（16.9%）和旅游商品销售（15.1%），此外，还有个体经营、资产性收入等其他收入渠道。

从"增加了贫困家庭人均年收入"这一项目来看，旅游开发增加了贫困家庭的人均年收入。在受访的贫困农户中，旅游开发以前因家庭收入渠道单一，家庭人均年收入较低，家庭人均年收入在2万元以上的家庭仅占15.1%。旅游开发以后，贫困家庭的人均年收入得到了明显提高，人均年收入在2万元以上的家庭占比为43.5%。"土特产品比以前好卖，且价格高"项目的均值为3.87，大多数被调查者持赞成态度。

"提高了贫困家庭生活水平"均值略高于3.50。这可能与该调查项目受贫困家庭居民个体特征影响较大有关，个体选择的差异性较为明显，但大部分居民对该项目持赞成态度。

当然，在调查过程中我们也发现，旅游精准扶贫在一定程度上会造成当地物价上涨，居民生活成本增加，测量结果显示均值为3.19，表示没有明显差异，即贫困农户对该项目的感知不明显，持中立态度。

**2. 旅游精准扶贫取得了较好的社会效应**

旅游精准扶贫还会给当地带来积极的社会效应，调查结果显示，"基础设施改善"和"地区知名度提高"两个项目的均值均高于4.0，在社会效应测量项目中得分较高，大多数被调查者对测量项目持赞成态度，这说

---

① 李京泽：《国务院扶贫办：外出务工已成2/3贫困家庭主要收入来源》，"光明网"百家号，2020年11月19日，https://m.gmw.cn/baijia/2020-11/19/1301817249.html。

明实施旅游精准扶贫以来,旅游开发极大地促进了地区基础设施改善,提高了地区知名度,给贫困农户生活带来了积极影响。"和外界信息交流增加"项目的均值为3.83,大多数被调查者持赞成态度,认为旅游精准扶贫促进了信息交流、拓宽了贫困农户视野,并且转变了贫困农户思想观念。在对西南地区进行实地调研时发现,在旅游精准扶贫实施之前,人们缺乏商业意识,根本不知道做生意;在旅游精准扶贫实施以后,贫困农户开始在景区摆摊经营,向旅游者出售土特产品等。随着旅游业的持续发展,外来的旅游投资者和旅游者也会在这一过程中将先进的思想观念、生活方式和产业发展经验及信息等带给当地贫困农户,这无疑会不断地拓宽他们的视野,使他们的思想观念发生转变,这些客观上都有利于贫困农户不断调整生计策略,最终实现脱贫致富。

在调查中发现,旅游精准扶贫也会带来一些负面的社会效应,譬如,随着旅游业的持续发展和外来游客的不断增加,本地不良现象有所增加,调查结果显示,"本地卖淫嫖娼、赌博等不良现象增加"项目的均值为2.17,大多数被调查者对该不良现象持反对态度。贫困地区在旅游精准扶贫实施过程中应充分关注这种不良现象。

**3. 旅游精准扶贫的文化效应较为明显**

乡村旅游唤起了人们对乡土文化价值的重新认识。调查结果显示,通过实施旅游精准扶贫战略,西南地区许多乡村居民在家门口吃上了"旅游饭",过上了好日子,他们也意识到只有坚守家乡的"土味儿",保护好家乡的特色乡土文化,才能持续吸引城市人来旅游。"提高了乡土文化传承意识""增加了乡土文化传承渠道""增加了乡土文化传承资金"三个项目的均值均在3.50以上,"乡土文化认同感提高"项目的均值略高于3.50,被调查者中大多数对这四个项目持肯定态度,说明旅游精准扶贫对乡土文化产生了积极影响。"乡土文化过度商业化"项目的均值为2.19,大多数被调查者对该不良现象持反对态度。

总体上看,随着旅游精准扶贫工作的不断推进,贫困农户对乡土文化的经济、社会和文化价值有了正面的认识,村民的文化自觉意识增强,对乡土文化的认同度逐步提高。

## 四 西南地区旅游精准扶贫的瓶颈

在脱贫攻坚期间,西南地区旅游精准扶贫成效显著,但受贫困人口思想观念、经济发展基础、市场环境等多重因素影响,贫困地区旅游精准扶贫也面临多重掣肘因素。

### (一)贫困人口思想观念落后,旅游参与内生动力不强

贫困人口转变落后的思想观念是打赢脱贫攻坚战的关键。在对西南地区进行调研时发现,部分贫困人口旅游扶贫开发主体意识不强,"等靠要"思想严重,争当贫困户,靠着政府救济过日子。对于这部分贫困人口应坚持"治贫先治愚",让他们首先认识到可以通过参与旅游业的发展来获得稳定的收入,从而可以顺利实现脱贫。而对于大多数贫困人口来说,他们虽然有参与当地旅游业发展的意愿,但是他们的自身素质与旅游业发展要求存在较大差距,从而导致其旅游参与的内生动力不足。因此,地方政府在开展旅游精准扶贫工作时,不仅要对贫困人口进行外部帮扶,还应注意提高贫困人口的自我发展能力。

### (二)山区贫困人口居住分散,旅游扶贫难度大

西南地区贫困人口分布区域非常广泛,且居住分散。因此,西南地区旅游扶贫难度较大。西南地区实施旅游精准扶贫,首先应改善交通状况、解决可进入性问题。调研发现,西南地区道路建设、维修及养护成本很高,在一些喀斯特地貌地区,道路往往建了又毁,毁了又修,给旅游精准扶贫的实施工作带来了很大的挑战。

### (三)青壮年大多外出打工,不利于旅游扶贫项目的落实

目前,西南地区农村常住人口主要为妇女、儿童、老年人三个群体,青壮年基本外出打工。从 20 世纪 80 年代开始,由于农业收入低,且出现了农村劳动力过剩的情况,我国农村地区的青壮年劳动力开始外出务工,以获得更高的经济收入。西南地区的劳动力纷纷前往浙江、广东、福建等经济发达地区务工,进而造成了农村大量剩余劳动力向城市转移,农村空

心化问题越发严重，给旅游扶贫项目的实施带来了不利的影响。

（四）旅游扶贫资金严重短缺，资金来源单一

在旅游精准扶贫过程中，资金短缺是阻碍发展的首要问题。第一，资金总量需求大。西南地区实施旅游精准扶贫的乡村一般位于偏僻的山区，这些地区也是少数民族聚居区，农耕文明历史悠久，拥有丰富的少数民族文化，非常适合依赖自有的文化资源开展乡村旅游项目，从而实现产业扶贫。西南地区的贫困地区基础设施落后、配套设施不完善，比如大多数地区处于深山之中，交通极为不便，要实现旅游项目的持续推进，首先要实现的是道路通畅，这是旅游项目顺利实施的先决条件，而大片山区道路的修建不是仅靠一省一市的力量可以完成的，需要在国家的统一规划下，实现整个区域的道路的完善，才有可能实现旅游业的进一步发展，其中资金、时间投入都不是一次性的。比如，2021年8月27日《人民日报》的一篇报道聚焦贵州高速公路通车所带来的旅游业的迅速发展，截至2020年底，贵州高速公路通车里程达7607公里，昔日"地无三尺平"的贵州因此变得四通八达，凭借这一迅猛发展的交通优势，在"十三五"时期，其旅游总收入年均增长率保持在30%以上，实现从旅游大省到旅游强省的蜕变。

第二，资金来源单一。政府扶持资金是西南地区旅游开发扶贫主要的资金来源，但政府财政投入十分有限，难以满足旅游开发的大量资金需求，因而旅游项目也常常捉襟见肘，因资金链的断裂造成旅游项目中途停摆的现象时有发生。

（五）旅游产品缺乏核心竞争力

西南地区地域广大、民族众多，是中国少数民族最集中的地区。民族文化十分丰富，为旅游精准扶贫工作的实施奠定了资源基础。20世纪80年代以来，许多民族地区依托本民族的特色文化来发展乡村旅游业，一时间乡村旅游业遍地开花，遂成为西南地区扶贫的最重要途径。但由于缺乏统一规划和对乡土文化的深层次挖掘，大多数贫困县均开发了"少数民族村寨""农家乐"等旅游项目，旅游产品雷同现象严重。因此，深入挖掘、

整理和包装区域内乡土文化,打造独具特色的乡土文化产品,是旅游精准扶贫可持续开展的前提和基础。

## 第三节 旅游扶贫背景下西南地区乡土文化传承状况与困境

乡土文化本就一直处于不断的发展变化中,对于西南地区而言,旅游业的快速发展彻底改变了民族文化传统的演变路径,一些文化要素在现代旅游业的发展中开始弱化甚至消失,同时,由于不同地区的文化相互交流、传播,出现了某些旅游要素"同质"的现象。比如语言的发展,我国许多少数民族都有自己本民族的语言,但自新中国成立,特别是进入现代学校教育体系之后,少数民族学生自小便统一学习普通话、学习汉字,使得语言开始趋于标准化,人们的服饰也开始趋同,民居现代化、饮食休闲化等,这就大大消解了每个民族的语言、服饰、建筑、饮食文化的独特性,当人们千里迢迢奔赴某一旅游地之后,会悲哀地发现与之前去过的另一地大同小异,仿佛是另一地区的复制品。而地方旅游业的发展本就需要旅游供给方着力保持本地区、本民族的文化特色,这也是能够吸引大量游客前来观光的重要原因,而一旦失去文化特色,所谓的地区旅游、民族旅游就成了"无源之水,无本之木"。

### 一 西南地区乡土文化概况及特征

西南地区文化丰富,在研究西南地区乡土文化概况时,首先应厘清乡土文化与区域文化,乡土文化与民族文化的关系。在对乡土文化的内涵和外延进行明确界定的基础上,进一步分析西南地区乡土文化概况及主要特征。

(一)乡土文化、区域文化与民族文化

为把握乡土文化的内涵和外延,下文对乡土文化与区域文化的关系、乡土文化与民族文化的关系进行分析。

**1. 乡土文化与区域文化的关系**

为阐述乡土文化与区域文化的关系,有必要对区域文化的概念进行界定。根据《大不列颠百科全书·国际中文版》的定义,区域是通过选择与某一特定问题相关的诸特征并排除不相关的特征而划定的,是由其内部的均质性和内聚性决定的与相邻诸区域相识别的地区。区域文化不是一个简单的文化地理概念,而是一个有着相似文化特征和共同生成的文化时空的概念。西南地区地表形态多样,崇山峻岭、河流密布,居住在这里的各族人民,长期调适着自然生态与人化自然的关系,用自己的聪明才智创造了具有稳定性和地域性的独特文化,即西南区域文化。西南区域文化的形成是一个历史过程,是西南地区人们在长期的共同生产生活中逐渐形成的,与西南地区地理位置有关的文化特征,这种文化特征具有较强的稳定性,在很长一段时间内都无法改变。

乡土文化与区域文化两个概念既有区别又存在联系。乡土文化和区域文化在内涵上有着本质区别。乡土文化是相对于城市文化而形成的一个概念,乡土文化强调两个方面的内容,一是乡土文化生成的空间为"乡村地区",二是"乡村性"是乡土文化的本质特征。而区域文化的概念界定主要基于文化的"区域性",即一个地区在独特的自然地理环境制约和影响下所形成的共同认可的文化特征。对于西南地区来说,区域文化不仅包括区域内的乡土文化,还包括近现代产生的红色文化、城镇文化等。本书仅研究西南区域文化中的乡土文化,如传统建筑文化、饮食文化和民宿文化等。

### 2. 乡土文化与民族文化的关系

为阐述乡土文化与民族文化的关系,首先应对民族文化的概念进行科学的界定。目前学界关于民族文化的定义突出了民族这一文化主体,其内容与文化所包含的内容基本一致。喻云涛认为民族文化这个概念可以把"民族"和"文化"两个概念合在一起,并且认为,所谓"民族文化",就是在一定地域内生活的以血缘或密切的社会关系相联系的,具有共同的语言、经济生活和心理素质的稳定的共同体,在历史和现今所共同创造的、能够代表该共同特点的,观念的、制度的和器物的文明成果的总和。[①] 在具体界定民族这一文化主体时,有广义和狭义之分,广义的民族,泛指

---

① 喻云涛:《文化、民族文化概念解析》,《学术探索》2001年第2期,第87~89页。

世界上所有具有独特民族性或者族群性的人类群体，因此，广义的民族文化与文化相同。狭义的民族，专指与多数人或者主流文化群体相对应的少数民族或族群。因此，广义的西南民族文化，既包括西南地域内的汉族文化，也包括各少数民族文化。本书所论及的西南民族文化限定在西南少数民族文化的范围内。西南少数民族文化博大精深、内涵丰富，西南少数民族创造的乡土文化不仅是西南少数民族文化的重要组成部分，还是西南地区乡土文化的重要组成部分。

（二）西南地区乡土文化的主要特征

西南地区拥有丰富的乡土文化，乡土文化在存在的形态上分为物质形态和非物质形态两大类。本书将分别介绍两种形态的西南地区乡土文化概况。首先，西南地区物质形态的乡土文化种类繁多、内容丰富。贵州省有民族文化宫、西江苗族吊脚楼、西江千户苗寨等特色建筑，其中西江苗族吊脚楼是干栏式建筑，是上古时期存留下来的居民建筑的活化石。2005年，西江苗族吊脚楼被列入首批国家级非物质文化遗产名录。一栋栋的吊脚楼沿山坡依次排列，上千栋吊脚楼相连成片，形成一个环形，产生了单个吊脚楼所不具备的视觉效果，具有浓厚的苗族宗教文化色彩。[①] 从这个意义上说，吊脚楼不仅具有很好的建筑学和美学价值，同时也是苗族传统文化的重要承载者。云南省有傣家竹楼、丽江古城、元阳梯田、三江并流等特色，其中傣家竹楼是傣族固有的典型建筑，建造竹楼的过程十分简单，原材料是当地自由生长的大竹，居民在左邻右舍的帮助下很快就能建成，但是由于材料的特殊性，人们需要在雨季定时修补竹楼，以防止潮湿带来的腐蚀。云南西双版纳傣族自治州等地的傣族人创造了灿烂的文化，尤以傣历、傣医药和叙事长诗最为出名。云南的丽江古城因地处滇、川、藏的交通要塞，从古至今这一地区的商业活动颇为频繁，这种商业活动的交流也使得当地人丁兴旺，逐渐发展成为远近闻名的集市和重镇，也是至今仍保存相当完好的少数民族古镇。重庆市则由于地势的原因，依山而建、两江环抱，所有的建筑都需要沿着山坡建造，其中最有特色的建筑便

---

① 倪建茹、杨丽：《贵州西江千户苗寨旅游扶贫效应分析》，《现代商贸工业》2020年第16期，第21~22页。

是闻名遐迩的吊脚楼。吊脚楼也叫"吊楼",为苗族、壮族、布依族、侗族、水族、土家族等少数民族居住的地方,在重庆,吊脚楼是土家族传统文化的代表之一,散布在大山中的吊脚楼群就像土家山歌一样丰富多彩,装饰着土家族的生活。重庆酉阳县有四大风景区,分别为桃花源景区、龙潭古镇、龚滩古镇以及酉水河景区,其中桃花源景区以其独特的天坑溶洞闻名世界,龙潭古镇、龚滩古镇均为中国历史文化名镇,而酉水河景区被誉为"中国最具魅力乡村旅游目的地"。四川的旅游资源数量在全国名列前茅,不仅旅游资源极其丰富,而且其自然风景秀丽、历史文化悠久,拥有独特的民族风情,旅游资源具有数量多、分布广、品位高、类型全的特点。

其次,西南地区非物质形态的乡土文化丰富多彩。云南少数民族众多,各民族在长期的历史发展中形成了各具特色的文化传统与文化元素,比如白族梨花会的野餐、对歌,彝族火把节的耍火把、摔跤、斗牛、歌舞表演,苗族花山节的爬花竿、吹芦笙、歌舞表演,傣族泼水节的赛龙舟、泼水、歌舞表演,等等,不同民族的传统节日已经声名远播,成为云南不同民族的象征之一,这些民族的节日庆典也成为旅游经济收入的重要来源。贵州是一个多民族省份,各族人民在长期的生产生活实践中,创造了丰富多彩的非物质文化遗产。这些丰富多彩的非物质文化遗产,是贵州各族人民精神价值、思维方式、想象和文化意识的体现,是中华文化遗产的瑰宝。经过10多年的努力,贵州省在非物质文化遗产的抢救、保护、传承和发展方面取得了显著成绩,以非物质文化遗产为主要内容的"多彩贵州"逐步成为代表贵州的文化品牌。四川省有国家级非物质文化遗产139项、省级非物质文化遗产522项。其中,传统音乐有巴山背二歌、川北薅草锣鼓、羌笛演奏及制作技艺;民间舞蹈有龙舞、巴塘弦子舞、卡斯达温舞;民间传统戏剧有川剧、灯戏、木偶戏等;传统美术有绵竹木版年画、蜀绣、藏族格萨尔彩绘石刻;传统手工技艺有蜀锦织造技艺。

西南地区乡土文化具有鲜明的乡土性、地域性、民族性、传承性与发展性等特征。

一是西南地区乡土文化具有鲜明的乡土性特征。费孝通先生在《乡土中国》一书中论述了中国社会的"乡土性",将其总结为三个特征。第一,"中国人与泥土密不可分。乡下人离不了泥土,因为在乡下住,种地是最普遍的谋生办法"。第二,"社会不流动性的特征。直接靠农业来谋生的人是粘着在土地上的,土气因为不流动而发生"。第三,熟人社会的特征。乡土社会在地方性的限制下形成了生于斯、死于斯的社会。① 乡土文化是产生于乡土社会,区别于城市文化的特定文化。乡土文化与乡土社会的"乡土性"特征密不可分。西南地区乡土文化的乡土性主要体现为:乡土文化根植于土地,乡土文化的创造者和传承者为"乡下人",他们靠土地谋生,是粘在土地上的,在长期从事传统农业的过程中创造并积累物质财富和精神财富,即乡土文化。

二是西南地区乡土文化具有地域性特征。西南地区独特的自然地理环境孕育了独具地域特色的乡土文化,从民居到服饰和饮食、从语言到民俗等。如在西南地区,吊脚楼是苗族、侗族、壮族、布依族、土家族等的传统民居样式,极具地域特色。西南地区多高山峡谷、林茂雨多、气候湿润。吊脚楼是西南地区人们适应特殊地理环境的产物,吊脚楼大多依山傍水而建,屋子悬空,上层住人,下层用于畜牧储物,是最佳的生态建筑形式。又如藏族聚居区因地处高原,海拔高、气候寒冷,藏民的服饰就是很有地方特色的皮袍、皮帽、皮裤、皮靴等。

三是西南地区乡土文化具有民族性特征。文化的民族性是指能够反映特定民族文化类型的基本特质,具有不同于其他民族的文化心理和文化结构,是经过长期积淀而形成的,具有相对稳定性的特点。西南地区居住着汉族和藏族、白族、傣族、水族、佤族、苗族、怒族、门巴族、珞巴族、彝族、纳西族、哈尼族、土家族等30多个少数民族。各民族在不断适应、改造自然环境的过程中,通过语言、仪式或者宗教行为维系着群体关系。各民族成员的文化习得主要在民族内部完成,所习得的也是民族内部的文化,具有典型的民族性特征。

四是西南地区乡土文化具有传承性与发展性特征。乡土文化是一定社会环境与自然环境的产物,一旦形成便具有相对的稳定性。但是,乡土文化也会随着环境的变化而变化,具有发展性特征。首先,在西南地区漫长的历史进程中,一代又一代人沿着时间不断传承和发展乡土文化,乡土文

---

① 费孝通:《乡土中国》,人民出版社,2015,第4~5页。

化的发展是一个在积累基础上创新的过程,具有传承性特征。其次,随着时代的发展和乡土社会的变迁,乡土文化从内容到形式均会做出相应的调整。有些乡土文化因不合时宜而被抛弃,而有些乡土文化则焕发出更加强大的生命力,乡土文化具有发展性特征。

## 二 旅游扶贫背景下乡土文化价值凸显

党的十九大报告提出乡村振兴战略,为农业农村经济发展提供了重大战略机遇,体现在产业、生态、经济、文化和组织建设等乡村生活的各个方面。乡土文化作为我国乡村地区的文化资源与文化资本,在乡村旅游开发过程中有着相应的美学、历史与文化、教育和规范以及生态等多重价值。[1]

### (一) 美学价值

乡土文化是人类在改造自然过程中所创造的物质文明和精神文明,蕴含着深厚的美学价值,能够很好地满足现代社会人们多样化的审美需求,同时也能够带给人们美好的视觉享受和精神体验。一方面,古镇、古村落、传统民居等物质文化遗产是集材料、建筑技术、美术、雕塑等于一体的造型艺术,被称为无声的音乐、无言的诗词、立体的画卷,对于长期生活在城市的居民来说,这些物质文化遗产是"乡愁"的重要载体,能够给予他们美好的视觉感受和审美体验。另一方面,植根于乡土文化的民俗活动、民间艺术、节庆仪式、传统手工艺等非物质文化遗产,在旅游发展背景下以艺术作品的形态呈现,也具有较高的美学价值。有学者研究发现,非物质文化遗产的文化传播产生的美学效应不仅影响着所在地域生活群体的精神面貌,也深刻影响着周边地区乃至全世界的生活方式,由此可见,非物质文化遗产也具有重要的经济价值。[2]

---

[1] 索晓霞:《乡村振兴战略下的乡土文化价值再认识》,《贵州社会科学》2018年第1期,第4~10页。
[2] 刘鑫:《非物质文化遗产的经济价值及其合理利用模式》,《学习与实践》2017年第1期,第118~125页。

## (二) 历史与文化价值

乡土文化是在特定的历史条件下产生的,是人们在长期的生产生活实践中在与自然环境的特殊互动过程中形成的生活习惯以及行为方式。非物质文化遗产是通过不同的文化表现形式记录某一民族、地区历史发展的重要根据,具有鲜明的民族和地区特色。① 乡土文化是传统文化的重要组成部分,它见证了地域历史变迁的过程,具有重要的历史价值。乡土文化一方面反映了人类社会历史的演进与变迁,另一方面也具有鲜明的时代特色,是历史与现实的结合。比如,西南少数民族地区的吊脚楼建筑,既是普通民众与自然、地理环境相适应而形成的一种特殊的建筑风格,同时这种建筑也反映了该群体的思维方式、心理结构,体现了文化的多样性,具有重要的文化价值。

## (三) 教育和规范价值

乡土文化依附于乡土社会的内在结构模式,它由一定数量的家庭、家族和村落等构成,在血缘的亲情和地缘的乡情的联系下,个体形成了大致一体的生活方式和彼此熟悉的生活共同体,并在此基础上形成了具有共同的价值伦理、惯例习俗和社会舆论的社会。因此,在乡村社会一般不需要专门的规章制度,在平时生活中所形成的具有共同价值的伦理、惯例习俗和社会舆论等成了人们生活的方法指南,在实践中起到规范人们行为的作用。乡土文化在长期的潜移默化过程中教给人们乡土知识和技能,培养和规范人们的行为方式与习惯,有效调节人与自身、他人、社会和自然的各种关系,从而实现稳定的、内聚的、带有传承性的道德秩序的建构,对社会发展起着教育和规范作用。②

## (四) 生态价值

乡土文化是在适应和改造乡村自然环境过程中逐渐形成的,其独特性

---

① 郭炯:《中西民族非物质文化遗产保护研究》,《贵州民族研究》2017年第1期,第127~130页。
② 韩琳琳、李倩、吴明君:《乡土文化在当代美丽乡村建设中的作用与传承》,《农业经济》2020年第11期,第41~43页。

与当地的自然环境密切相关。在传统农业社会中，自然条件本身的优劣性不同，直接决定了人们生存状况的差异，人们在与自然相处的过程中很早就认识到天、地、人和谐共处的重要性。在这样一种朴素的自然观下形成了人与自然共生，天、地、人和谐发展的生态理念，这对于维护乡村自然生态的完整性和持续性发挥着至关重要的作用。我们在对西南少数民族地区的调查中发现，少数民族均有一套与自然和谐相处的生存理念与处世哲学，当地的自然环境大多保存完好，自然地理环境、乡村聚落民居等是乡土文化的重要组成部分，是一种有别于城市的生态表达。我国乡土文化中蕴含着丰富的生态智慧，为我国生态文明建设提供了重要理性指导和现实借鉴。

### 三 旅游精准扶贫背景下西南地区乡土文化传承的状况

在研究西南地区乡土文化传承问题时，首先有必要对传承以及乡土文化传承进行概念界定。"传承"分为"传"和"承"两个部分，"传"就是记录、保存、延续，"承"就是继承、发扬。鲁可荣、金菁在研究传统村落文化时提出，"传统村落文化的传承，是指传统村落文化在居民共同体内部代际的纵向传递过程，包括'传'和'承'两个有机组合过程，其过程也是传统文化教育的过程"，[①] 强调传统村落文化的传承包括"传"和"承"两个方面的内容。对于乡土文化传承来说，也应包括"传"和"承"两个方面的内容，因此，本书认为，乡土文化传承是指乡土文化在居民共同体内部代际的纵向传递过程，包括"传"和"承"两个有机组合过程，"传"是指对乡土文化进行记录、保存和延续，"承"是指对乡土文化进行继承和发扬。对于西南地区来说，其乡土文化传承是一个长期的过程，旅游精准扶贫背景下西南地区乡土文化传承处于被动性传承转向自觉性传承的阶段。下文在文献分析的基础上，通过对访谈资料进行整理和分析，全面总结西南地区乡土文化传承的概况。

---

① 鲁可荣、金菁：《基于文化自觉的传统村落文化传承路径分析——以月山村为例》，《福建农林大学学报》（哲学社会科学版）2016年第3期，第6~13页。

(一) 旅游精准扶贫背景下西南地区乡土文化变迁及其状况

乡土文化名目繁多，既包括古聚落建筑、宗祠、寺庙道观、石刻壁画等物质文化形式，涉及故居、遗址、文物等乡贤文化遗产，"历代乡贤名士录""乡贤文化史料汇编"等珍贵的乡贤文史资料等物质文化遗产，又包含家规家训、致富经验等非物质文化遗产。

**1. 物质文化变迁及其状况**

在旅游发展过程中，物质文化变迁最为显著。孙九霞认为在旅游活动中人们相互交往的过程在某种程度上就是跨文化交流，伴随这种跨文化交流的是文化的传播，传播的结果是文化在一定程度上的变迁。① 一般来说，文化传播具有双向性特征，既有"来向传播"又有"归向传播"，对于旅游目的地来说，游客在旅游的过程中把自身的文化传播到旅游目的地的过程被称为"来向传播"。② 对于旅游目的地文化变迁研究来说，主要关注的是旅游活动的"来向传播"。某一地文化在与外界文化的接触与交往过程中，不自觉地会受到外来文化的影响，这种变迁通常是从物质文化开始的，比如开始慢慢接受外来的服饰、饮食，在逐渐发展的过程中，建筑、传统技艺等也受到一些外来文化的影响。在旅游开发背景下，西南地区的物质文化变迁首先表现为民族语言、民族服装、传统建筑和传统手工艺等的变化。在对重庆酉阳土家族苗族自治县调研时，在被问及旅游开发背景下的乡土文化出现哪些变化时，被访者回答："我们小时候都很喜欢自己绣花，以前大家穿的裙子还是我们土家族自己的服装，现在也没人穿了。"(L8, 1110)

四川的旅游资源数量在全国名列前茅，不仅旅游资源极其丰富，而且其自然风景秀丽、历史文化悠久，并且拥有独特的民族风情，具有数量多、分布广、品位高、类型全的特点。九寨沟、黄龙、峨眉山—乐山大佛、青城山—都江堰、大熊猫栖息地等5处被列入联合国教科文组织世界遗产名录，已建立国家级风景名胜区16处、省级风景名胜区75处。目前，四川省拥有全国重点文物保护单位230处，省级文物保护单位969处，市、

---

① 孙九霞:《旅游中的主客交往与文化传播》,《旅游学刊》2012年第12期,第20~21页。
② 孙九霞:《旅游中的主客交往与文化传播》,《旅游学刊》2012年第12期,第20~21页。

县级文物保护单位 6565 处，世界文化遗产 1 处，世界文化和自然遗产 1 处，列入中国传统村落名录的村落 225 个，列入省级传统村落名录的村落 869 个，这些数据无不表明四川拥有丰富的旅游资源。旅游业也一直是四川省重要的收入来源。

表 3-10 呈现了西南地区物质文化遗产分布情况。

表 3-10 西南地区物质文化遗产分布

| 省区市 | 数量 | 代表性物质文化遗产 |
| --- | --- | --- |
| 贵州省 | 国家历史文化名城 3 座，省级历史文化名城 6 座，国家历史文化名镇 19 个，国家历史文化名村 35 个，国家级风景名胜区 18 个，省级风景名胜区 53 个，国家森林公园 26 个，国家级历史文化街区 10 个 | 民族文化宫、西江千户苗寨、西江苗族吊脚楼 |
| 云南省 | 国家历史文化名城 8 座，省级历史文化名城 10 座，国家历史文化名镇 11 个，国家历史文化名村 11 个，国家级历史文化街区 10 个，国家级风景名胜区 12 个，国家森林公园 16 个 | 傣家竹楼、丽江古城、元阳梯田、三江并流 |
| 四川省 | 国家级风景名胜区 16 处，省级风景名胜区 75 处，国家历史文化名城 8 座，省级历史文化名城 14 座，国家历史文化名镇 25 个，国家历史文化名村 33 个，国家森林公园 34 个，国家级历史文化街区 13 个 | 九寨沟、黄龙、峨眉山—乐山大佛、青城山—都江堰、大熊猫栖息地 |
| 重庆市 | 国家重点风景名胜区 10 个，国家森林公园 9 个，国家地质公园 6 个，国家历史文化名镇 9 个，国家历史文化名村 23 个，国家级自然保护区 4 个，全国重点文物保护单位 20 处 | 吊脚楼、天坑溶洞、龙潭古镇、龚滩古镇 |
| 广西壮族自治区 | 国家重点风景名胜区 12 个，国家森林公园 23 个，国家历史文化名镇 9 个，国家历史文化名村 29 个，国家地质公园 10 个，国家级自然保护区 12 个，全国重点文物保护单位 81 处 | — |

资料来源：文化和旅游部网站及各省区市政府网站。
注：数据截至 2021 年 12 月。

**2. 非物质文化变迁及其状况**

随着旅游业的快速发展和城镇化进程的持续推进，西南地区的非物质文化也在发生不同程度的变迁。在传统农耕经济形态下，西南地区人们过着"日出而作，日落而息"的生活，由血缘和婚姻关系结合起来的家庭共同体是最小的社会单位和经济单位，形成了"家庭本位"的价值体系。自发展旅游业以来，产业结构及职业结构的转变改变了村民的行为方式、社会关系以及价值观念，居民的语言、生活方式、休闲方式、节庆活动等都发生了改变。在对重庆酉阳土家族苗族自治县调研时，在被问及旅游开发背景下村民的行为方式出现哪些变化时，被访者回答："我们土家族原来是有我们自己的语言的，但是没有文字，旅游开发后，大家都开始说普通话，现在会讲土家语的人就很少了。比如'毕慈卡'就是'我们'的意思。然后我们小时候都很喜欢跳舞，现在都很少（跳）了。以前土家族姑娘出嫁还兴哭嫁，现在就都是新式婚礼了。时代在变化。"（L8，1110）

旅游业的发展也促使社会关系转变为以市场经济为中心。随着经济结构的改变，人们的血缘、地缘和业缘等社会关系也发生了较大的变化。[①] 同时，旅游业的发展也使乡村旅游地发生了价值体系的解构与重构。传统的西南少数民族地区的价值体系以乡规习俗、家族宗教等约束为主，旅游业发展以后，现代性和世俗性的价值体系逐渐渗透，人们的法律意识、市场意识、经济意识不断提高，同时在与外界交流的过程中对本民族的文化意识不断提升。

与东部地区和中部地区相比，西南地区的非物质文化具有规模庞大、地域特色明显等特点。西南地区尚保存有大量的非物质文化遗产（见表3-11）。重庆市巴渝文化久远绵长，是长江上游地区最具有民族特色与个性的民族文化之一。巴渝文化源于巴文化，是巴族和巴国在长期的历史发展中形成的具有鲜明特色的地域性文化，独特的水陆交通也催生了巴渝的码头文化和移民文化，多重文化因素在数千年的交融、流变中不断发展变革，最终形成了独具特色的巴渝文化，进而成为西南地区民族文化的一朵奇葩。重庆黔江的石鸡坨土陶、城口钱棍舞、城口民间风流歌等非物质文化遗产历史悠久、特色鲜明。重庆黔江的石鸡坨土陶，"发源于尧时期，宋代时期，祖先口口相传到黔江地区，开始流传。经历了波浪式的发展历程，随着铁盆、胶盆的大量使用，青花瓷、白釉等受到青睐，陶器制品受到了强烈的冲击，直到20世纪初，全国的陶器制作衰落到了最低点，工艺

---

[①] 苏静、孙九霞：《旅游影响民族社区社会关系变迁的微观研究——以岜沙苗寨为例》，《旅游学刊》2017年第4期，第87~95页。

作坊倒闭率达到了90%，而整个渝东南地区仅有我的石鸡坨土陶加工坊坚持了下来，成了渝东南片区的唯一代表。在国家大力支持非物质文化遗产发展的时期，赶上了扶持土陶技艺传承的列车，土陶制作工艺开始回暖。土陶目前供不应求，一方面，手工制作无法进行大批量的生产；另一方面，手工制作也是为了保证土陶的品质"（I1，1110）。

城口钱棍舞。"我们钱棍舞就是一种民族舞蹈，它集健身性、娱乐性、观赏性于一体，就是既能健身，也能观赏，又能娱乐。大家都会跳，钱棍舞在红白喜事、过节时都可以表演，也可以作为广场舞，它是一个综合性的舞蹈，有许多游客也很喜欢，夏天游客来避暑，就要找老师来教他们，促进了旅游的发展，游客自发地请老师教、请帮忙，（我们）免费教，主要是为了推广我们的钱棍文化，促进乡风文明。"（I6，0920）

土家族山歌是土家族标志性文化形态。土家族山歌是土家族人民在长期的历史发展进程中，在特定的山地自然环境中形成并传唱的歌谣，土家族山歌的历史渊源与土家族的起源及演变过程息息相关。"土家族山歌有上千年的历史了，土家族有多少年山歌就有多少年，查阅民族史，最早可以追溯到战国时期。武陵山地区的土家族文化有一个明显的特点，它是巴文化和楚文化两者的融合文化，涉及重庆、贵州、湖南、湖北等地。这一带山区多，以前通信不发达，山与山之间的人有时候靠吆喝，这主要是一种情感的交流。"（I3，1110）

云南少数民族众多，各民族在长期的历史发展中形成了各具特色的文化传统与文化元素，比如白族梨花会的在梨园里野餐、对歌，彝族火把节的耍火把、摔跤、斗牛、歌舞表演，苗族花山节的爬花竿、吹芦笙、歌舞表演，傣族泼水节的赛龙舟、泼水、歌舞表演，等等。不同民族的传统节日已经声名远播，成为云南不同民族的象征之一，这些民族的节日庆典也成为旅游经济收入的重要来源。

贵州是一个多民族省份，各族人民在长期的生产生活实践中，创造了丰富多彩的非物质文化遗产。这些丰富多彩的非物质文化遗产，是贵州各族人民精神价值、思维方式、想象和文化意识的体现，是中华文化遗产的瑰宝。

表 3-11　西南地区国家级非物质文化遗产

单位：项

| 省区市 | 数量 | 代表性非物质文化遗产 |
|---|---|---|
| 贵州省 | 144 | 苗族古歌、刻道、侗族琵琶歌、侗族大歌、铜鼓十二调、木鼓舞、芦笙舞 |
| 云南省 | 122 | 彝族火把节、傣族泼水节、苗族花山节 |
| 四川省 | 139 | 巴山背二歌、川北薅草锣鼓、羌笛演奏及制作技艺、龙舞、巴塘弦子舞、卡斯达温舞、川剧、灯戏、木偶戏、绵竹木版年画、蜀绣、藏族格萨尔彩绘石刻、蜀锦织造技艺 |
| 重庆市 | 44 | 土家摆手舞、酉阳民歌、川江号子、石柱土家啰儿调、南溪号子、走马镇民间故事、永城吹打 |

注：广西数据缺失。

资料来源：中国非物质文化遗产网。

### 3. 西南地区乡土文化特征

西南地区乡土文化具有多元性、民族性及地域性等特征。

第一，文化类型的多元性。西南地区是我国少数民族集聚度和融合度最高的地区，多元化是其最主要的特点，在其漫长的历史发展过程中形成了"巴蜀文化""滇黔桂文化"等文化综合体。由于受本地区不同民族的文化影响，这一地区的文化呈现出不同的地方特色。比如川渝地区秀丽的巴山蜀水结合特有的红色文化资源呈现出创新性、包容性和开放性的巴渝特色；滇黔桂三省区自然地理环境相对封闭，使其传统和特色文化得到很好的保存和延续，并且与产生于革命战争年代的红色文化资源很好地结合，从而形成了独特的滇黔桂文化。

二是文化主体的民族性。西南地区少数民族众多，这里聚集着5000多万名少数民族人口，有藏族、白族、傣族、水族、佤族、苗族、怒族、门巴族、珞巴族、彝族、纳西族、哈尼族、土家族等30多个少数民族，其中贵州省是苗族人口分布最多的地方，有430万人，占苗族总人口近一半，苗族地区在漫长的发展过程中一直以农业为主，以狩猎为辅。苗族的手工艺品驰名中外，刺绣、挑花、织锦、蜡染、剪纸、首饰制作等工艺繁多，蜡染工艺已有千年历史。苗族的服饰达130余种，可以与世界上任何一个民族的服饰相媲美。同时，苗族又是一个能歌善舞的民族，其中的情歌、酒歌更是享有盛名，每个去当地旅游的人都能充分感受这一独特的文化形式。云南是我国少数民族数量最多的省份，聚居着彝族、白族、傣族、壮族、纳西族、瑶族等25个少数民族，占全省总人口的近1/3。云南地区独特的地理风貌、特殊的气候状况、多彩的民族风情、奇特的风俗习惯等，使该地区产生了精彩纷呈的文化现象，每年吸引着全国各地的旅游者慕名前往，成为中国最受大众欢迎的旅游目的地之一，"云南十八怪""云南二十八怪""云南八十一怪"等独有的饮食文化也极大地激发了旅游者的品尝、购买欲望。

三是文化建构的地域性。西南地区独特的自然地理环境孕育了独具地域特色的乡土文化。譬如，重庆位于中国西南部，地处长江上游经济带核心地区，长江、嘉陵江两江环抱，域内各式桥梁层出不穷，素有"桥都"美誉。又因地处丘陵地区，坡地较多，有"山城"之称。藏族聚居区地处高原，因其独有的历史文化、宗教生活和经济形态，在历史的发展过程中也逐渐形成了独特的民俗文化。由于牧区海拔高、气候寒冷，藏民的服饰就是很有地方特色的皮袍、皮帽、皮裤、皮靴等，这都是民族文化地域性的体现。

### （二）不同主体参与乡土文化传承的状况调查

通过对调研资料的整理，本书把乡土文化传承主体分为五个类型，并对不同主体参与乡土文化传承的心理和行为进行深度剖析。乡土文化传承的五类主体分别为：外来经商者、文化持有者、外来保护者、游客和当地政府。其中，外来经商者是指不具有当地户籍的在当地开展商业类活动的人；文化持有者是指具有当地户籍的居民，他们对本地文化有较深入的认知，又可细分为手工业者、表演者、从商者和本地居民；外来保护者指不具有当地户籍，通过某种途径了解到当地文化、受到当地文化吸引，从而来到当地从事与文化产业相关的活动的人。

**1. 外来经商者：商业主导下的文化传承**

外来经商者较高的文化程度和敏锐的商业嗅觉使得他们可以很好地利用乡土文化，甚至将乡土文化大胆创新，从而吸引游客。虽然这些外来经商者以营利为首要目标，但他们也认为自己具有文化传承的责任。

> 文化传承是必需的，是我们每个人的责任，但是我经营店铺还是会首先考虑盈利，我只能在确保盈利的情况下，给大家提供最本真的文化体验。(B1, 0723)
>
> 我的老板不是本地人，他开店的目的首先是营利，所以我们每个店员都有自己每个月的最低指标，但是他依然特别看重蜡染文化的传承，严格要求店里的蜡染服饰和装饰由蜡染艺人纯手工制作，哪怕成本会高出许多，他也一直坚持。(B2, 0723)

外来经商者并不会因追求经济效益而降低店铺的供货质量，他们仍严格控制货源，坚持为消费者带来良好的文化体验。研究者在实地观察时发现，在游客进店消费时，店员在推销有关传统手工艺术品时往往会讲解艺术品的制作方法和历史演进过程，这样的营销模式也起到了一定的文化推广和传承作用。

他们还认为，对乡土文化进行创新可以使文化更顺利地传承下去，在这个快速发展的时代，仅仅保留原始的制作方法是不够的，要使文化更加贴近现代人的生活，使更多人参与到文化产品的制作过程中。这样不仅可以使文化的传播和传承得到保障，还可以为更多人带来经济效益，使文化从最初的单一传承主体逐渐拓展到多元传承主体，最终达到良性循环的效果。

> 文化的传承是需要创新的，因为我们接触到的古老文化其实在日常生活中是不太实用的，但是如果传统文化可以迎合大众的口味，即使文化失去了一部分本真性，但好歹也是传承下来了，岂不也算是一种保护？(B2, 0723)
>
> 不可盲目将传统文化商业化，需要一个磨合的过程，也需要得到原始文化传承者的认同，他们在得到经济效益的前提下，基本上都赞同。(B1, 0723)

外来经商者认为商业化是保护与传承乡土文化的重要手段，而创新乡土文化的利用方式是关键。他们认为在乡土文化商业化过程中，应给予充满本真性的原始文化一个转化的过程,不能为了追求最大经济效益而直接将其盲目转化成任何形式,这样的做法会破坏文化的传承机制,导致文化不再具有地方特性,而走向完全商业化的道路。

2. 文化持有者:坚守与转业的困境

(1) 手工业者:坚守型文化传承者

在旅游发展背景下,部分村民坚持以传统的方法进行手工制作,通过展示传统手工技艺和销售旅游商品维持生计,做乡土文化传承的坚守者。

> 随着丹寨县旅游业的发展,越来越多的游客到我的店里购买蜡染制品,并体验蜡染技艺。一方面这有助于增加我的收入,另一方面对于蜡染技艺的传承也是有好处的。(I5,0724)
>
> 旅游业的发展是有好处的,我们这里经常会来很多研学旅行的小朋友,既可以让他们体验到最纯正的造纸文化,体验完后在当地农家吃饭,又可以提升当地老百姓的经济效益,这是一举两得的事。(I7,0724)

为解决贫困人口脱贫增收问题,当地政府一般会对参与传统手工艺传承的贫困人口给予相应的政策扶持,激励他们成为传统工艺坊正式员工。他们认为通过参与传统手工艺生产,既可以提升经济效益、解决生计问题,又可以将自己民族的传统文化推广给更多的旅游者。

> 最近三年,我生病了,还是不小的病,经常去医院,但我还是坚持做蜡染。现在我的小孩已经不做蜡染了,如果我也不做了,这个技艺就失传了,我希望这个技艺能一直传承下去,每当大家来参观我制作的蜡染制品时,我特别自豪,好像病痛也没那么难受了,这可能是蜡染带给了我与病魔抗争的力量吧。(I6,0724)

这类传统手工艺者拥有极高的文化认同,对文化传承的方式有不同程度的担忧。在调研中发现大部分的传统手工艺者都有这样的担忧,他们希望自己的下一代可以传承文化,但往往事与愿违,所以他们也逐渐开始接收各种学徒工，不论本地还是外地的人，只要想进行传统手工艺的学习，他们都愿意教授。

> 现在手工制作鸟笼不赚钱了，政府对手工鸟笼制作没有补贴和鼓励，所以现在卡拉村里依靠制作鸟笼维生的人家越来越少。但我还是打算继续坚持做鸟笼，我并没有因为有人来买我的鸟笼而感到自豪，也没什么自豪的，但这是我们苗族的传统，不能放弃。（N3，0723）
>
> 旅游业发展前后，我的工资没有太大的变化，（旅游业）也没给我带来具体的好处，这份工作的收入一直很一般，但我没想过出去打工，也没想过开农家乐。未来也就这样一直做下去吧，也算做了一个文化的传承者，对后人来说也是一件好事。（N4，0723）

这类传统手工艺者并没有感受到旅游业发展带来的好处，他们表示在旅游业发展前后，自己的工资和生活方式并没有太大的变化，所以他们觉得旅游业的发展并没有给他们带来实际的好处。但与此同时，他们表现出文化传承与自身生计的强关系，而与旅游业发展的弱关系。他们愿意传承文化是因为民族认同感高，但这样的认同感并不是建立在对民族文化的自豪感上的，而是由于文化认同的代际传递。

（2）表演者：文化认同型文化传承者

丰富多彩的少数民族歌舞文化是西南地区对游客的核心吸引力。在旅游开发过程中，从事歌舞表演的既有本地村民，也有外来专业演艺人员，这些表演者主要基于对当地文化的认同而对其进行保护与传承。

对于本地村民来说，传统歌舞是他们生活的重要组成部分，旅游开发以后，他们也会从事传统歌舞的表演以增加收入。

重庆城口钱棍舞已成为城口县岚天乡吸引游客的重要旅游项目，其表演者主要为当地村民，他们参与钱棍舞表演会有相应的收入。

> 我们的钱棍舞就是一种民族舞蹈，它集健身性、娱乐性、观赏性于一体，就是既能健身，也能观赏，又能娱乐。以前，钱棍舞一般在婚丧嫁娶时表演。每年旅游旺季的时候，我们当地人都会进行钱棍舞

表演，许多游客也很喜欢。(L4, 0624)

贵州丹寨万达旅游小镇芦笙舞表演也是当地重要的旅游项目，主要由当地村民表演，"在万达（旅游）小镇没有建好之前，我们也是从事芦笙舞表演的，经常出国表演。现在选择在万达（旅游）小镇表演芦笙舞，是因为我家就在附近。如果在这里能找到一份工作，就不需要再四处漂泊，我也可以照顾家人了"(P3, 0723)。

参与传统歌舞表演的本地村民，在旅游开发之前为了维持生计往往选择外出务工，在旅游开发之后，他们选择回到自己的家乡，通过参与传统歌舞表演等形式享受旅游开发收益，在歌舞表演中提升了对本民族文化的认知度和认同度。

对于外来表演者来说，他们在参与旅游目的地传统歌舞表演的过程中，逐渐了解并认同当地乡土文化。在贵州丹寨调研时发现，丹寨万达旅游小镇的外来表演者包括侗族大歌演唱者、锦鸡舞表演者、芦笙演奏者等，是万达集团通过联系一些文娱公司而将他们聚集到丹寨万达旅游小镇的。

万达（旅游）小镇建好之前，我也是听从公司安排在其他地方表演的，来万达（旅游）小镇后，因为工资是公司统一发放，所以没有增加。我们认为通过表演的方式，可以使更多的人了解我们的民族文化，每次表演的时候我都特别自豪。(P1, 0723)

这类表演者不是本地人，来到丹寨万达旅游小镇表演舞蹈是因为文娱公司的安排，他们统一居住在公司安排的廉租房里，日常生活并不方便。但支撑他们继续从事这一行的动力就是文化认同感，他们展现出了极高的文化认同感，大部分的表演者认为通过表演将民族文化展现给游客的方式是极好的。

我之前是在贵阳跳锦鸡舞，但在万达（旅游）小镇建成之后，我家这边有所发展后，我就回来了。尽管现在收入并没有之前高，但是丹寨万达（旅游）小镇离家比较近，所以我更愿意留在这里。通过表演把民族文化展现出来，这增强了我的民族自豪感。（P2，0723）

近年来，随着旅游业的发展，越来越多的人在现场观看他们的表演，这增强了他们的民族自豪感，也增强了文化认同感。不论表演者是不是本地人，对民族文化的认同感都是促使他们扎根于表演行业的重要原因，也促进了他们对传统文化的保护和传承。

（3）从商者：从传统手工业者到农家乐经营者

近年来，因传统手工业市场受到现代工业的挤压，越来越多的传统手工业者开始尝试开农家乐，从最初的一边开农家乐一边从事传统手工业，到现在无法兼顾两者，而直接放弃了传统手工业。在对贵州丹寨县进行调研时发现，很多传统鸟笼制作者转为农家乐经营者。

> 由于做农家乐的收入更高，花费时间较长，我现在已经不做鸟笼了。其实如果做鸟笼也可以给我带来比较满意的收入的话，我更愿意做鸟笼。我本来就喜欢做鸟笼，而且做农家乐实在是太辛苦了。（N1，0723）

传统手工业者在转向农家乐经营者时，内心是十分矛盾的，但由于从事传统鸟笼制作的经济收入较低，在现实面前他们中的大多数人还是选择了放弃鸟笼制作。

> 至于鸟笼制作工艺的传承，肯定是很重要的，肯定是要有人去传承的。现在国家和政府这么重视传统文化，少我一个传承人也没关系。我之前已经外出打工了，现在回来开农家乐，不打算再从事鸟笼制作了。（N2，0723）

这类从商者虽然认为文化传承非常重要，但觉得仅凭个人是难以完成传统鸟笼制作技艺传承的，他们认为政府层面应出台相应政策和措施激励村民传承鸟笼制作技艺。

(4) 本地居民：具体行动模糊型文化旁观者

本地居民生活在当地，这个群体中大多数人都了解甚至熟悉当地文化。他们接受以企业融资来带动当地旅游业发展的模式，他们认为这种模式可以实现参与主体的共赢。他们中的大多数人认为乡土文化传承不仅是政府的责任，还是每个村民的责任，但他们并不清楚自己在乡土文化传承的过程中应扮演什么样的角色。

> 我就住在附近，是当地人，在公司里从事汽车销售。我认为以商业化带动旅游业发展这种做法可以接受，既吸引了很多游客，也满足了万达的盈利需求。但是商业化过程中文化传承的方式发生了改变。文化传承是我们每个人的责任，不单单是政府的责任。但具体我该怎么做，我也不是特别清楚。(N8，0724)

> 首先文化传承肯定是我们每个人的责任，更具体来看，当地人对本地文化的传承应该重视。但是我并不清楚如何去传承文化，我一个人的力量也很薄弱，做不出什么大事，我也不知道怎么办。(N9，0724)

本地居民对本地文化都十分认可，已经形成了传统文化保护的主体意识，然而在行动过程中却没有明确的目标，不知道传统文化保护的具体内容与措施，在文化传承的具体行动上呈现出行动模糊的状态。

总体来看，在这些当地文化持有者中，既有认同感极高且坚持传统文化传承的，也不乏认同感极高但不再坚持文化传承的。两者都有极高的文化认同度，传承行动产生分化的根本原因则是在文化传承中所能获得的实际收益不同。

### 3. 外来保护者：以个人参与乡土文化保护与宣传

外来保护者是一个比较特殊的群体，他们既不是最直接的文化传承者，也不是生活在当地、对当地文化有深刻认知的居民。他们是因为某些特殊的原因而了解到当地文化，产生了兴趣，从而来到当地深度体验文化或从事与文化生产相关的工作。这类群体的受教育程度较高，对传统文化的传承有自己的判断和认知，愿意以个人力量参与文化的保护与宣传。

在传统文化的保护上，个人跟政府都有责任。在文化保护中，我不认为自己扮演了一定的角色，因为我并不传承蜡染工艺，而只是作为一个宣传者，将蜡染的工艺宣传给游客而已，但我觉得这样的宣传和保护是有价值的。（F1，0723）

我是新闻专业的，现在在蜡染店担任主理人秘书。我来这里是因为之前在广东采访过前来交流的蜡染技艺传承者，通过那次采访，我对蜡染文化产生了兴趣。我在大四正好有空档期，就来到丹寨，学习蜡染制作工艺倒是说不上，就想来感受一下，看看能不能结合专业知识帮他们宣传，与其每天宅在家，我感觉这样的生活才有价值。（F2，0725）

外来保护者认为自己从事的工作或活动特别有价值，为了实现自身价值，才选择来到相对自己所在城市而言较不发达的城市，他们清楚地认识到自己不是文化的传承人，且认为文化传承并不只是文化传承人和政府的责任，而是中华民族每个人的责任。他们从事这样的工作或活动并不是为了得到丰厚的报酬与言语的赞美，而是希望通过这样的方式，可以激励更多的人加入传统文化的宣传与保护的队伍中，为文化传承贡献薄力。

**4. 游客：重视旅游过程中的文化体验**

游客既表现出比较重视在旅游过程中的文化体验，也表现出对文化的了解与体验并不深入。他们认为现在很多旅游地区的文化商业化严重，但丹寨县乡土文化的商业化并不严重。

感觉这里跟其他古镇相比，民族文化的特点更鲜明，其他地方很多古镇都建得一模一样，而这里的文化氛围要更好。（T2，0724）

这样的艺术和文化其实是非常值得去传承的，它能给人一种最淳朴的美的感受，可以成为吸引像我这种游客的重要因素。（T3，0724）

游客可以感受到丹寨县淳朴的乡土文化，且希望丹寨县的乡土文化得以传承，不能使乡土文化在旅游发展中被弱化，应该在发展中对乡土文化进行保护、传承及创新。

> 虽然这里有一些地方有点商业化，但有一些没有开发的地方保护得还是很好的。我认为旅游景点的商业化要有度，没有商业化，它们生存肯定也很难，商业化的程度主要还是靠政府把控吧。（T6，0724）

> 我认为在旅游发展和文化传承这方面，商业化为其带来的好处可能更多一点，总体来说是利大于弊。（T3，0724）

大部分的游客赞成部分商业化，他们认为不完全的商业化既能为外来保护者带来效益，也能给当地居民带来好处。但是在旅游业发展初期，需要政府平衡好商业化与保护，才能确保旅游发展过程中乡土文化得到保护。

### 5. 当地政府：统筹乡土文化保护与旅游开发利用

在日渐商业化的旅游扶贫格局中，地方政府应做好乡土文化保护与旅游开发利用的统筹和规划工作，做好乡土文化的保护性开发和活态传承。文化是旅游的灵魂，是吸引游客的重要条件，如果盲目发展旅游业，而不顾乡土文化的保护，那么原本具有鲜明特征的村落将会难逃被复制成千篇一律的商业景点的命运。

> 其实政府可以结合每个村落的文化，多挖掘一下各个地区的特色。比如，卡拉最著名的就是鸟笼制作工艺，石桥最吸引游客的就是古法造纸，高要梯田最吸引游客的是鱼类养殖。特色景区打造得越多，就越有利于留住游客在丹寨消费，我们的收入自然而然就会增加。（G1，0725）

政府通过挖掘每个村落的文化特色，利用文化特色吸引游客，留住游客后，游客才能通过消费带动当地经济发展，同时也能够有更深入的文化体验。

> 我们的合作社比较多样，并且与非物质文化遗产联系得十分紧密，涵盖种植、鸟笼制作、蜡染和榨油等各类产业。（G2，0725）

> 农业农村局去年跟扶贫办和旅游办成立了相关单位，目的是更好

地挖掘农耕文化,并将本土文化融入旅游发展中,为旅游注入灵魂。
(G5,0725)

将种植业、养殖业和文化产业等融入旅游扶贫的格局中,充分发挥"农文旅"的优势,并在旅游业发展的过程中,引入非物质文化遗产,如古法造纸、蜡染等。这样既可以增加文化传承者和村民的收入,又可以使更多人看到传统文化的价值,从而加入文化保护与传承的队伍中。

> 我们将全镇的各种非物质文化遗产都融入丹寨万达(旅游)小镇并展现给游客。这些文化包含国家级的 7 项非物质文化遗产和省级的 17 项非物质文化遗产。游客们可以在丹寨万达(旅游)小镇里了解到这些文化。如果他们想要深入体验这些文化的话,就可以通过一些引导,前往这些文化各自的发源地。(G3,0725)

通过在先发展的、知名度高的旅游景点中开设乡土文化体验店,将感兴趣的游客引导至文化发源地,这种将核心地资源链接到边缘地的模式,在很大程度上为边缘地带来了发展的机遇。政府则在中间扮演了核心协调者的角色,通过政府的资金支持与资源链接,最终形成"大景区中心、小景区围绕"的旅游布局,形成以乡土文化为桥梁,以核心地带动边缘地的协调发展格局。

在旅游开发的大背景下,外来经商者、文化持有者、外来保护者、游客和当地政府等多元主体积极主动地参与乡土文化的传承,为西南地区乡土文化的"复兴"与"繁荣"贡献着自己的力量。

## 四 旅游精准扶贫背景下西南地区乡土文化传承面临的困境

在实施旅游精准扶贫的过程中,西南地区乡土文化传承出现了退化、断层和价值缺失等危机。

### (一)乡土文化传承的客体衰退

文化传承的客体包括传承场和传承媒介,乡村是乡土文化传承的重要客体。在城镇化过程中,乡村原有的人文环境和自然环境发生巨变,具有浓郁地域特色的乡土文化逐渐被开放的、强势的现代文化所取代,原始的乡村风貌和文化生态遭到严重破坏。据统计,全国自然村数量在1990~2016年减少了115.6万个。① 不仅传统村落急剧减少,随着城镇化和旅游开发的深入推进,乡土文化的传承客体也出现了衰退现象。调查结果显示,西南地区传统的吊脚楼、祠堂、庙宇等乡土建筑景观在逐渐减少。大多数村落的村民认为传统的乡村建筑已经过时,难以适应当前生活发展的需要。在建设美丽乡村和发展乡村旅游时,一些乡村地区开始用建设城市的方式建设乡村。传统吊脚楼民居被推倒,代之以整齐划一的两层楼,有的村民则按照"洋房"的样式自建房子。

在实施旅游精准扶贫的村镇,传统建筑的现代价值得到了人们的广泛认识。为了打造特色乡村旅游项目,吸引更多的游客前来旅游,村民加强了对传统建筑的保护与现代旅游利用。以贵州安顺屯堡为例,有着600余年历史的石板房是传承屯堡文化的重要载体,是屯堡村寨最宝贵的资源之一,由于保护不力等原因,很多古老而具有独特建筑风格的石板房已经破损严重,但却缺乏有效的修缮。② 旅游开发成了保护与传承屯堡村寨文化的重要途径,许多濒临坍塌的石板房也因旅游开发而得到了修缮和保护。

## (二) 乡土文化传承的主体缺位

乡土文化传承的主体缺位是现代化发展过程中的一个必然结果。城镇化的发展吸引着乡村人口大范围向城市转移,乡土人才大面积流失,他们是乡土文化传承和发展的实践主体,这一实践主体的缺乏,不仅体现为乡土人才的数量不足,更体现为乡土人才的质量堪忧,这致使乡土文化传承和发展的效能被削弱。农民是乡土文化传承的主体,在时代大环境的影响下,城乡之间的差距逐渐缩小,农民进城现象屡见不鲜,造成大量村落成为"空心村",村里大部分是留守老人与儿童,而文化传承的主力是青壮

---

① 任焦阳:《新时代乡土文化传承的困境与对策研究》,《汉字文化》2020年第15期,第145~146页。
② 王勇、吴晓萍:《浅析乡村旅游的可持续发展——以天龙屯堡为例》,《"社会学与贵州'十一五'社会发展"学术研讨会暨贵州省社会学学会第四届会员代表大会论文集》,2005,第288~294页。

年，这就导致乡土文化发展迟缓。①

> 我们村有苗绣、摆手舞和酉阳山歌，但它们的传承人基本上都外出务工了，所以传承情况较差。(G12，1110)
>
> 现在，村里只有六七十岁的人才会传统的竹编工艺。年轻人不愿意学习这些传统手艺的原因有很多，其中最主要的原因就是经济效益太低。(G13，1110)

经济利益是驱使人们行为产生的基本动力之一，这在乡土文化保护与传承工作中也同样适用。调研结果显示，西南地区很少有年轻人从事乡土文化保护与传承工作。"一是这里太偏远了，二是业余生活匮乏，所以人才不愿到这里来。"(B9，0920)

目前，西南地区乡土文化传承主体老龄化、传承保障弱、传承能力衰退等问题凸显，已成为制约乡土文化传承的重要因素。在对重庆市黔江区的调查中发现，虽然国家和政府大力扶持和保护文化传承人，如认定"非物质文化遗产代表性传承人"，但是并没有形成有效的选拔机制，在传承人的选定过程中容易出现因经济利益和荣誉称号导致不公平竞争、弄虚作假等问题，如国家级非遗项目"南溪号子"、市级非遗项目"后坝山歌"等一批土家族原生态舞台音乐艺术，正面临着后继无人的危险处境。

> 2018年3月，受镇党委副书记的启发，召集了其他几位老师一起来传唱民歌，政府主要是引导我们来做这件事；在表演上，主要得到旅游投资集团的支持，旅投集团给予表演者几十元不等的补贴来激励文化的传承；基金会帮助购买电子琴、钢琴等乐器来支持土家民歌的传承。还是希望有支持主体来长期帮助我们。(I2，1110)
>
> 近年来，酉阳县文化馆的办事人员会直接联系我们参加一些比赛，并给予一些补贴……但是由于很多现实因素，团队里的成员都只是将三棒鼓作为爱好，大家最主要的经济来源还是打工。如果没

---

① 吴伟泉：《乡村振兴视野中非物质文化遗产传承人培养模式的探索》，《农村经济与科技》2020年第14期，第217~218页。

有政府的帮助，只凭借我们这几个传承人的力量的话，是无法实现传承的。(C2, 1112)

### (三) 乡土文化的价值底蕴被忽视

乡土文化是人类在长期从事农业生产和生活的过程中创造的物质成果和精神成果的总和。乡土文化本身所蕴含的风俗、礼仪、伙食、建筑、服饰等，构成了具有地方特色的人文风景，是某一特定区域内人们的乡土情感、亲和力和自豪感的体现，在农业社会中发挥了重要功能，对于村民个人来说，乡土文化具有塑造人格、提升修养以及实现个体社会化的作用；对于乡村集体来说，乡土文化起着引导、规范和行动整合的作用；对于整个社会来说，乡土文化具有社会维系和社会导进的作用。然而，随着旅游精准扶贫的不断推进，游客涌入乡村地区，城市文化作为强势文化不断冲击乡村的秩序和农民的价值观，传统农业社会所形成的农业文化逐渐成为弱势文化，从而降低了人们对乡土文化的认同感和归属感，也就弱化了乡土文化保护与传承的内生动力。

在西南地区旅游精准扶贫实践中，乡土文化的某些要素被挖掘、整理并包装成旅游产品，成功吸引了大量游客前来旅游。但是，乡土文化传承主体的功利性诉求导致文化陷入同质化的困境。民族服饰"汉化"是文化同质化的最直接体现，很多民族放弃了自己民族独有的服饰。在重庆酉阳县进行实地调研时发现，作为土家族苗族自治县，仅在一些大型的节庆活动或者旅游表演时，村民才会穿着本民族服装。

摆手舞是土家族的特色舞蹈之一。虽然村里土家族所占比例较高，但是大部分已经被汉化了。只有在组织大型活动时，我们才会穿着具有民族特色的服饰跳摆手舞。(G3, 1110)

综上，旅游开发对于乡土文化传承是一把"双刃剑"，在给乡土文化传承带来前所未有的机遇的同时，也不可避免地对乡村旅游地造成了一些消极影响。其中，乡土文化传承的客体衰退、乡土文化传承的主体缺位、乡土文化的价值底蕴被忽视等已成为制约乡土文化可持续传承的因素。

## 小　结

在脱贫攻坚期间，西南地区乡村旅游业发展迅速，旅游业成为西南地区产业扶贫的中坚力量，旅游精准扶贫取得良好的经济、文化和社会效益。经济效益主要表现在拓宽贫困家庭增收渠道、提高贫困家庭人均年收入及带动贫困人口脱贫增收三个方面；文化效益主要表现在促进乡土文化保护与传承、提高居民乡土文化保护意识、增加乡土文化传承渠道、传播优秀乡土文化及增加乡土文化保护资金等方面；社会效益主要表现在促进当地村民与外界信息交流、拓宽村民视野以及转变村民思想观念等方面。然而，在实施旅游精准扶贫的过程中，出现了以下问题：贫困人口思想观念薄弱、旅游参与内生动力不强；山区贫困人口居住分散，旅游扶贫难度大；青壮年大多外出打工，不利于旅游扶贫项目的落实；旅游扶贫资金严重短缺，资金来源单一；人才缺乏，旅游产品开发缺乏创新；等等。这些问题不利于旅游精准扶贫工作的可持续开展。

乡土文化是旅游精准扶贫的资源基础，随着旅游业的快速发展和城镇化进程的持续推进，西南地区的乡土文化已发生了不同程度的变化，但总体来说，西南地区尚保存着大量的乡土文化，西南地区乡土文化具有鲜明的乡土性、地域性、民族性、传承性与发展性等特征。西南地区乡土文化传承的主体具有多元性，包括外来经商者、文化持有者、外来保护者、游客和当地政府等，不同主体在参与乡土文化传承的方式和内容方面存在差异，但从结果来看，不同主体的参与行为均对乡土文化传承起到了促进作用。西南地区乡土文化传承工作虽然整体上取得了较好成效，但也面临乡土文化传承的客体衰退、乡土文化传承的主体缺位、乡土文化的价值底蕴被忽视等困难。对乡土文化进行有效保护与传承、挖掘和开发乡土文化的价值与内涵，弘扬乡土文化成为我国美丽乡村建设中的重要任务。西南地区亟须转变发展观念，基于系统耦合视角，一方面，高质量传承乡土文化，发挥乡土文化对旅游精准扶贫持续深远的推动作用；另一方面，在旅游开发和乡村振兴中保护好乡土文化。

# 第四章 西南地区旅游精准扶贫与乡土文化传承耦合量化评价

我国西南地区独特的自然地理环境孕育了大量特色鲜明的乡土文化，发展乡村旅游得天独厚。在实践层面，西南地区依托其丰富的乡土文化资源大力发展乡村旅游，解决区域贫困问题，已经拥有百余个"全国乡村旅游重点村"，旅游扶贫成效显著，但是，乡村旅游的可持续发展也面临乡土文化内涵缺失和乡土文化传承式微等问题，亟须从系统耦合的视角促进乡土文化传承与旅游精准扶贫的协调发展。在理论层面，虽然学界普遍认同发展乡村旅游和传承乡土文化是乡村振兴的重要内容，也是目前美丽乡村建设的两大抓手。但是，基于耦合发展视角探讨旅游精准扶贫与乡土文化传承的研究较薄弱。本章以量化研究为主、质性分析为辅，基于系统耦合视角，研究和分析西南地区旅游精准扶贫与乡土文化传承的耦合协调发展态势、成效和经验，以促进西南地区乡土文化传承与乡村产业兴旺。

## 第一节 评价指标的选取与耦合协调度模型构建

构建耦合协调度模型是对某个事物的协调发展水平进行量化评价的常见方法，近年来受到了学界的广泛关注。Peper 等[1]，生延超、钟志平[2]，

---

[1] Peper, C. E., Betteco, J., Boer, Harjo, J., Poel, J. Beek, "Interlimb Coupling Strength Scales with Movement Amplitudey," *Neuroscience Letters*, 2008, (1): 221-232.

[2] 生延超、钟志平：《旅游产业与区域经济的耦合协调度研究——以湖南省为例》，《旅游学刊》2009 年第 8 期，第 23~29 页。

高楠等[1]，赵文亮等[2]，Owiński 和 Tsaneva-Atanasova[3]，周蕾、王冲[4]；黄丽等[5]，Maa 等[6]学者在研究耦合发展问题时，均采用耦合协调度模型进行量化分析。耦合协调度模型内涵丰富、评价体系成熟，还能进行一些序列性、地区间比较。本书研究西南地区旅游精准扶贫与乡土文化传承二者的耦合发展问题，同样需要构建耦合协调度模型对旅游精准扶贫与乡土文化传承的协调发展水平进行量化。

## 一 评价指标的选取与确定

构建旅游精准扶贫与乡土文化传承耦合协调度模型，指标体系的建立是关键一环。本研究在遵循科学性、系统性、可操作性以及动态性等原则的基础上，选取和确定旅游精准扶贫子系统和乡土文化传承子系统评价的各项指标，并根据各项指标在评价体系中的重要程度设置相应的权重。

### （一）指标体系构建原则

科学的指标设置是评价体系建立的前提和基础。旅游精准扶贫与乡土文化传承耦合评价指标体系的构建，应充分满足指标体系的各项功能要求，选取能够描述和表征真实情况的指标。指标选取应遵循科学性、系统性、可操作性以及动态性原则。

**1. 科学性原则**

科学性是建立旅游精准扶贫与乡土文化传承评价指标体系的首要要

---

[1] 高楠、马耀峰、李天顺、白凯：《基于耦合模型的旅游产业与城市化协调发展研究——以西安市为例》，《旅游学刊》2013年第1期，第62~68页。

[2] 赵文亮、丁志伟、张改素、朱连奇：《中原经济区经济－社会－资源环境耦合协调研究》，《河南大学学报》（自然科学版）2014年第6期，第668~676页。

[3] Owiński, P. S., Tsaneva-Atanasova, K., "Effects of Time-delay in a Model of Intra-and Inter-personal Motor Coordination," *The European Physical Journal Special Topics*, 2016, 225 (13 – 14): 2591 – 2600.

[4] 周蕾、王冲：《旅游产业－区域经济－信息产业系统耦合协调发展研究》，《统计与决策》2017年第18期，第103~107页。

[5] 黄丽、林诗琦、陈静：《中国区域创新能力与能源利用效率的时空耦合协调分析》，《世界地理研究》2020年第6期，第1161~1171页。

[6] Maa, B., Fei, Z., Nwc, D., et al., "Corrigendum to Coupling Coordination Analysis and Spatio-temporal Heterogeneity between Urbanization and Eco-environment along the Silk Road Economic Belt in China," *Ecological Indicators*, 2020, (2): 121 – 132.

求。在充分借鉴已有相关研究成果的基础上，本研究仔细推敲评估内容，明确指标概念，科学界定指标的内涵和外延。各项评价指标及其相应的计算方法、各项数据都应有科学依据。只有遵循科学性原则，才能确保获取的信息具有客观性和可信度。

**2. 系统性原则**

旅游精准扶贫与乡土文化传承评价指标体系作为一个有机整体，我们应运用系统论的相关性原理对其评价内容进行分析。首先，从相关性层面，指标体系应全面反映被评价区域旅游精准扶贫与乡土文化传承的各个侧面的基本特征。其次，从层次性层面，指标体系应形成阶层性的功能群，从目标层到下一层层层深入，层次之间相互适应并且具有一致性，形成一个评价系统。最后，从整体性层面，各指标之间相互独立又相互联系，共同构成一个有机整体，应注意指标体系整体的功能与目标。

**3. 可操作性原则**

指标还应具有可操作性，便于量化和获取数据。旅游精准扶贫与乡土文化传承耦合评价比较复杂。因此，各指标应概念明确，每个指标应有明确的内容、定义或解释说明。同时，指标选取的计算量度和计算方法应一致。

**4. 动态性原则**

指标体系不仅能够反映一段时间内研究区域的旅游精准扶贫与乡土文化传承情况，还应跟踪其变化情况。旅游精准扶贫与乡土文化传承的耦合互动发展需要通过一定时间尺度的指标才能反映出来。因此，指标的选择要充分考虑到动态变化，在实际操作中，应收集较长时间段的变化数值。

（二）构建评价指标体系

旅游精准扶贫与乡土文化传承作为两个独立的子系统，应分别设置相应的评价指标体系。

**1. 旅游精准扶贫评价指标体系**

当前对于旅游精准扶贫效益评估的成果不多，可参考借鉴的指标较少。因此本书采用文献分析法与专家意见法相结合的方法进行评价指标体系构建。

首先，本书在搜集与整理旅游精准扶贫研究领域相关文献的基础上，按照引用频率的高低找出符合的指标作为基础指标。① 从现有文献来看，学者们早期主要关注旅游扶贫的经济效益，后拓展到关注旅游扶贫的生态和社会效益，并进一步提出了 RHB 战略思想，关注资源（Resource）、人（Human）和效益（Benefit）三个方面的协调发展。RHB 战略思想下的旅游扶贫效率评估既要关注旅游资源的保护与利用，又要注重贫困人口获益，还应突出旅游发展所带来的社会、文化和生态效益。黄渊基在研究连片特困地区旅游扶贫效率时，从投入和产出两个维度设置评价指标，其中投入维度主要反映旅游对当地经济和周边产业的带动效应；产出维度主要反映旅游扶贫的经济效益、生态效益以及社会效益。② 该研究成果为本书研究旅游精准扶贫效率提供了相应理论基础。本书结合研究对象特征和研究目标，也从投入和产出两个维度设置评价指标。从旅游精准扶贫投入维度来看，绝大多数学者选取人均旅游综合收入和人均接待游客量这两个指标，③

---

① 参考的主要文献如下。黄亚冰、林同智：《基于模糊物元模型的西南民族地区旅游精准扶贫绩效评价研究》，《桂林师范高等专科学校学报》2020 年第 1 期，第 49～57 页；郭舒：《基于产业链视角的旅游扶贫效应研究方法》，《旅游学刊》2015 年第 11 期，第 31～39 页；黄渊基：《连片特困地区旅游扶贫效率评价及时空分异——以武陵山湖南片区 20 个县（市、区）为例》，《经济地理》2017 年第 11 期，第 229～235 页；麻学锋、周华、谭佳欣、张登霞：《旅游地成长与高级别景区形成的耦合路径与机制——以张家界为例》，《经济地理》2021 年第 6 期，第 205～212 页；汪德根、沙梦雨、朱梅：《国家级贫困县旅游资源优势度与脱贫力耦合分析——以 433 个脱贫县为例》，《人文地理》2020 年第 5 期，第 111～119 页。

② 黄渊基：《连片特困地区旅游扶贫效率评价及时空分异——以武陵山湖南片区 20 个县（市、区）为例》，《经济地理》2017 年第 11 期，第 229～235 页。

③ 龙祖坤、杜倩文、周婷：《武陵山区旅游扶贫效率的时间演进与空间分异》，《经济地理》2015 年第 10 期，第 210～217 页；王志标、李丹丹：《武陵山片区旅游扶贫效果分析》，《中国农业资源与区划》2019 年第 8 期，第 122～132 页；陈超凡、王赟：《连片特困区旅游扶贫效率评价及影响因素——来自罗霄山片区的经验证据》，《经济地理》2020 年第 1 期，第 226～233 页；黄渊基：《连片特困地区旅游扶贫效率评价及时空分异——以武陵山湖南片区 20 个县（市、区）为例》，《经济地理》2017 年第 11 期，第 229～235 页；鄢慧丽、王强、熊浩、徐帆：《海南省少数民族地区旅游扶贫效率测度与时空演化分析》，《中国软科学》2018 年第 8 期，第 63～76 页；王凯、林惠、甘畅、邓楚雄：《集中连片特困区旅游扶贫效率与经济发展水平的时空耦合关系——以武陵山片区为例》，《经济地理》2020 年第 2 期，第 200～208 页；穆学青、郭向阳、明庆忠：《多维贫困视角下县域旅游扶贫效率时空演化及影响机理——以云南 25 个边境县（市）为例》，《经济地理》2020 年第 12 期，第 199～210 页。

有些学者选取旅游固定资产投入、旅行社、从业人员、政府扶贫资金投入等指标。① 从旅游精准扶贫产出维度来看，一般认为，贫困除收入维度外，还应纳入健康、教育和社会生活物品等维度。② 因此，大多数学者关注的是旅游扶贫的经济效益、生态效益以及社会效益。本书结合研究目标，主要从经济、社会两个方面选择学者使用较多的因素和指标作为研究基础，进行评价指标的设置。

其次，采用德尔菲法确定指标体系，专家主要来自西南地区高校旅游院系以及旅游局、扶贫办等政府机关，经过三轮信息收集和修改，本研究确定了旅游精准扶贫评价指标体系（见表4-1）。

表4-1 旅游精准扶贫评价指标体系

| 目标层 | 准则层 | 指标层 | 数据来源 |
| --- | --- | --- | --- |
| 旅游精准扶贫系统的良性运行 | 旅游精准扶贫投入 | 乡村旅游全年接待人次（万人次） | 各地政府工作报告与统计公报、统计年鉴以及人民政府网站等；个别指标数据由问卷调查与访谈得到 |
| | | 乡村旅游总收入（亿元） | |
| | 收入绩效 | 减少农村贫困人口数（人） | |
| | | 农村居民人均可支配收入（万元） | |
| | | 旅游贡献率（%） | |
| | 社会绩效 | 城镇化率（%） | |
| | | 公路通达里程（公里） | |

旅游精准扶贫成效评价是从乡村产业兴旺的角度，对旅游扶贫开发所带来的经济、社会等效益进行综合评价，评价指标体系由目标层、准则层以及指标层三个级别构成。其中目标层为旅游精准扶贫系统的良性运行，主要对旅游精准扶贫的成效进行定量测度；准则层包括旅游精准扶贫投入以及收入绩效和社会绩效；指标层共设置7个指标，是对准则层指标的细化和分类衡量。旅游精准扶贫评价指标体系的指标类型、指标说明及测算方法见表4-2。

---

① 曹妍雪、马蓝：《基于三阶段DEA的我国民族地区旅游扶贫效率评价》，《华东经济管理》2017年第9期，第91~97页；孙春雷、张明善：《精准扶贫背景下旅游扶贫效率研究——以湖北大别山区为例》，《中国软科学》2018年第4期，第65~73页。

② Sen, A., *Commodities and Capabilities*, Oxford: Oxford University Press, 1999.

表4-2　旅游精准扶贫评价指标说明与测算方法

| 指标类型 | 指标说明 | 测算方法 |
| --- | --- | --- |
| 乡村旅游全年接待人次 | 反映旅游的带动能力 | 全年累计接待游客量 |
| 乡村旅游总收入 | 反映旅游经济收入 | 全年乡村旅游综合收入 |
| 减少农村贫困人口数 | 反映旅游的带动能力 | 全年减少农村贫困人口数 |
| 农村居民人均可支配收入 | 反映农民经济状况 | 调查户在调查期内的可支配收入按照家庭人口平均的收入水平 |
| 旅游贡献率 | 反映旅游业对国民经济的贡献程度 | 旅游贡献率＝旅游业增加值的增量/GDP增量 |
| 城镇化率 | 影响当地居民的收入结构，促使农村贫困人口向城镇居民转化 | 城镇化率＝城镇人口/当地常住总人口 |
| 公路通达里程 | 反映通畅度与生活便捷度 | 公路里程数 |

## 2. 乡土文化传承评价指标体系

乡土文化传承评价指标体系的构建，也采用文献分析法与德尔菲法相结合的方法完成。

首先，结合西南地区乡土文化传承情况，参阅与乡土文化传承有关的文献，[①] 按照引用频率的高低找出符合的指标作为基础指标。张琳等以西南地区为例，构建了农业文化遗产与乡村旅游产业耦合协调度评价指标体系，农业文化遗产系统从资源、生产、收入、文化、科研以及生态等六个方面设置相应指标，乡村旅游产业系统从收入、就业、产业和社会效应四个方面设置指标。在借鉴其研究成果的基础上，本书结合研究目标设置乡土文化传承评价指标体系。

其次，采用德尔菲法确定指标体系，专家主要来自西南地区高校旅游院系以及旅游局、扶贫办等政府机关，经过三轮信息反馈和修改，获得乡土文化传承评价指标体系（见表4-3）。

---

① 张琳、贺浩浩、杨毅：《农业文化遗产与乡村旅游产业耦合协调发展研究——以我国西南地区13地为例》，《资源开发与市场》2021年第7期，第891~896页；麻学锋、周华、谭佳欣、张登霞：《旅游地成长与高级别景区形成的耦合路径与机制——以张家界为例》，《经济地理》2021年第6期，第205~212页；汪德根、沙梦雨、朱梅：《国家级贫困县旅游资源优势度与脱贫力耦合分析——以433个脱贫县为例》，《人文地理》2020年第5期，第111~119页；胡小海、黄震方：《江苏区域文化资源与旅游经济耦合特征及其作用机制》，《江苏社会科学》2017年第1期，第254~259页。

表 4-3 乡土文化传承评价指标体系

| 目标层 | 准则层 | 指标层 | 指标来源 |
|---|---|---|---|
| 乡土文化传承系统的良性运行 | 物质文化遗产 | 历史文化名镇总量（个） | 各地人民政府、统计局、旅游局等网站，以及各地统计公报、统计年鉴等 |
| | | 历史文化名村总量（个） | |
| | | 传统建筑（民居）总量（个） | |
| | 非物质文化遗产 | 国家级总量（项） | |
| | | 省市级总量（项） | |
| | | 县级总量（项） | |
| | 生产效应 | A级以上旅游景区总量（个） | |

乡土文化传承评价是从乡村文化振兴以及区域旅游发展的视角，对区域内乡土文化传承系统进行综合评价。评价指标体系由目标层、准则层、指标层三个层次构成。其中，目标层为西南地区乡土文化传承系统的良性运行，主要对乡土文化传承效果进行定量测度，是评价的最终目标。准则层包括物质文化遗产、非物质文化遗产以及生产效应三个方面的内容。其中，物质文化遗产准则层设置历史文化名镇总量、历史文化名村总量、传统建筑（民居）总量三个指标；非物质文化遗产准则层设置国家级总量、省市级总量、县级总量三个指标；生产效应准则层设置 A 级以上旅游景区总量一个指标。乡土文化传承评价指标体系共设置 7 个单项指标，每个指标均是对准则层指标的细化和分类衡量。

（三）确定指标权重系数

前文已经确定旅游精准扶贫子系统与乡土文化传承子系统的评价指标。接下来，将进一步确定各个单项指标在整个指标体系中的相对重要程度以及所占比例的高低，即确定各指标权重。目前，权重的确定方法主要有主观赋权评价法、客观赋权评价法及组合集成赋权法三种方法。本书采取主观赋权评价法中的层次分析法（AHP）确定指标权重。层次分析法由美国运筹学家萨蒂教授于 20 世纪 70 年代初提出，是一种定性与定量相结合的决策分析方法，一般用于解决复杂问题。旅游精准扶贫与乡土文化传承耦合发展问题即属于复杂问题，因此，本书运用层次分析法来确定旅游精准扶贫与乡土文化传承评价指标权重，对研究问题进行层次划分，将其分解为若干层次和若干因素,并对各因素进行比较和计算,确定各指标的权重。

**1. 研究方法:层次分析法**

本书采用层次分析法确定旅游精准扶贫与乡土文化传承的各指标权重,包括以下基本步骤。

(1) 建立层次结构模型

根据研究问题的性质和要达到的总目标,将旅游精准扶贫与乡土文化传承两个子系统进行因素分解,并且按照因素之间的关联度以及隶属关系,将各因素按照不同层次进行组合。本书将旅游精准扶贫与乡土文化传承两个子系统划分为目标层、准则层和指标层。其中,目标层是最高层,仅设置一个因素;准则层和指标层则根据实际情况设置两个以上因素,最终形成一个多层次的分析结构模型。本书根据层次分析法,在对所要解决的问题进行深入分析的基础上,确定与旅游精准扶贫和乡土文化传承相关的因素,对这些因素进行聚集分类,将其划分为若干层次。

(2) 构造成对比较矩阵

对同属于上一层次的本层次因素进行两两对比,在对同一层次因素进行两两对比时,用标度值来表示该层次中某个因素相对于另一个因素的重要程度。同一层次因素两两对比形成的矩阵称为成对比较矩阵。成对比较矩阵标度值参照 Saaty 教授提出的 1—9 标度法,采用德尔菲法,根据专家征询结果确定各评价指标的相对重要程度(见表 4-4)。

表 4-4 指标相对重要程度对比

| 两因素相对重要程度 | 同样重要 | 稍微重要 | 明显重要 | 强烈重要 | 极端重要 | 相邻标度中值 |
|---|---|---|---|---|---|---|
| 标度值 | 1 | 3 | 3 | 7 | 9 | 2,4,6,8 |

(3) 计算单排序权向量并做一致性检验

对每个成对比较矩阵计算最大特征值及其对应的特征向量,利用一致性指标、随机一致性指标和一致性比率做一致性检验,即对成对比较矩阵确定不一致的允许范围。

(4) 计算总排序权向量并做一致性检验

计算最下层对最上层总排序的权向量。利用总排序一致性比率进行检验，若通过，则可按照总排序权向量表示的结果进行决策，否则需要重新考虑模型或重新构造那些一致性比率 CR 较大的成对比较矩阵。

其中，一致性比率 $CR = CI/RI$，$RI$ 为平均随机一致性指标，1—9 阶判断矩阵的 $RI$ 值可参考表 4-5。

表 4-5 平均随机一致性指标

| 阶数 | 1 | 2 | 3 | 4 | 5 | 6 | 7 | 8 | 9 |
|---|---|---|---|---|---|---|---|---|---|
| $RI$ | 0 | 0 | 0.52 | 0.89 | 1.12 | 1.26 | 1.36 | 1.41 | 1.46 |

一般来讲，当一致性比率小于 0.1 时，在容许的范围之内，有满意的一致性，通过一致性检验，可用其归一化特征向量作为权向量，否则重新构造成对比较矩阵，加以调整。

**2. 确定各指标的权重**

为了获得本书所需数据，课题组邀请 15 位乡土文化与旅游扶贫的专家对指标体系进行打分，将收集到的打分数据使用层次分析法进行处理，分别得到了旅游精准扶贫系统各指标的权重（见表 4-6）和乡土文化传承系统各指标的权重（见表 4-7）。

表 4-6 旅游精准扶贫系统各指标权重

| 目标层 | 准则层 | | 指标层 | |
|---|---|---|---|---|
| | 指标 | 权重 | 指标 | 权重 |
| 旅游精准扶贫系统的良性运行 | B1 旅游精准扶贫投入 | 0.3074 | 乡村旅游全年接待人次（C1） | 0.1075 |
| | | | 乡村旅游总收入（C2） | 0.1053 |
| | B2 收入绩效 | 0.4215 | 减少农村贫困人口数（C3） | 0.1047 |
| | | | 农村居民人均可支配收入（C4） | 0.1179 |
| | | | 旅游贡献率（C5） | 0.0989 |
| | B3 社会绩效 | 0.2711 | 城镇化率（C6） | 0.0550 |
| | | | 公路通达里程（C7） | 0.0612 |

表 4-7 乡土文化传承系统各指标权重

| 目标层 | 准则层 | | 指标层 | |
|---|---|---|---|---|
| | 指标 | 权重 | 指标 | 权重 |
| 乡土文化传承系统的良性运行 | B4 物质文化遗产 | 0.3815 | 历史文化名镇总量（C9） | 0.1122 |
| | | | 历史文化名村总量（C10） | 0.1469 |
| | | | 传统建筑（民居）总量（C11） | 0.1224 |
| | B5 非物质文化遗产 | 0.3364 | 国家级总量（C12） | 0.1471 |
| | | | 省市级总量（C13） | 0.1049 |
| | | | 县级总量（C14） | 0.0844 |
| | B6 生产效应 | 0.2821 | A级以上旅游景区总量（C15） | 0.2821 |

## 二 旅游精准扶贫与乡土文化传承耦合协调度模型

系统由无序走向有序机理的关键在于系统内部序参量之间的协同作用，它左右着系统相变的特征与规律，耦合度正是反映这种协同作用的度量。因此，本书引入耦合协调度模型，构建旅游精准扶贫与乡土文化传承耦合协调度模型，为后文对西南地区的实证分析奠定理论基础。

### （一）耦合度模型

"耦合度"是物理学中的一个重要概念，用来测量两个或两个以上物体或系统的运动协调程度。耦合度能够反映系统内部各子系统之间以及系统之间的相互联系，从整体把握各系统之间的整体发展状态，现在被广泛应用于地理、经济和旅游等研究领域。生延超、钟志平构建了旅游产业与区域经济发展耦合协调度模型，并以湖南省为例进行了实证研究；[①] 刘定惠、杨永春引入耦合协调度模型，对安徽省经济－旅游－生态环境耦合协调度进行了实证分析；[②] 张琰飞、朱海英构建了文化产业与旅游产业耦合协调度评价模型，并对西南地区文化产业与旅游产业耦合协调度进行了实

---

① 生延超、钟志平：《旅游产业与区域经济的耦合协调度研究——以湖南省为例》，《旅游学刊》2009 年第 8 期，第 23～29 页。
② 刘定惠、杨永春：《区域经济－旅游－生态环境耦合协调度研究——以安徽省为例》，《长江流域资源与环境》2011 年第 7 期，第 892～896 页。

证研究。① 程慧等运用耦合协调度模型分析了我国旅游资源开发与生态环境耦合协调发展的时空演变。② 麻学锋等以张家界为研究对象,通过构建旅游地成长与高级别景区耦合协调度模型,对旅游地成长和高级别景区耦合阶段及水平进行了评价,并揭示了旅游地成长与高级别景区的耦合路径和作用机制。③

借鉴这些研究成果,本书将旅游精准扶贫系统和乡土文化传承系统作为两个相互耦合的系统,通过相关时间序列耦合指标定量测度两个系统的协调度,借助协调度计算模型构建西南地区文化产业和旅游产业的耦合度模型[见式(4-1)]。

首先,分别评价旅游精准扶贫系统与乡土文化传承系统的综合发展水平,利用线性加权法对评价指标体系的各个指标进行定量分析,计算公式如下:

$$\begin{cases} U_1 = \sum_{j=1}^{n} \lambda_j \times U_{1j} \\ U_2 = \sum_{j=1}^{n} \lambda_j \times U_{2j} \end{cases} \quad (4-1)$$

在式(4-1)中,$U_1$、$U_2$分别是旅游精准扶贫系统与乡土文化传承系统的综合发展水平值;$U_{1j}$为旅游精准扶贫系统中第$j$项指标的特征值,$U_{2j}$为乡土文化传承系统中第$j$项指标的特征值;$\lambda_j$是第$j$项指标的权重。为避免指标量纲或测度量级的差异所造成的影响,采用极差标准化方法进行无量纲化处理,权重系数前文已通过层次分析法得到。

其次,构建旅游精准扶贫与乡土文化传承耦合度模型。物理学领域中的多系统耦合协调理论,描述开放系统中两个及两个以上的子系统基于某种性质的联系而相互作用、相互影响、相互促进以致协同演化的现象,耦合度用来衡量系统要素相互影响、相互作用的强弱程度,协调度是要素协调的水平。④ 耦合度是反映区域乡土文化资源与旅游经济相互影响程度的

---

① 张琰飞、朱海英:《西南地区文化产业与旅游产业耦合协调度实证研究》,《地域研究与开发》2013年第2期,第16~21页。
② 程慧、徐琼、郭尧琦:《我国旅游资源开发与生态环境耦合协调发展的时空演变》,《经济地理》2019年第7期,第233~240页。
③ 麻学锋、周华、谭佳欣、张登霞:《旅游地成长与高级别景区形成的耦合路径与机制——以张家界为例》,《经济地理》2021年第6期,第205~212页。
④ 陈晓红、万鲁河:《城市化与生态环境耦合的脆弱性与协调性作用机制研究》,《地理科学》2013年第12期,第1450~1457页。

重要指标，对于判断区域内乡土文化传承与旅游精准扶贫的协调发展程度具有重要意义。由于旅游精准扶贫与乡土文化传承两个系统较为复杂，因此需要构建具有科学性、全面性的测算指标体系。通过总结相关学者的耦合研究成果，本书构建了旅游精准扶贫与乡土文化传承的耦合度模型，公式如下：

$$C = \left\{ \frac{U_1 U_2}{\left(\frac{U_1 + U_2}{2}\right)^2} \right\}^K \quad (4-2)$$

在式（4-2）中，$C$ 为耦合度，$K$ 为调节系数，一般 $2 \leq K \leq 5$，为了提高区分度，本书取 $K$ 值为 5，$U_1$ 为旅游精准扶贫系统的综合发展水平值，$U_2$ 为乡土文化传承系统的综合发展水平值。

从公式中可以看出，耦合度度量的是两个系统间相互作用和相互影响的程度，$C$ 的取值为 0~1，$C$ 值越大，系统耦合越好；反之系统耦合越差。参考谭俊涛等[①]对耦合度和协调度等级划分的研究，将旅游精准扶贫与乡土文化传承耦合度划分为四个等级（见表4-8）。

表4-8 耦合度度量标准及类型

| 序号 | $C$ 值区间 | 耦合度类型 |
| --- | --- | --- |
| 1 | [0, 0.3] | 低水平阶段 |
| 2 | (0.3, 0.5] | 拮抗阶段 |
| 3 | (0.5, 0.8] | 磨合阶段 |
| 4 | (0.8, 1] | 高水平阶段 |

（二）耦合协调度模型

耦合度是反映乡土文化传承与旅游精准扶贫相互影响程度的重要指标，对于判断某一区域内二者协调发展程度具有重要参考价值，但是它并

---

① 谭俊涛、张平宇、李静、刘世薇：《吉林省城镇化与生态环境协调发展的时空演变特征》，《应用生态学报》2015年第12期，第3827~3834页；刘春雨、刘英英、丁饶干：《福建省新型城镇化与生态环境的耦合分析》，《应用生态学报》2018年第9期，第3043~3050页；程慧、徐琼、郭尧琦：《我国旅游资源开发与生态环境耦合协调发展的时空演变》，《经济地理》2019年第7期，第233~240页。

不能完整反映出二者的发展水平以及协调程度。即使两个区域的耦合度值相同，我们也无法判定两个区域的乡土文化传承系统和旅游精准扶贫系统发展水平是一致的，这只能表明两个区域处于协调或者失调状态，而对于具体是高水平协调还是低水平协调我们并不能做出判断。协调度的大小可以反映某一系统两个方面的特征：（1）系统的有序程度，耦合指两个及两个以上系统、要素或运动形式相互作用、彼此影响的现象；（2）系统的综合效益高低或功能强弱。协调指两个或两个以上子系统或要素配合得当、相互促进而使系统整体健康、良性发展。①

为了准确反映西南地区乡土文化传承与旅游精准扶贫的整体发展水平与协调发展程度，本书以耦合协调度为参考数值，耦合协调度综合考虑系统间耦合关联度和系统的综合协调指数，能更好地反映系统间作用功效的整体协同程度。因此，进一步构造旅游精准扶贫与乡土文化传承耦合协调度模型，公式如下：

$$D = (C \times T)^{+}, T = aU_1 + bU_2 \qquad (4-3)$$

在式（4-3）中，$D$ 为旅游精准扶贫与乡土文化传承的耦合协调度，数值越高，耦合协调越好。$C$ 为耦合度，$T$ 为旅游精准扶贫与乡土文化传承的综合发展指数，主要衡量两个系统的整体发展水平对协调度的贡献，$a$、$b$ 为待定系数。刘雷等②研究认为城市创新能力与城市化水平在耦合协调程度中没有孰轻孰重，两者同等主要，即 $a = b = 0.5$。曹诗颂等③研究秦巴特困连片区生态资产的管理和解决地区贫困问题的耦合关系时，认为两者同等重要，取 $a = b = 0.5$。汪德根等④认为旅游资源优势度与脱贫力在区域实现旅游脱贫中同等重要，取 $a = b = 0.5$。参考赋值原则，本书认为旅游精准扶贫与乡土文化传承在乡村振兴中同等重要，因此将 $a$ 值和 $b$

---

① 万易、赵媛：《论耦合协调模型应用于图书馆公共文化服务充分性发展评价的必要性与可行性》，《国家图书馆学刊》2020 年第 6 期，第 32~40 页。
② 刘雷、喻忠磊、徐晓红、张华：《城市创新能力与城市化水平的耦合协调分析——以山东省为例》，《经济地理》2016 年第 6 期，第 59~66 页。
③ 曹诗颂、赵文吉、段福洲：《秦巴特困连片区生态资产与经济贫困的耦合关系》，《地理研究》2015 年第 7 期，第 1295~1309 页。
④ 汪德根、沙梦雨、朱梅：《国家级贫困县旅游资源优势度与脱贫力耦合分析——以 433 个脱贫县为例》，《人文地理》2020 年第 5 期，第 111~119 页。

值均设定为 0.5。

为了更直观地表达旅游精准扶贫与乡土文化传承的耦合协调发展状况，本书参考已有研究成果制定了耦合度和协调度的度量标准。程慧等在研究全国旅游资源与生态环境耦合问题时，采用耦合协调度模型，构建了旅游资源—生态环境耦合协调评价指标体系，并将全国旅游资源与生态环境耦合度划分为分离阶段、拮抗阶段、磨合阶段和耦合阶段等四个阶段。[①] 麻学锋等在研究旅游地成长与高级别景区形成的耦合问题时，将协调度的类型划分为：严重失调（0.00~0.20）、一般失调（0.21~0.40）、勉强协调（0.41~0.50）、初级协调（0.51~0.60）、良好协调（0.61~0.80）和优质协调（0.81~1.00）。[②] 本书通过吸收和借鉴已有研究成果，将旅游精准扶贫与乡土文化传承耦合协调度划分为六个等级（见表4-9）。

表 4-9 耦合协调度的等级评价标准

| 序号 | 耦合协调度 | 协调等级 |
| --- | --- | --- |
| 1 | 0.00~0.19 | 严重失调 |
| 2 | 0.20~0.39 | 中度失调 |
| 3 | 0.40~0.59 | 勉强协调 |
| 4 | 0.60~0.69 | 初级协调 |
| 5 | 0.70~0.79 | 中级协调 |
| 6 | 0.80~1.00 | 良好协调 |

## 第二节 西南地区旅游精准扶贫与乡土文化传承综合发展水平

根据前文所设定的旅游精准扶贫系统和乡土文化传承系统评价指标体系，本节选取有代表性的样本进行分析，采取线性加权法评价西南地区旅

---

① 程慧、徐琼、郭尧琦：《我国旅游资源开发与生态环境耦合协调发展的时空演变》，《经济地理》2019年第7期，第233~240页。
② 麻学锋、周华、谭佳欣、张登霞：《旅游地成长与高级别景区形成的耦合路径与机制——以张家界为例》，《经济地理》2021年第6期，第205~212页。

游精准扶贫与乡土文化传承综合发展水平。

## 一 样本选取与数据来源

### (一) 样本选取

西南地区涵盖云南、贵州、四川、广西和重庆等省区市，是集革命老区、边疆山区、民族聚居区、生态脆弱区、连片贫困区于一体的特殊地区。2012年确定的国家级贫困县总计592个，西南地区五省区市共计201个。根据典型性和特殊性，从西南地区第一批国家级贫困县中，基于其乡土文化资源特色以及乡村旅游发展阶段，选取14个贫困县进行了实地调研，将其作为决策单元。选取的贫困县分别为：重庆市城口县、酉阳县、武隆区、石柱县、黔江区，贵州省丹寨县、雷山县、天柱县、镇远县，四川省苍溪县、广安市，广西壮族自治区三江县、巴马县，以及云南省红河县。

### (二) 数据来源

本书主要选取西南地区14个贫困县2014~2020年的相关数据作为研究单元，获取旅游精准扶贫与乡土文化传承系统的单项指标的数据，经过计算，得到2014~2020年西南地区旅游精准扶贫与乡土文化传承的综合指数以及二者的耦合度。根据研究目标，为保证数据的完整性、真实性和科学性，数据主要来源途径有两条：一是省级层面，主要来源于西南地区5个省区市相关统计年鉴、统计公报；二是县级层面，主要来源于14个样本贫困县的统计年鉴、统计公报。

具体来说，关于旅游精准扶贫的研究数据，主要来源于省级层面的统计数据，包括西南地区5个省区市的文化和旅游年鉴、旅游统计公报，人民政府官网以及统计局、文化和旅游局、扶贫办等部门的官方网站；部分数据来自14个样本贫困县的统计数据。对于乡土文化传承的研究数据，考虑到西南地区5个省区市尚缺乏从省级层面对区域内乡土文化进行完整统计的相关数据，因此，数据主要来源于县级层面，通过统计14个样本县的数据得到研究数据。

由于时间跨度较大，个别统计口径发生变化，后来重新核算的数据均以最新版数据为准，部分年份缺失的数据则依据其他年份的数值及增长率计算获得。对于以上所有量纲数据均采用归一化方法进行无量纲化处理。

## 二 西南地区旅游精准扶贫综合发展水平

### (一) 西南地区旅游精准扶贫成效

根据所设定的评价指标体系,本书对 2014～2020 年西南地区旅游精准扶贫综合发展水平的七个相关指标进行了数据统计。

**1. 乡村旅游全年接待人次与乡村旅游总收入**

图 4-1 显示了 2014～2020 年西南地区乡村旅游全年接待人次与乡村旅游总收入,可以看出,2014～2019 年,西南地区的乡村旅游快速发展,随着接待人次逐年上升,乡村旅游带来的收入也呈现出逐年攀升的趋势,表明西南地区乡村旅游发展态势良好,旅游精准扶贫成效显著。

| 年份 | 乡村旅游全年接待人次(万人次) | 乡村旅游总收入(亿元) |
| --- | --- | --- |
| 2014 | 8481.91 | 484.65 |
| 2015 | 9664.65 | 590.08 |
| 2016 | 11935.75 | 741.13 |
| 2017 | 14668.56 | 970.76 |
| 2018 | 17258.37 | 1212.61 |
| 2019 | 20491.95 | 1474.40 |
| 2020 | 19311.26 | 1535.55 |

图 4-1 2014～2020 年西南地区乡村旅游全年接待人次与乡村旅游总收入

**2. 减少农村贫困人口数**

图 4-2 呈现了 2014～2020 年西南地区旅游精准扶贫减少农村贫困人口数,可以看出,2014～2020 年西南地区旅游精准扶贫减少农村贫困人口数较大。说明旅游精准扶贫对助力农村贫困人口脱贫有重大意义。

**3. 农村居民人均可支配收入**

图 4-3 呈现了 2014～2020 年西南地区农村居民人均可支配收入情况,可以看出,2014～2020 年西南地区农村居民人均可支配收入呈逐年增长的趋势,表明近年来西南地区旅游精准扶贫促进了农村旅游经济的发展,为农村居民增加了可支配收入,经济效益显著。

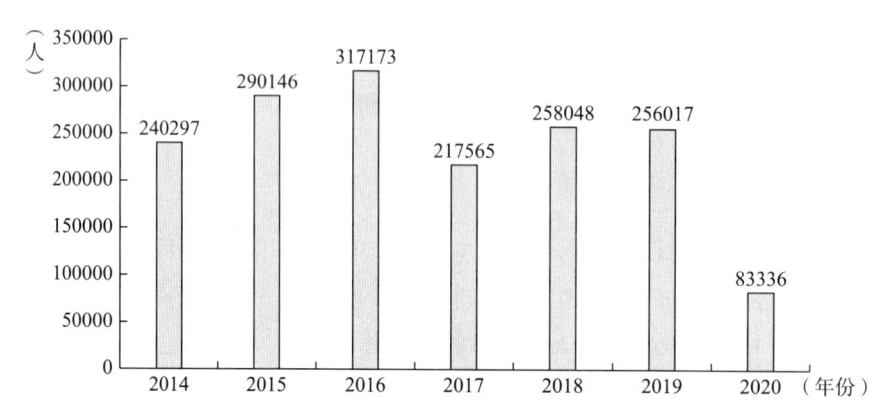

图 4-2　2014~2020 年西南地区旅游精准扶贫减少农村贫困人口数

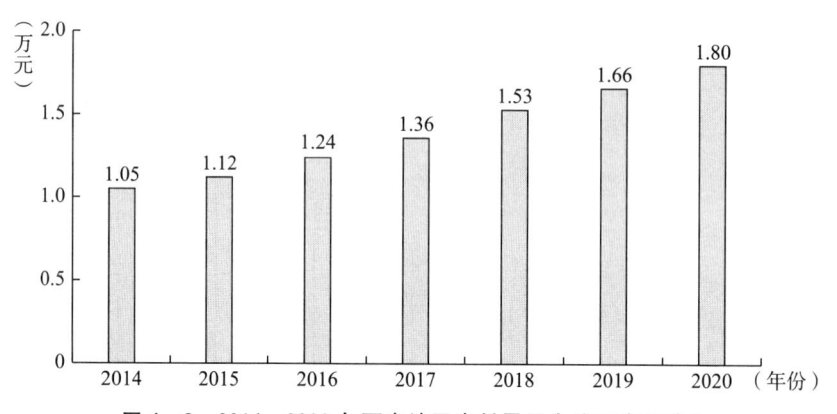

图 4-3　2014~2020 年西南地区农村居民人均可支配收入

**4. 旅游贡献率**

图 4-4 呈现了 2014~2020 年西南地区旅游贡献率情况，可以看出，2014~2020 年西南地区的旅游贡献率呈提高趋势，表明西南地区旅游精准扶贫取得一定成效。

**5. 城镇化率**

图 4-5 呈现了 2014~2020 年西南地区城镇化率情况，2014~2020 年西南地区的城镇化率不断提升，表明当地城镇化水平不断提高。

**6. 公路通达里程**

图 4-6 呈现了 2014~2020 年西南地区公路通达里程情况，2014~2020 年，西南地区的公路通达里程不断增长，表明当地对公路建设及旅游建设比较重视。

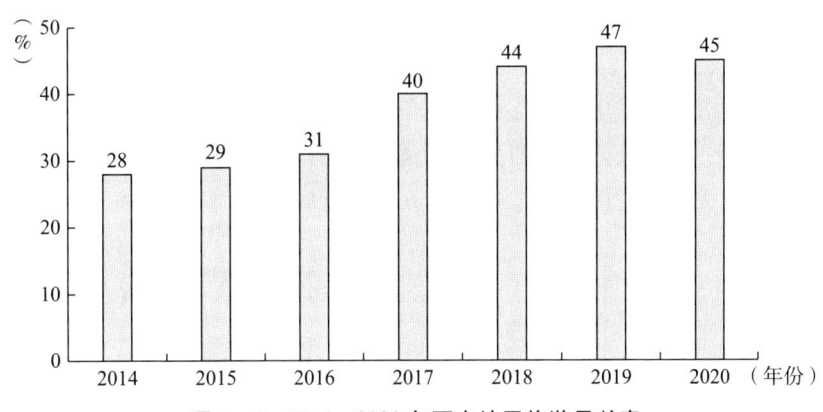

图 4-4 2014~2020 年西南地区旅游贡献率

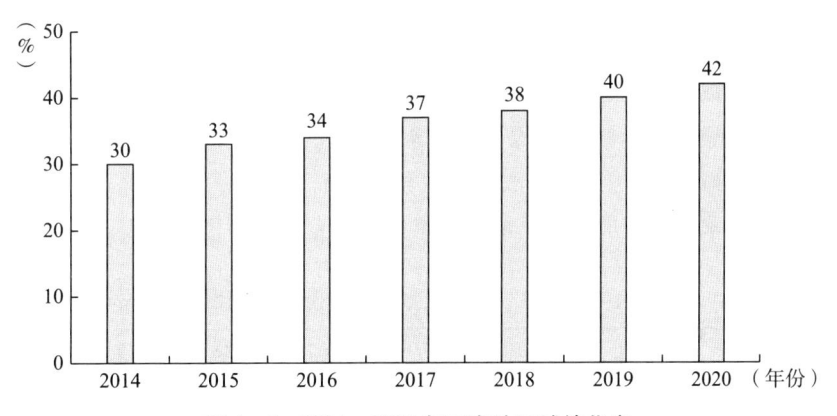

图 4-5 2014~2020 年西南地区城镇化率

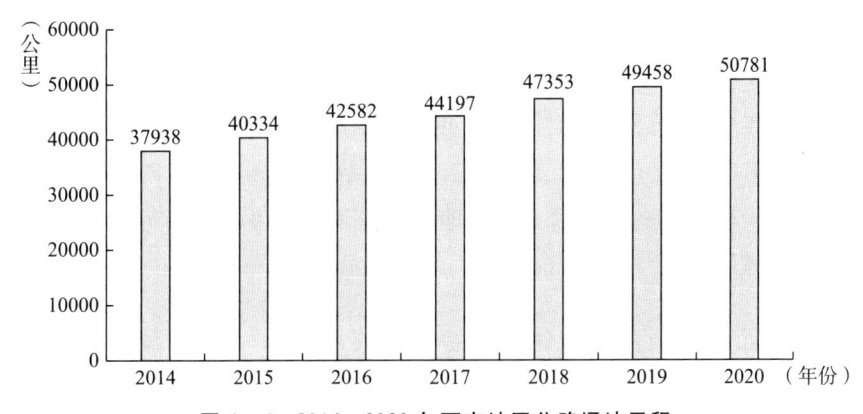

图 4-6 2014~2020 年西南地区公路通达里程

## （二）西南地区旅游精准扶贫的综合发展水平

考虑到指标体系中众多指标单位不同，指代含义不同，为便于比较分析，本书统一运用极值法进行数据的无量纲化处理。为避免某些年份标准化值为 0 的情况，对标准化值进行 0.01 单位的平移，具体公式为：

$$U_{ij} = \begin{cases} \dfrac{X_{ij} - \min(X_j)}{\max(X_j) - \min(X_j)} + 0.001, U_{ij} \text{为正向指标} \\ \dfrac{\max(X_j) - X_{ij}}{\max(X_j) - \min(X_j)} + 0.001, U_{ij} \text{为负向指标} \end{cases} \quad (4-4)$$

在式（4-4）中，$U_{ij}$ 表示第 $i$ 个系统的第 $j$ 项指标；$\min(X_j)$ 是第 $j$ 项指标中最小值，$\max(X_j)$ 则相反，是最大值。本书数据进行无量纲化处理皆运用正向指标公式。

权重系数前文已通过层次分析法得到。因此，可以采取线性加权法评价西南地区旅游精准扶贫的综合发展水平。

前文已确定 $U_1$ 为旅游精准扶贫系统的综合发展水平值。经计算，得到 2014~2020 年西南地区旅游精准扶贫系统综合发展水平值（见表 4-10）。

表 4-10 2014~2020 年西南地区旅游精准扶贫系统综合发展水平值

| 项目 | 2014 年 | 2015 年 | 2016 年 | 2017 年 | 2018 年 | 2019 年 | 2020 年 |
| --- | --- | --- | --- | --- | --- | --- | --- |
| 西南地区旅游精准扶贫系统综合发展水平值（$U_1$） | 0.581 | 0.593 | 0.734 | 0.739 | 0.780 | 0.782 | 1.116 |

由表 4-10 可知，2014~2020 年西南地区旅游精准扶贫系统综合发展水平值整体呈上升趋势，其中 2020 年综合发展水平值增幅最大。表明西南地区旅游精准扶贫一直呈稳定发展态势，并且在脱贫攻坚任务中发挥了重要作用，2020 年作为脱贫攻坚任务的收官之年，旅游精准扶贫的支持力度具有压倒性优势。

## 三 西南地区乡土文化传承综合发展水平

### （一）西南地区乡土文化传承成效

根据前文所设定的评价指标体系，本部分对西南地区的乡土文化发展情况进行数据统计。

1. 历史文化名镇和名村总量

图4-7呈现了2014~2020年西南地区历史文化名镇和名村总量，从中可以看出，由于认定历史文化名镇、名村的高要求、高标准，近些年在认定数量上并没有呈现明显的起伏。

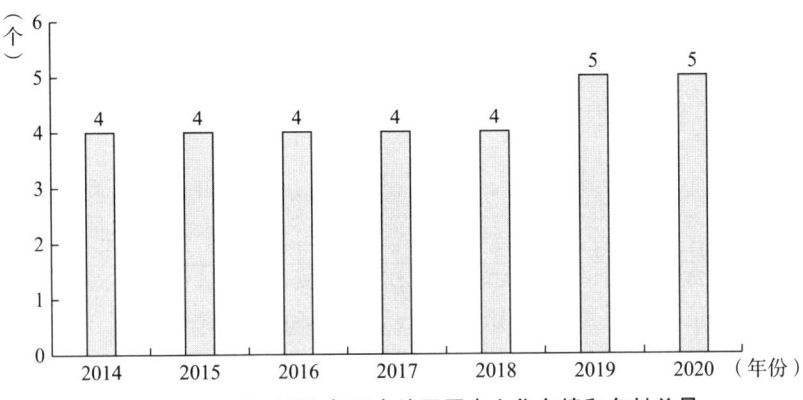

图4-7 2014~2020年西南地区历史文化名镇和名村总量

2. 传统建筑（民居）总量

图4-8呈现了2014~2020年西南地区传统建筑（民居）总量，从中可以看出，2014~2020年西南地区的传统建筑（民居）总量呈增长趋势，表明当地对于乡土文化的保护和传承投入了一定精力。

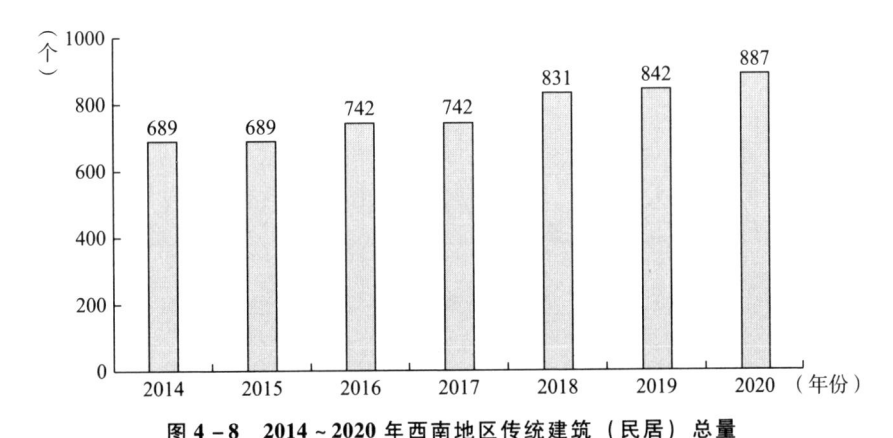

图4-8 2014~2020年西南地区传统建筑（民居）总量

3. 非物质文化遗产总量

图4-9呈现了2014~2020年西南地区非物质文化遗产总量。从中可

以看出，西南地区省市级和县级非物质文化遗产数量都呈现增长的趋势，国家级非物质文化遗产数量稳定，表明近些年西南地区对于乡土文化的保护力度在不断加大。

图 4-9　2014~2020 年西南地区非物质文化遗产总量

### 4. A 级以上旅游景区总量

图 4-10 呈现了 2014~2020 年西南地区 A 级以上旅游景区总量，从中可以看出，近些年西南地区 A 级以上旅游景区数量在不断增加。

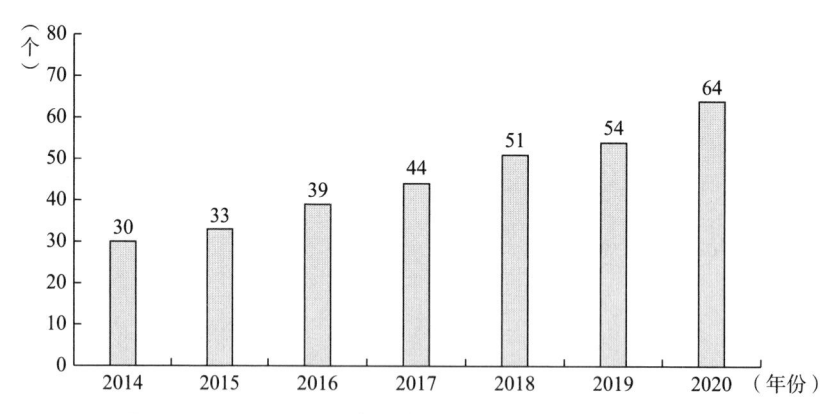

图 4-10　2014~2020 年西南地区 A 级以上旅游景区总量

（二）西南地区乡土文化传承的综合发展水平

首先，运用极值法对西南地区乡土文化传承的相关数据进行标准化处理。前文对于如何运用极值法进行标准化处理已有详细阐述，此处不再赘述。

其次，采取线性加权法评价西南地区乡土文化传承系统的综合发展水平。

前文已确定 $U_2$ 为乡土文化传承系统的综合发展水平值。经计算，得到 2014~2020 年西南地区乡土文化传承系统综合发展水平值（见表 4-11）。

表 4-11　2014~2020 年西南地区乡土文化传承系统综合发展水平值

| 项目 | 2014年 | 2015年 | 2016年 | 2017年 | 2018年 | 2019年 | 2020年 |
|---|---|---|---|---|---|---|---|
| 西南地区乡土文化传承系统综合发展水平值（$U_2$） | 0.339 | 0.367 | 0.361 | 0.384 | 0.497 | 0.499 | 0.441 |

由表 4-11 可知，2014~2020 年西南地区乡土文化传承系统综合发展水平值整体呈上升趋势。2016 年综合发展水平值稍有回落，但是落差并不大，2016 年为脱贫攻坚首战之年，国家将重点战略放在脱贫治贫工作上，对文化等领域的支持力度有所减小。另外，2020 年受新冠肺炎疫情影响，西南地区乡土文化传承系统综合发展水平值有所回落，各民俗文化活动均在一定程度上被限制。

## 第三节　西南地区旅游精准扶贫与乡土文化传承耦合演化过程

基于前文构建的系统耦合协调度模型，本节从时空两个维度对西南地区 14 个典型贫困县旅游精准扶贫与乡土文化传承的耦合协调度进行评价，并分析西南地区旅游精准扶贫与乡土文化传承耦合协调的时空演化特征。

### 一　耦合度及耦合协调度的总体时序演变分析

（一）耦合度时序演变分析

根据前文构建的旅游精准扶贫与乡土文化传承的耦合协调度模型，计算得出 2014~2020 年西南地区旅游精准扶贫与乡土文化传承的耦合度和耦合协调度（见表 4-12）。参照表 4-8 和表 4-9，对西南地区旅游精准扶贫与乡土文化传承协调发展水平进行评价。

表4-12 2014~2020年西南地区旅游精准扶贫与乡土文化传承
耦合度和耦合协调度

| 年份 | 旅游精准扶贫系统综合发展水平值（$U_1$） | 乡土文化传承系统综合发展水平值（$U_2$） | 耦合度（C） | 耦合协调度（D） |
|---|---|---|---|---|
| 2014 | 0.581 | 0.339 | 0.699 | 0.567 |
| 2015 | 0.593 | 0.367 | 0.779 | 0.536 |
| 2016 | 0.734 | 0.361 | 0.540 | 0.544 |
| 2017 | 0.739 | 0.384 | 0.591 | 0.575 |
| 2018 | 0.780 | 0.497 | 0.636 | 0.637 |
| 2019 | 0.782 | 0.499 | 0.637 | 0.645 |
| 2020 | 1.116 | 0.441 | 0.353 | 0.702 |

从表4-12的测算结果可以看出，2014~2019年的六年间，西南地区旅游精准扶贫与乡土文化传承耦合度均处于（0.5，0.8］的磨合阶段，表明这一时期西南地区旅游精准扶贫稳定发展，乡土文化传承工作取得一定成效，二者逐渐由勉强协调向初级协调发展。但是，旅游精准扶贫系统与乡土文化传承系统发展水平存在差异，从计算结果来看，2014~2020年的七年间，只存在$U_1>U_2$一种情况，这说明西南地区旅游精准扶贫的发展水平明显高于乡土文化传承发展水平，文化产业发展滞后，西南地区应进一步推进乡土文化传承工作。

从表4-12的测算结果可以看出，2014~2020年西南地区旅游精准扶贫与乡土文传承的耦合度虽然整体处于磨合阶段，但是呈现两次比较大的波动，其耦合度演变大致经历了三个阶段：快速发展阶段Ⅰ（2014~2015年）、稳步增长阶段Ⅱ（2016~2019年）和波动期Ⅲ（2020年）。第Ⅰ阶段，耦合度增长迅速，2014~2015年，耦合度由0.699迅速上升到0.779，表明随着2014年旅游精准扶贫政策的全面落实，在政府主导下，西南地区旅游精准扶贫系统和乡土文化传承系统均获得快速发展，两个系统的相互影响力和作用力也得到了增强，因此，西南地区旅游精准扶贫与乡土文化传承耦合发展取得了显著成效。第Ⅱ阶段，西南地区旅游精准扶贫与乡土文化传承耦合度呈现小幅度稳步上升，耦合度由2016年的0.540上升至

0.637，表明这一时期，旅游精准扶贫系统和乡土文化传承系统内部均处于稳步发展阶段，两个子系统之间进入初步耦合协调发展阶段。2020年，西南地区旅游精准扶贫与乡土文化传承耦合度有所下滑，并且幅度较大，这应该与2020年是脱贫攻坚收官之年，贫困人口减少数相对于2019年大幅度减少有关。综合来看，2014年以来，西南地区旅游精准扶贫与乡土文化传承两个系统的相互影响不断增强，体现出近几年来西南地区旅游精准扶贫在一定程度上促进了乡土文化的保护与传承，同时乡土文化传承也带动了旅游精准扶贫实践。

（二）耦合协调度时序演变分析

从时间序列看，西南地区旅游精准扶贫与乡土文化传承的耦合协调度总体呈上升态势。根据耦合协调度等级评价标准，可以得到西南地区旅游精准扶贫与乡土文化传承协调等级（见表4-13）与西南地区旅游精准扶贫与乡土文化传承耦合协调度演变曲线（见图4-11）。从表4-13的测算结果来看，2014~2020年七年间，西南地区旅游精准扶贫与乡土文化传承耦合协调度不高，主要处于勉强协调阶段。2014~2020年七年间，西南地区旅游精准扶贫与乡土文化传承耦合协调度的均值为0.601，其中，2014~2017年四年的耦合协调度低于均值，2018~2020年三年均位于均值之上。依据耦合协调度所处等级可将其大致分为三个阶段：勉强协调阶段、初级协调阶段以及中级协调阶段。

表4-13 2014~2020年西南地区旅游精准扶贫与乡土文化传承协调等级

| 年份 | 耦合协调度（$D$） | 协调等级 |
| --- | --- | --- |
| 2014 | 0.567 | 勉强协调 |
| 2015 | 0.536 | 勉强协调 |
| 2016 | 0.544 | 勉强协调 |
| 2017 | 0.575 | 勉强协调 |
| 2018 | 0.637 | 初级协调 |
| 2019 | 0.645 | 初级协调 |
| 2020 | 0.702 | 中级协调 |

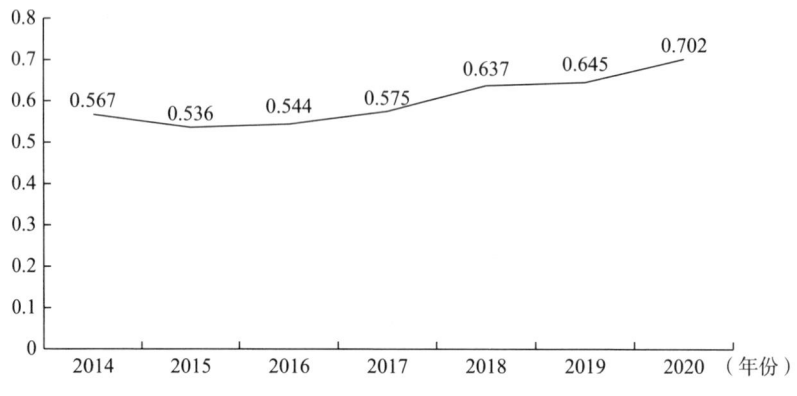

图 4-11　2014~2020 年西南地区旅游精准扶贫与乡土文化传承耦合
协调度演变曲线

**1. 勉强协调阶段（2014~2017 年）**

计算结果显示，2014~2017 年西南地区旅游精准扶贫与乡土文化传承的耦合协调度均在 0.50~0.59，处于勉强协调阶段。从耦合协调度来看，其中 2015~2017 年这三年呈稳定发展态势，耦合协调度从 0.536 逐步增至 0.575。而 2014 年旅游精准扶贫与乡土文化传承的耦合协调度较其他年份要高，主要是因为 2014 年是精准扶贫正式开始实施的第一年，西南地区依托天然的生态优势和旅游资源跻身旅游扶贫的发展行列中，享受更多的财政支持和政策支持。尤其是 2014 年西南地区旅游精准扶贫系统综合发展水平值达到 0.581，表明西南地区的旅游产业得到很好的发展。

**2. 初级协调阶段（2018~2019 年）**

2014 年之后，西南地区旅游精准扶贫与乡土文化传承的耦合协调度呈稳定的上升态势，经过三年的勉强协调阶段，成功进阶到初级协调阶段。2018~2019 年为西南地区旅游精准扶贫与乡土文化传承的初级协调阶段，在乡村振兴战略的发展背景下，国家加大对乡村地区的投资力度，重视乡土文化在乡村振兴中的重要地位，并且注重改善乡村人居环境，走乡村绿色发展之路，积极打造生态宜居的美丽乡村，乡村环境的改善有效促进了乡村旅游的蓬勃发展。因此，2018 年西南地区旅游精准扶贫与乡土文化传承的耦合协调度得到了显著提升，进入初级协调阶段。

**3. 中级协调阶段（2020 年）**

2020 年旅游精准扶贫与乡土文化传承的耦合协调度达到 0.702，二者发展日益契合。旅游精准扶贫系统综合发展水平值高达1.116，表明随着2020年脱贫攻坚任务的全面完成，西南地区旅游精准扶贫达到较高发展水平。虽然2020年受新冠肺炎疫情影响，西南地区的旅游贡献率以及乡村旅游全年接待人次有所回落，但是旅游精准扶贫整体发展并没有受到较大影响。

## 二 耦合度及耦合协调度的省域空间分异分析

根据耦合协调度等级评价标准，可以得到西南地区各省区市旅游精准扶贫与乡土文化传承协调等级（见表4-14），图4-12呈现了各省区市耦合协调度发展趋势。从时空分布差异来看，西南地区各省区市的旅游精准扶贫与乡土文化传承耦合协调度整体呈上升趋势，地区差异表现为川渝地区要优于贵州、云南、广西三省区，并且贵州、云南、广西三省区的发展速度前期较慢，到了后期才有所提高，阶段跨越所需时间缩短。

表4-14　2014~2020年西南地区各省区市旅游精准扶贫与乡土文化传承协调等级

| 年份 | 重庆市 | 四川省 | 贵州省 | 云南省 | 广西壮族自治区 |
|---|---|---|---|---|---|
| 2014 | 勉强协调 | 勉强协调 | 勉强协调 | 勉强协调 | 勉强协调 |
| 2015 | 勉强协调 | 勉强协调 | 勉强协调 | 勉强协调 | 勉强协调 |
| 2016 | 勉强协调 | 勉强协调 | 勉强协调 | 勉强协调 | 勉强协调 |
| 2017 | 初级协调 | 勉强协调 | 勉强协调 | 勉强协调 | 勉强协调 |
| 2018 | 初级协调 | 初级协调 | 勉强协调 | 勉强协调 | 初级协调 |
| 2019 | 初级协调 | 初级协调 | 初级协调 | 初级协调 | 初级协调 |
| 2020 | 中级协调 | 中级协调 | 中级协调 | 初级协调 | 中级协调 |

为了更深入地了解西南地区各省区市耦合协调度及耦合协调度的省域空间分异规律，在前述分析的基础上，在每个发展阶段选取一个具有典型性的年份对各省区市进行空间上的耦合协调度对比，分别选取勉强协调阶段中的2014年（见表4-15）、初级协调阶段中的2018年（见表4-16）、中级协调阶段中的2020年（见表4-17），通过数据分析得出对比结果。整体表现为川渝地区要优于贵州、云南、广西三省区。

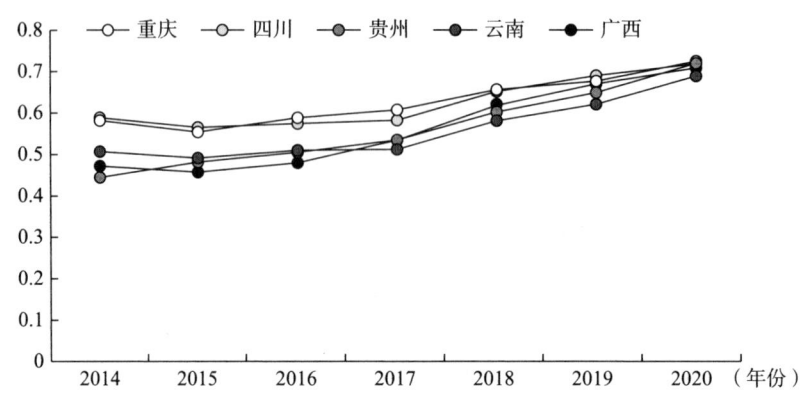

图 4-12　2014~2020 年西南地区各省区市旅游精准扶贫与乡土文化
传承耦合协调度发展趋势

### (一) 川渝地区耦合协调度高于贵州、云南、广西

2014~2017 年的四年间,西南地区旅游精准扶贫与乡土文化传承耦合协调度处于勉强协调阶段,选取 2014 年对西南地区五省区市进行空间上的耦合协调度对比。从空间对比上看,贵州、云南、广西三省区的耦合协调度要低于重庆和四川,均处于勉强协调阶段 (见表 4-15)。

表 4-15　2014 年西南地区的旅游精准扶贫与乡土文化传承耦合协调度

| 省区市 | 重庆市 | 四川省 | 贵州省 | 云南省 | 广西壮族自治区 |
| --- | --- | --- | --- | --- | --- |
| 耦合协调度 | 0.569 | 0.577 | 0.436 | 0.495 | 0.461 |
| 协调等级 | 勉强协调 | 勉强协调 | 勉强协调 | 勉强协调 | 勉强协调 |

2014 年,重庆市和四川省的旅游精准扶贫与乡土文化传承耦合协调度均高于贵州、云南、广西三省区。造成这种状况的原因是多方面的。2014 年,重庆新增 4A 级景区 14 处,旅游产业发展得到有效支持。从数据统计上看,在旅游精准扶贫系统中,四川省广安市的乡村旅游接待人次、乡村旅游总收入、农村贫困人口减少数、农村居民人均可支配收入等指标均较高,其综合发展水平较高。相对而言,贵州、云南、广西三省区虽然乡土文化具有少数民族特色,但是旅游知名度较低,并没有以特色民族文化为抓手实现旅游业的快速发展。

### (二) 川渝桂三省区市的耦合协调度高于贵州和云南

2018～2019年的两年间,西南地区各省区市的旅游精准扶贫与乡土文化传承耦合协调度总体处于初级协调阶段,选取2018年对西南五省区市进行空间上的耦合协调度对比。从空间对比上看,四川、广西和重庆三省区市的耦合协调度高于贵州和云南两省。

表4-16  2018年西南地区的旅游精准扶贫与乡土文化传承耦合协调度

| 省区市 | 重庆市 | 四川省 | 贵州省 | 云南省 | 广西壮族自治区 |
| --- | --- | --- | --- | --- | --- |
| 耦合协调度 | 0.644 | 0.635 | 0.591 | 0.570 | 0.608 |
| 协调等级 | 初级协调 | 初级协调 | 勉强协调 | 勉强协调 | 初级协调 |

西南地区在2018年整体处于初级协调阶段,分别计算各个省区市的耦合协调度发现,2018年各个省区市旅游精准扶贫与乡土文化传承的耦合协调度普遍处于较高水平,从空间上进行对比,重庆、四川、广西三省区市要高于贵州省和云南省,但是贵州、云南两省的耦合协调度也接近0.60,趋于初级协调。2018年各省区市旅游精准扶贫与乡土文化传承耦合协调度普遍较高主要是由于乡村振兴战略在全国范围内正式实行,带动了各省区市的乡村旅游以及乡土文化的振兴发展。2018年,四川省成立文旅厅,探索文旅融合的新布局、新机会。与此同时,重庆市加大宣传力度,官方媒体发布旅游推介片、城市形象宣传片等,当年实现旅游收入增速30%。2018年"一带一路"再次成为年度热词,重庆、广西作为共建区市顺应"一带一路"倡议得到有效政策倾斜。另外,2018年是广西壮族自治区成立60周年,旅游以及民俗文化都得到极大重视和发展,这些都是广西在2018年能够步入初级协调阶段的重要原因。

### (三) 川渝黔三省市的耦合协调度高于广西和云南

表4-17  2020年西南地区的旅游精准扶贫与乡土文化传承耦合协调度

| 省区市 | 重庆市 | 四川省 | 贵州省 | 云南省 | 广西壮族自治区 |
| --- | --- | --- | --- | --- | --- |
| 耦合协调度 | 0.712 | 0.701 | 0.706 | 0.675 | 0.696 |
| 协调等级 | 中级协调 | 中级协调 | 中级协调 | 初级协调 | 中级协调 |

2020年是脱贫攻坚任务完成、实现全面脱贫的一年,西南地区的旅游精准扶贫与乡土文化传承耦合协调度均在0.70左右,整体迈入中级协调阶段。从空间层面来看,五省区市的耦合协调度仍存在一定差异,重庆市、四川省、贵州省要略高于云南省和广西壮族自治区。2020年,重庆市召开重庆国际文化旅游产业博览会,以文化吸引为主要抓手发展旅游产业,引起了社会的广泛关注。2020年,四川省共支持57个重点文旅融合示范项目建设,资金总额高达5.2亿元,此外成渝地区双城经济圈将重庆、四川紧密结合在一起,巴蜀文化旅游走廊也进一步助力川渝文旅融合,2020年,两地签署《成渝地区文化旅游公共服务协同发展"12343"合作协议》。以上举措均有效促进了双城的文旅事业发展。贵州省作为川渝邻近省份近些年也逐步被社会大众关注到,随着乡村振兴的推进,越来越多的资源向贵州乡村涌入,"乡村旅游+文化产业"的发展模式让"农文旅"形成合力。贵州省各地均推出非遗旅游线路,同时结合2020中国·雷山苗年活动、2020黎平·中国侗年暨第十届黎平侗文化旅游节、苗族跳场等系列非遗民俗节庆活动,持续开展秋冬季非遗旅游活动,展现旅游新形势。

## 小 结

本章引入耦合协调度模型,首先构建了旅游精准扶贫与乡土文化传承评价指标体系和耦合协调度模型。其次,采取线性加权法对西南地区旅游精准扶贫与乡土文化传承综合发展水平进行了测量,结果显示,2014~2020年,西南地区旅游精准扶贫系统综合发展水平值整体呈上升趋势,其中2020年综合发展水平值增幅最大,表明西南地区旅游精准扶贫呈稳定发展态势,并且在完成脱贫攻坚任务中发挥了重要作用;西南地区乡土文化传承系统综合发展水平值整体呈上升趋势。最后,基于前文构建的系统耦合协调度模型,从西南地区整体和省级差异两个层面分析了西南地区旅游精准扶贫与乡土文化传承耦合协调发展特征及趋势。从西南地区整体层面来看,2014~2020年,旅游精准扶贫与乡土文化传承耦合度基本处于(0.50,0.80]的磨合阶段,表明这一时期西南地区旅游精准扶贫稳定发展,乡土文化传承工作取得一定成效,二者逐渐由勉强协调向中级协调发展;从时间序列看,西南地区旅游精准扶贫与乡土文化传承的耦合协调度总体呈上升态势，大体经历了三个阶段：勉强协调阶段、初级协调阶段以及中级协调阶段。从西南地区各省区市层面来看，各省区市的旅游精准扶贫与乡土文化传承耦合协调度整体呈上升趋势，地区差异表现为川渝地区要高于贵州、云南、广西，并且贵州、云南、广西的发展速度前期较慢，到了后期才有所提高，阶段跨越所需时间缩短。

# 第五章　西南地区旅游精准扶贫与乡土文化传承耦合模式

基于前文耦合协调度模型和计量分析，得出西南地区旅游精准扶贫与乡土文化传承二者的耦合程度较低，现代旅游业带动区域经济发展和促进乡土文化传承的潜力尚未充分挖掘。从系统耦合理论角度看，我国旅游精准扶贫与乡土文化传承二者存在着耦合与协调发展的要求和趋势。为此，西南地区结合其旅游精准扶贫阶段和区域乡土文化传承特点，构建了旅游精准扶贫与乡土文化传承耦合发展的新模式，以现代旅游业推动贫困地区脱贫致富，并且实现乡土文化的活态传承。在脱贫攻坚期间，西南地区各个乡村地区根据其实际情况，探索出了不同的旅游精准扶贫与乡土文化传承耦合发展模式和实践路径。结合典型案例对每一个模式进行具体阐释，可以为其他乡村地区的旅游精准扶贫与乡土文化传承耦合发展提供可借鉴的模式。

## 第一节　西南地区旅游精准扶贫与乡土文化传承耦合模式构建

旅游精准扶贫与乡土文化传承耦合发展，对于促进乡土文化活态传承、实现旅游产业结构调整和促进贫困地区脱贫致富具有重要作用。通过对西南地区旅游精准扶贫与乡土文化传承耦合协调度分析发现，旅游精准扶贫与乡土文化传承耦合发展势头强劲，旅游精准扶贫与乡土文化传承二者表现出多种耦合发展模式。我们有必要对旅游精准扶贫与乡土文化传承耦合发展的本质特征进行归纳和提炼，构建旅游精准扶贫与乡土文化传承耦合模式，并对每种耦合模式的具体实施路径进行相应设计，以期促进美丽乡村建设的可持续发展。

## 一 西南地区旅游精准扶贫与乡土文化传承耦合模式分析

旅游精准扶贫与乡土文化传承之间存在相互促进、相互影响的耦合关系，这种耦合关系与旅游精准扶贫阶段、特点，以及乡土文化资源丰富程度和保护情况等相关，不同乡土文化资源丰富程度、不同旅游精准扶贫发展条件的地区，其耦合发展实践存在较大差异。前文通过对旅游精准扶贫和乡土文化传承的耦合协调度分析得出，西南地区旅游精准扶贫与乡土文化传承二者的耦合发展处于动态变化中，表现出多种协调发展模式。因此，我们有必要通过对旅游精准扶贫与乡土文化传承的诸多复杂事务进行抽象化认识，把握二者耦合发展规律，即归纳、总结、提炼旅游精准扶贫与乡土文化传承耦合发展模式，帮助人们对旅游精准扶贫与乡土文化传承耦合发展过程进行把握。

旅游精准扶贫与乡土文化传承耦合系统受到旅游精准扶贫子系统与乡土文化传承子系统的影响。因此，我们可以从横向和纵向两个维度，构架出研究旅游精准扶贫与乡土文化传承耦合系统问题的坐标系（见图5-1）。横向维度代表旅游精准扶贫子系统所处的阶段及特点，分为低和高两个级别，如果旅游精准扶贫处于起步或成长阶段，交通基础条件差、旅游服务设施缺乏、市场需求低，则表示旅游精准扶贫子系统处于低级发展阶段；反之，则代表处于高级发展阶段。纵向维度代表乡土文化传承子系统所处的阶段及特点，分为低和高两个级别，若区内乡土文化资源数量多、种类齐全、级别高并且资源组合状况好，则代表乡土文化传承水平较高；反之，则代表乡土文化传承处于较低水平。

## 二 西南地区旅游精准扶贫与乡土文化传承耦合模式及实践路径

（一）西南地区旅游精准扶贫与乡土文化传承耦合的典型模式

对于不同的乡村地区，两个子系统以及系统内部各要素发展水平均存在较大差异，我们大体可以将其归为低和高两个级别，两两组合即形成旅

```
                ★
        资源驱动型旅游精准扶贫与         ★
  高    乡土文化传承耦合模式        市场运作型旅游精准扶贫与
乡                                 乡土文化传承耦合模式
土
文           ★
化      政府主导型           ★
传      旅游精准扶贫与      混合成长型旅游精准扶贫与
承  低  乡土文化传承耦合模式  乡土文化传承耦合模式

           低              高
              旅游精准扶贫
```

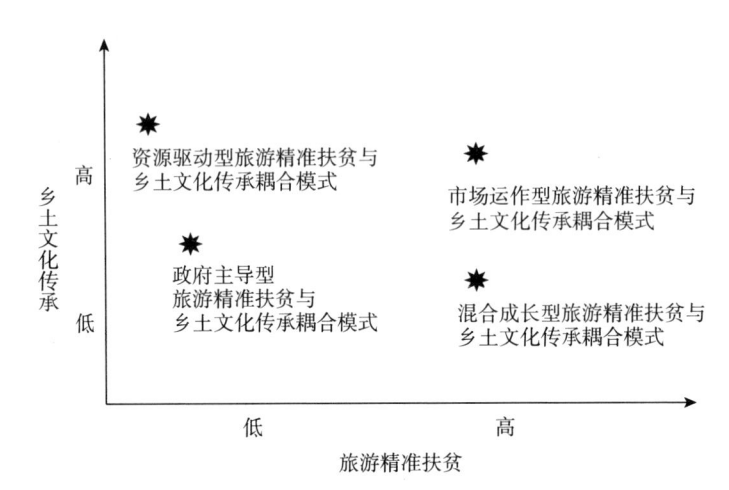

**图 5-1　旅游精准扶贫与乡土文化传承耦合模式**

游精准扶贫与乡土文化传承耦合的四种典型模式，分别为：资源驱动型旅游精准扶贫与乡土文化传承耦合模式、政府主导型旅游精准扶贫与乡土文化传承耦合模式、市场运作型旅游精准扶贫与乡土文化传承耦合模式以及混合成长型旅游精准扶贫与乡土文化传承耦合模式。

资源驱动型和政府主导型耦合模式出现在旅游精准扶贫与乡土文化传承耦合发展的初级阶段，二者的共同点为：乡土文化传承较好，乡土文化资源丰富度高；但是旅游精准扶贫条件差，主要表现为旅游基础设施不足，旅游服务设施严重缺乏。不同点在于，资源驱动型旅游精准扶贫与乡土文化传承耦合模式主要依赖高品位的乡土文化资源发展旅游业，一般由村集体主导，社区居民自愿参与推进；政府主导型旅游精准扶贫与乡土文化传承耦合模式则主要依赖政策的推动，一般由政府主导，社区居民自愿参与推进。

随着旅游精准扶贫与乡土文化传承工作的不断推进，市场化运作方式开始在一些乡村地区出现，市场运作型和混合成长型耦合模式逐渐出现。市场运作型旅游精准扶贫与乡土文化传承耦合模式适合乡土文化传承较好、旅游精准扶贫条件优越的乡村地区。混合成长型旅游精准扶贫与乡土文化传承耦合模式适合有一定乡土文化资源、旅游精准扶贫条件较好的地区。

由于西南地区各贫困县的经济发展基础、贫困程度、乡土文化资源禀赋和旅游市场需求存在较大差异，旅游精准扶贫运作方式也不尽相同，所以西南地区旅游精准扶贫与乡土文化传承耦合模式实践应因地制宜、差异化地进行。

（二）西南地区旅游精准扶贫与乡土文化传承耦合模式的实践路径

旅游精准扶贫与乡土文化传承耦合系统处于复杂的经济社会环境中，需要对二者的发展路径进行梳理以明确发展轨迹。根据旅游精准扶贫与乡土文化传承耦合程度，将旅游精准扶贫与乡土文化传承耦合发展划分为前期和中后期，并分别阐述其实践路径。

**1. 旅游精准扶贫与乡土文化传承耦合发展前期的实践路径**

在旅游精准扶贫与乡土文化传承耦合发展的前期，乡村旅游地的旅游产业扶贫处于萌芽与成长阶段，旅游开发条件较差。对旅游开发条件一般从旅游资源价值、地理位置与交通条件、旅游基础设施以及客源市场条件等方面进行评价。在耦合发展前期，首先，乡村地区丰富的乡土文化资源还处于待开发阶段，仅有极个别高级别的资源（如国家级的古建筑群等）被包装成旅游产品，吸引游客前来参观游览，从旅游开发与区域发展的角度来讲，亟待政府主导对区域内乡土文化资源的数量、质量、等级和组合状况等方面进行全面评价，对乡土文化资源进行统一规划及开发。其次，乡村地区由于地理位置偏远，交通条件较差，旅游基础设施有待完善。最后，这些乡村地区基本还处于"养在深闺人未识"阶段，需要从政府层面对其进行旅游形象打造和宣传。因此，在旅游精准扶贫与乡土文化传承耦合发展前期，应采取政府主导型的实践路径。

政府主导型旅游精准扶贫与乡土文化传承耦合发展，是指由政府统筹规划区域内乡土文化的保护与利用，对区域内外的各种资源进行有效配置。作为政府，可以采用经济、行政、法律等手段来调节目标。首先，通过资金引导等经济手段，设置和完善乡土文化保护政策和旅游产业扶持专项资金政策，对贫困乡村地区的重大旅游发展项目、乡土文化遗产维护项目给予直接拨款、政策优惠。其次，运用政策法规和管理引导等行政手段来开展旅游精准扶贫规划，相关部门要做好旅游精准扶贫与乡土文化传承耦合的顶层设计，要制订科学合理、健康有序的乡土文化旅游开发与保护发展规划，将推动旅游业发展作为战略规划，同时，对乡土文化进行保护性开发，要极力避免在旅游开发过程中的急功近利的短视行为，同时也要对各种不当的拆迁破坏行为进行有效的预防和规避。

**2. 旅游精准扶贫与乡土文化传承耦合发展中后期的实践路径**

随着旅游精准扶贫的不断推进，乡村旅游地将乡土文化保护利用融入旅游开发，利用现代科技手段"活化"乡土文化。乡村旅游地的旅游精准扶贫与乡土文化传承二者的关系向耦合协调方向发展，在发展过程中，人口、空间、生态等矛盾不断凸显，仅依靠政府宏观调控是很难解决这一问题的，因此要充分发挥市场机制的作用。政府应减少对乡村资源的直接配置，减少对微观旅游经济活动的直接干预，政府要致力于为乡土文化旅游开发与遗产保护营造统一开放、竞争有序的市场环境，要充分发挥市场在调节乡土文化旅游开发与保护实践中"看不见的手"的作用。一方面，要完善市场经济体系，健全价格机制，使乡土文化资源的边际外部成本内在化；另一方面，完善政策法规，引导企业进行负责任的旅游开发，企业在旅游开发时不仅要提高乡土文化资源的利用效率，充分尊重乡土文化原有的生态性、多样性，同时在保护的过程中要注重乡土文化的整体性和传承性。

# 第二节　资源驱动型旅游精准扶贫与乡土文化传承耦合模式

随着我国乡村地区精准扶贫工作的持续推进，乡土文化资源的保护与旅游开发利用进入新的阶段，旅游精准扶贫与乡土文化传承的协调互动在乡村发展中的作用日趋明显。一些乡村地区依托乡土文化资源禀赋优势，转变发展理念，积极探索旅游精准扶贫与乡土文化传承的耦合发展，形成资源驱动型旅游精准扶贫与乡土文化传承耦合模式。

## 一　模式含义、特征及适用条件

### (一) 模式含义

资源驱动型耦合模式是我国旅游精准扶贫与乡土文化传承耦合发展前

期比较常见的一种模式，这种模式在西南地区应用比较广泛。该模式突出了乡土文化保护与传承的优先地位，旅游精准扶贫在耦合过程中处于被动地位，需要依附于强势一方的乡土文化传承的资源优势、平台等获得发展。资源驱动型耦合模式，即以高品质的特色乡土文化为核心吸引大量游客，发展乡村旅游，带动乡村贫困人口脱贫致富。旅游精准扶贫必须依附于乡土文化传承的资源优势，旅游精准扶贫实践注重对乡土文化的保护性利用。

（二）模式特征及适用条件

乡土文化传承情况好、乡土文化资源丰富度高，但是旅游精准扶贫条件差的乡村地区，适合采取资源驱动型旅游精准扶贫与乡土文化传承耦合模式。

首先，这类乡村地区"乡村性"特征明显，农耕文化、民俗节庆及传统工艺等得到了较好的传承，具备乡土文化资源禀赋优势。受地理区位条件限制，这类乡村地区受现代文明的冲击较小，村民还沿袭着传统的农业生产生活方式，因此文化底蕴深厚，乡村地域特色鲜明，区域内储存着大量独具特色、高品质的乡土文化资源，对游客具有巨大的吸引力。

其次，这类乡村地区突出乡土文化保护与传承的优先地位。区域类乡土文化得到了很好的保护与传承，但旅游精准扶贫还处在发展的初级阶段，对这类乡土文化的原真性、整体性要加以保护，对乡土文化实行限制性开发。在乡土文化传承与旅游精准扶贫耦合达到一定阶段之后，丰富的乡土文化资源可以为旅游精准扶贫提供产业发展的资源基础和动力源，最终逐步走向旅游精准扶贫与乡土文化传承耦合协调发展。

## 二 资源驱动型旅游精准扶贫与乡土文化传承耦合模式的实践路径

采取资源驱动型耦合模式的乡村地区，在进行旅游精准扶贫与乡土文化传承耦合实践时，应着重做好乡土文化资源开发、村集体经济和合作社经济发展以及旅游环境改善三个方面的工作。

（一）对乡土文化进行保护性利用，打造特色旅游产品

采用资源驱动型模式的乡村地区一般较偏远、交通不便，主要依靠独

特的乡土文化旅游资源吸引游客。因此,这些地区在旅游开发中应坚持"保护第一,开发第二"的原则,在进行乡土文化资源开发的过程中,应注重对乡土文化资源进行原真性保护与展示,实行限制性和保护性开发。对于乡土文化的保护性利用问题,已有许多学者进行了研究。郭颖认为四川泸沽湖地区是一个文化脆弱区,旅游开发不当可能导致摩梭文化的蜕变甚至消失;[1] 朱京曼认为西南地区在旅游扶贫开发中要进行深入的研究与论证、评估与规划,从根本上杜绝急功近利的重开发而轻保护行为,防止对西南地区已经十分脆弱的生态环境造成进一步的破坏;[2] 辛晓睿等指出我国少数民族地区生态的脆弱性和敏感性,认为应重视文化保护、生态产业衍生、政府链接和高端市场定位。[3] 民族地区文化景观的脆弱性特征决定了旅游扶贫开发需对当地民俗文化、民族风情、民族手工艺、历史文化遗存等资源采取负责任的保护性利用措施,否则将给旅游地的文化景观带来毁灭性影响。[4] 不过,我们也不能因噎废食,应避免把乡土文化资源看作"标本",只强调保护而不进行利用,这样难以真正实现乡土文化的可持续保护与传承。这些地区应从积极的保护观念出发,以旅游开发来促进当地乡土文化保护,从而形成一种良性的循环机制。

采取资源驱动型耦合模式的乡村地区属于乡土文化资源富集区,这类乡村地区在乡村旅游开发中应以乡土文化为核心,充分挖掘和整合乡村丰富的乡土文化资源,树立品牌意识,开发具有地域文化特色的乡土文化旅游产品。

(二)大力发展村集体经济和合作社经济,注重村民参与

采取资源驱动型耦合模式的乡村地区一般由村集体主导,社区居民自愿参与。因此,在旅游精准扶贫与乡土文化传承实践中,应大力发展村集

---

[1] 郭颖:《试论少数民族地区文化 旅游资源的保护与开发——以泸沽湖地区为例》,《旅游学刊》2001年第3期,第68~71页。
[2] 朱京曼:《略论西南地区旅游扶贫开发与可持续发展》,《管理世界》2003年第9期,第138~139页。
[3] 辛晓睿、曾刚、滕堂伟、程进:《生态脆弱的民族地区钻石模型的适用性研究——以甘南州玛曲县为例》,《经济地理》2012年第9期,第39~43、50页。
[4] 杨德进、白长虹、牛会聪:《民族地区负责任旅游扶贫开发模式与实现路径》,《人文地理》2016年第4期,第119~126页。

体经济和合作社经济，比如可以在乡村旅游发展的契机下设立旅游扶贫救助互助会，通过建立传统手工艺合作社、销售社等形式，吸引更多的村民参与其中，通过这种集体合作形式提升村民的发展能力和自我发展意识，最终提升村集体脱贫致富的能力。

（三）政府引导，营造良好的区域旅游环境

这类乡村地区在利用其乡土文化资源禀赋进行旅游精准扶贫时，政府最初对其采取的是不反对、不支持的态度。随着这些地区旅游业发展规模不断扩大及扶贫效果凸显，政府开始对其进行规范管理，规范农户经营行为，监督并指导经营户经营，提供或改善辅助设施等；同时，在政策层面加以规范和引导，制定一系列优惠政策和措施鼓励乡村旅游发展。

### 三 典型案例分析

（一）贵州省天柱县坌处镇三门塘村

三门塘村位于贵州省天柱县坌处镇，距县城40公里。三门塘村南邻清水江，是一个侗族村落，明代时期成为外三江的主要木材商埠，商业十分繁荣。明代末年，三门塘形成了由五条主街巷和众多民居、商号、店铺、庙宇、桥梁、码头等组成的建筑群，是民间典型的水运商贸集镇。因地理位置偏远、经济欠发达，三门塘村落样貌基本保存完好，传统建筑基本保持原貌，侗族传统文化氛围浓郁。2009年，三门塘村被列入第五批中国传统村落名录；2013年，三门塘村古建筑群入选第七批全国重点文物保护单位；2014年，三门塘村被国家民族事务委员会列入"中国少数民族特色村寨"。

三门塘村古建筑群属于全国重点文物保护单位，现存古建筑大体可分为三类：一是民居建筑，为穿斗式悬山顶小青瓦结构，横向三开间或五开间，正中一间设庭堂，庭前设天井，天井两旁设厢房，其门窗雕刻精美，屋柱留有过去木商商号的烙印；二是宗祠建筑，刘氏宗祠已被列为贵州省级文物保护单位，宗祠外为封火墙，内为木结构建筑，穿斗式硬山顶小青瓦结构；三是印子屋，屋子的外墙高过屋脊，墙头平翘，瓦盖庑殿式，多级卷云马头墙，墙头下粉刷边带，描绘山水花草虫鱼。三门塘村对古建筑群进行了很好的保护与传承，各处建筑基本保持原貌，古风古韵犹存。

三门塘村对民族特色文化，包括古建筑群主要采取静态保护的方式，乡村旅游发展还处于初级阶段，基础设施和旅游服务设施还不完善。调查组于2018年8月在三门塘村进行调研时发现，虽然该村的古建筑群具有很高的历史、文化和旅游价值，甚至吸引了美国、韩国、新加坡、日本、新西兰等外国游客，但是这些古建筑群总体还处于"养在深闺人未识"阶段，来三门塘村旅游的游客很少。村里仅设旅游招待站一处，"农家乐"仅有一家，只开发了民居建筑、刘氏宗祠、印子屋等几处旅游景点，旅游扶贫效果较弱。当地政府部门尚须在保护传统文化与发展旅游业之间探索出更平衡的发展之路。

（二）云南省普洱市澜沧拉祜族自治县老达保寨

根据澜沧县文化馆提供的资料，酒井乡勐根村老达保寨位于澜沧县黑河以南，隶属酒井哈尼族乡，距县城42公里。2018年，全寨有118户485人，全部为拉祜族人，属于典型的少数民族贫困村寨。因远离现代工业文明，老达保寨自然风光秀美、生态环境良好，拉祜族传统干栏式建筑保存完好，传统文化氛围浓郁。老达保寨是我国拉祜族歌舞保留最多、民族传统文化保存最完好的地方。其中，芦笙舞和创世史诗《牡帕密帕》是拉祜族文化的代表。

拉祜族芦笙舞是拉祜族具有代表性的民间舞蹈，流行于云南省普洱市澜沧拉祜族自治县境内，2008年被列入第二批国家级非物质文化遗产名录，在老达保寨得到了很好的传承。芦笙舞，是用葫芦作为乐器伴奏的拉祜族特有歌舞形式，拉祜族崇拜葫芦，把葫芦视作祖先诞生的母体象征。因此，每年尝新节和春节，他们会在葫芦上插上五根竹管制成芦笙，男子吹起芦笙，围圈而舞，女子牵手在外围伴舞，舞蹈节奏稳定、曲调优美，拉祜族通过跳芦笙舞表现对祖先的敬仰和对美好生活的祈盼。芦笙舞是拉祜族文化的代表，在拉祜族历史文化的研究中具有极其重要的地位。然而，在城镇化背景下，拉祜族芦笙舞面临传承断裂危机，掌握芦笙舞技艺的拉祜族人逐渐减少。

拉祜族创世史诗《牡帕密帕》属于地方传统民间文学，通过传承人口耳相传的方式来世代传承拉祜族的文化，主要流传于云南省普洱市澜沧拉祜族自治县境内，2006年被列入第一批国家级非物质文化遗产名录，在老达保寨得到了很好的传承。拉祜族在传统节日、宗教活动或农闲期间说唱《牡帕密帕》，由"嘎木科"（会唱诗的人）和"魔八"（宗教活动主持者）主唱，也可多人伴唱或多人轮唱，雅俗共赏。《牡帕密帕》是拉祜族历史文化的重要载体，2007年，李扎戈、李扎倮两位拉祜族人被评定为非物质文化遗产项目"牡帕密帕"的代表性传承人，对于传承《牡帕密帕》具有重要意义。

在新的历史时期，老达保寨采取了多样化的传承方式，除了传统的师徒、家族、仪式等传承方式，还结合旅游业发展对其独特的拉祜文化进行活态传承，采取了"民族文化+乡村旅游"的旅游精准扶贫模式。2013年，在当地政府支持引导下，李娜倮发起成立了澜沧老达保快乐拉祜演艺有限公司。依托国家级非物质文化遗产《牡帕密帕》和"芦笙舞"等，村民自发、自组、自创、自演，打造了以拉祜族原生态歌舞和非物质文化遗产为主题的实景剧。村民全部为快乐拉祜演艺有限公司股东，农忙时从事农业生产，农闲时参演《快乐的拉祜》实景演出、《老达保拉祜风情》实景剧，吸引大量游客前来参观、体验。公司自成立至2016年，近三年时间演出近200场，演出收入近150万元，群众分红80万元，带动周边其他行业收入100多万元。[①] 一方面，村民通过参与演出可以得到直接的现金收入和享受股东分红。另一方面，旅游业发展还促进了地方特产产销、餐饮、民宿客栈以及休闲娱乐等旅游业态发展，拓宽了村民就业渠道，增加了村民旅游收入。2016年，老达保寨成功摘掉了贫困帽。

老达保寨是少数民族贫困地区通过深入挖掘本民族的文化遗产，同时借助乡村旅游这一大舞台，全社区共同参与，最终实现脱贫的一个典型，也是少数民族贫困地区以乡村旅游促进民族文化繁荣发展的典范，对于我国少数民族村寨的旅游精准扶贫与乡土文化传承具有示范和借鉴意义。

---

① 李志刚：《发展乡村旅游 精准扶贫的突破口》，《中国旅游报》2016年3月14日，第1版。

### (三) 云南省红河县甲寅镇

云南省红河县位于云南省东南部，隶属红河哈尼族彝族自治州，因区位偏远、交通不便，经济发展比较落后，是集边疆、山区、民族于一体的国家级贫困县。红河县为全国最大的哈尼族聚居县，据第六次全国人口普查统计，哈尼族人口占红河县人口的比例高达80%左右。哈尼族人民在与自然环境相适应的过程中，形成了独具特色的以梯田文化为核心的哈尼文化。在脱贫攻坚时期，红河县一些贫困乡镇依托哈尼文化大力发展旅游业，取得了较好的精准扶贫成效，甲寅镇是红河县旅游精准扶贫与乡土文化传承耦合发展的典型乡镇。甲寅镇历史悠久，境内山脉纵横，自然地理环境复杂。哈尼族人在长期与自然环境相适应的过程中，创造了独具特色的稻作梯田文化。稻作梯田文化是哈尼族文化的核心，甲寅镇的梯田主要集中在阿撒、他撒两村，梯田层层叠叠，从山脚绵延至山顶，十分壮观。甲寅镇以梯田文化为核心的哈尼文化资源十分丰富，包括哈尼族传统建筑、民族服饰、民族饮食、民族歌舞、节庆习俗等，甲寅镇主要的哈尼族传统文化旅游资源如表5-1所示。

表5-1 甲寅镇哈尼族传统文化旅游资源

| 类型 | 亚类 |
| --- | --- |
| 物质文化 | 乡村风貌 |
|  | 传统建筑 |
|  | 农事活动 |
|  | 传统美食 |
| 非物质文化 | 民族节事活动 |
|  | 传统歌舞 |

依托丰富的哈尼文化发展旅游业成为甲寅镇脱贫致富之路。2018年，甲寅镇实施"旅游强镇"的战略部署，政府给予甲寅镇资金、技术、政策等方面的大力支持，甲寅镇乡村旅游快速发展，有力推动了脱贫攻坚进程。甲寅镇乡村旅游扶贫的主要做法有三个方面。首先，完善旅游基础设施建设。甲寅镇旅游基础设施十分落后，为解决游客"进得来、出得去、

散得开"的问题,甲寅镇村民在政府的大力支持下,对区域内旅游基础设施进行了完善,譬如,实施他撒村、邓脚村等旅游特色村建设项目、他撒生态停车场建设项目、绿树格民族团结示范村项目、他撒村旅游示范户项目等,极大地改善了甲寅镇特别是他撒梯田景区的旅游基础设施条件,为旅游精准扶贫奠定了坚实基础。其次,深入挖掘哈尼文化,通过发展旅游产业活态传承哈尼文化,甲寅镇的哈尼传统文化在旅游开发过程中得到挖掘和升华,尤其是以梯田文化为核心的哈尼服饰、哈尼歌舞和哈尼手工艺等哈尼传统文化,并组建了几十支文艺队,将民族歌舞有机融入人们的日常生活中。每年10月,举办"甲寅哈尼长街古宴",展示甲寅镇民族饮食文化魅力;举办农事节庆游、山水美景游、民俗风情游等系列旅游活动,提升甲寅镇的旅游知名度和美誉度。最后,培养乡村旅游能人,引领村民脱贫致富,组织村干部、乡贤、致富带头人等到乡村旅游发展较好的地方考察学习,学习其成功的经验,发挥他们的带头示范作用,引领村民脱贫致富。甲寅镇的贫困人口通过接受技能培训、入股经济合作组织等方式参与当地旅游发展,2019年所有贫困人口成功脱贫。

甲寅镇具有少数民族贫困地区的典型特征,通过对哈尼族稻作梯田文化进行深入挖掘和打造,以"旅游强镇"为战略目标,大力发展乡村旅游,不仅实现了旅游产业脱贫致富,还促进了哈尼文化的复兴和繁荣,对于少数民族贫困乡镇旅游精准扶贫与乡土文化传承的耦合发展具有借鉴意义。

## 第三节　政府主导型旅游精准扶贫与乡土文化传承耦合模式

在旅游精准扶贫前期,乡村地区发展旅游业面临资金不足、基础设施落后、旅游基础设施薄弱、旅游产品单一等诸多困难,这些困难如果没有政府力量的介入,仅靠村民个人力量是没有办法克服的。一些乡村地区通过发挥政府在乡土文化资源挖掘、整理、保护与旅游开发等方面的关键作用,在政府强有力的主导力量牵引下,旅游精准扶贫条件迅速得到改善,乡土文化资源保护与旅游开发在实践中得到迅速发展。政府主导型旅游精准扶贫与乡土文化传承耦合模式在西南地区得到广泛的应用。

## 一 模式含义、特征及适用条件

### （一）模式含义

政府主导型旅游精准扶贫与乡土文化传承耦合模式是指政府通过制定和实施各种政策，通过整合交通、土地、农田水利、地质灾害防治、林业生态等支农资金和社会资金，统筹乡村旅游发展与乡土文化传承，推动区域整体脱贫，实现旅游精准扶贫与乡土文化传承耦合协调的发展模式。政府在把握区域旅游精准扶贫与乡土文化传承耦合发展特点的基础上，在乡土文化资源保护与旅游开发利用的某些关键领域、关键环节上充分发挥主导作用，实现旅游精准扶贫与乡土文化传承二者的协调与发展。李志刚研究指出，政府主导型发展战略是各国，特别是发展中国家旅游发展过程中的共同经验。[①] 政府主导型旅游精准扶贫与乡土文化传承耦合模式是由政府自上而下地推行，许多发展中国家旅游精准扶贫与乡土文化传承耦合的主导模式，也是我国旅游精准扶贫与乡土文化传承耦合的主导模式。

### （二）模式特征及适用条件

采取政府主导型耦合模式的乡村地区一般为经济欠发达地区，具有贫困面大、贫困程度深等特点，交通基础设施比较落后，旅游服务设施严重缺乏，区域内有较丰富的乡土文化资源，在脱贫攻坚期间，依托丰富的乡土文化资源发展旅游业成为当地反贫困的主要手段。旅游精准扶贫与乡土文化传承耦合实践由政府主导、社区居民自愿参与的方式推进。

第一，这类乡村地区地理位置偏远、贫困程度深，旅游精准扶贫条件较差。旅游精准扶贫是以发展旅游业的方式帮助当地贫困人口脱贫致富。旅游资源、旅游设施、旅游服务是旅游业赖以生存和发展的三大要素。对于这类乡村地区来说，仅具备发展旅游业的旅游资源，而不具备发展旅游业必备的旅游设施、旅游服务等条件。政府在旅游精准扶贫与乡土文化传

---

① 李志刚:《发展乡村旅游 精准扶贫的突破口》,《中国旅游报》2016年3月14日,第1版。

承耦合中占据主导地位，是管理者和领导者。在政府主导下，这些地区的旅游基础设施条件有了较大改善，实现了通水、通电、通路、通气、通信。旅游配套设施，包括旅游接待设施（停车场、酒店、饭店等）、旅游购物设施、娱乐设施、医疗救护设施等不断完善。政府除了在旅游基础设施及配套设施建设方面发挥主导作用，还着力于在税收、金融、征地、人才引进等方面给予政策倾斜，为旅游精准扶贫与乡土文化传承耦合发展提供良好的外部政策环境。

第二，这类乡村地区必须较好地传承了地域特色乡土文化，具备发展乡村旅游的资源基础。这些乡土文化资源完全可以通过发展乡村旅游的方式得到活化利用，从而实现文化资源向文化资本的转换。

## 二 政府主导型旅游精准扶贫与乡土文化传承耦合模式的实践路径

采取政府主导型耦合模式的乡村地区，在进行旅游精准扶贫与乡土文化传承耦合实践时，应走"政府主导、居民主体"的实践路径。

### （一）政府主导、统筹区域内乡土文化资源保护与旅游开发利用

在旅游精准扶贫与乡土文化传承耦合建设的初级阶段，由于受乡村自身经济发展水平的约束，这一时期市场很难起主导作用。因此，政府在旅游精准扶贫与乡土文化传承耦合发展中起着关键作用。政府通过制定乡土文化保护与传承、旅游精准扶贫方面的政策和措施，统筹规划设计乡土文化传承与旅游精准扶贫项目，是乡土文化保护与旅游开发项目、资金的规划者和运作者，在旅游精准扶贫与乡土文化传承耦合过程中起着不可替代的作用。

一是充分发挥政府职能，统筹区域内乡土文化资源的保护与旅游开发利用，科学编制乡村旅游扶贫规划，建立和增加关于环保旅游、遗产维护以及支持旅游开发与遗产保护科学研究的专项资金，对重大乡村旅游发展项目、遗产维护项目给予直接拨款、政策优惠。二是大力开发乡村旅游产品。通过深入挖掘乡村传统地域文化，开发具有鲜明的地方特色、形式多样的乡土文化旅游产品。三是特别注意在旅游业的发展过程中，专门制定有利于贫困人口参与的相关政策，以防止外来资本的强势进入而侵害本地

贫困人口的旅游收益现象的发生，比如可以通过雇用本地贫困人口、支持当地土特产品的经营销售，同时提高贫困人口在旅游业发展中的参与权和话语权等方式防止贫困人口的利益被侵害。四是与旅游业发展相关的管理部门、环保部门以及旅游咨询机构等也要开展体制创新工作，可以通过问责制、考核等形式多样的方式来推动实现乡村地区旅游扶贫产业的有序、良性发展。

（二）发挥居民在旅游精准扶贫与乡土文化传承耦合发展中的主体作用

美国著名社会学家霍曼斯（Homans）是社会交换论的代表人物之一，他把社会看作个人行动和行为交换的结果，认为"生活中的人在处理同他人的关系时，受其得到的筹赏或效用的驱使而彼此交换资源；人类的一切行为互动都是为了追求最大利益的满足"。① 乡土文化保护与旅游开发活动的主体为乡村居民，乡土文化保护与旅游开发利用要顺利耦合，应充分发挥居民在旅游精准扶贫与乡土文化传承耦合中的主体作用，只有建立有利于贫困人口的旅游收益分配机制，使乡村居民从乡土文化旅游开发中获利，乡村旅游才能得到可持续发展。

## 三 典型案例分析

（一）贵州省雷山县西江苗寨

### 1. 西江苗寨概况

西江苗寨位于贵州省东南部凯里市雷山县，距省会贵阳180公里，距黔东南州州府凯里28公里。西江苗寨由10余个依山而建的自然村寨相连组成。据统计，2006年，西江苗寨共有1285户5120人，其中苗族人口占99.5%，为世界上最大的苗寨，故有"千户苗寨"之称。② 西江苗寨所在的雷山县由于地理位置偏僻，长期以来处于封闭、半封闭的农业经济社会，经济发展较为缓慢，2012年被确定为第一批国家级贫困县。现代化对西江苗寨本土文化的冲击较小，传统的吊脚楼依山而建、层层叠叠，是中国苗族干栏

---

① 李志刚：《发展乡村旅游　精准扶贫的突破口》，《中国旅游报》2016年3月14日，第1版。
② 贵州省人民政府网站，https://www.guizhou.gov.cn/dcgz/。

民居文化的代表，苗族农耕、节日、银饰、服饰、饮食、歌舞等民风民俗世代相传，因此，西江苗寨是一个保存苗族"原始生态"文化较为完整的地方，被誉为"世界上最大的民族博物馆""人类保存的最古老的歌谣"，被世界乡土文化保护基金会授予"全球生态文化保护圈"。

西江苗寨有丰富而独特的文化生态资源优势，旅游开发是西江发展的必由之路，也是西江人民致富的必然途径。[①] 早在20世纪90年代初，西江苗寨村民就依托其苗寨文化自发从事旅游接待与经营，但因受交通不便、资金缺乏、知名度不高等诸多因素制约，旅游业发展较为缓慢，旅游扶贫成效不明显。2008年，第三届贵州旅游产业发展大会在黔东南苗族侗族自治州雷山县的西江苗寨举办，给西江苗寨带来了新的发展机遇，西江苗寨依托其独特的苗族文化，大力发展以文化旅游为主导的第三产业，并推出旅游扶贫的"政府主导，居民参与"的"西江模式"。西江苗寨是近年来迅速崛起的旅游村寨，"西江模式"已逐渐成为贵州乡村旅游发展的榜样。[②]

**2. 政府主导下西江苗寨旅游精准扶贫与乡土文化传承的耦合发展**

西江苗寨属于典型的政府主导型旅游发展模式，政府对旅游业在国民经济中的定位决定了旅游产业政策的实施力度。[③] 在当地政府的统一规划下，西江苗寨基础设施建设取得了很大的进展，资源产品开发不断深入，同时在市场宣传、人员培训等方面持续发力，极大地推动了文化旅游业的发展。经过十几年的发展，政府主导下的"西江模式"在景区经营管理、村寨发展、村民脱贫致富、文化保护发展、旅游产品建设等方面取得了显著成效。2018年，西江苗寨再次抓住贵州省雷山县入选全国首批"非遗+扶贫"重点支持地区名单的契机，全面推动非遗扶贫就业工坊建设，帮助建档立卡贫困人口参与学习传统工艺，促进贫困人口就业增收和脱贫。

在西江苗寨旅游业发展过程中，政府集投资、招商、规划和管理于一体，主导着社区的发展方向。这在我国民族地区旅游开发的实践中普遍存

---

① 贵州省人民政府网站，https://www.guizhou.gov.cn/dcgz/。
② 贵州省人民政府网站，https://www.guizhou.gov.cn/dcgz/。
③ 贵州省人民政府网站，https://www.guizhou.gov.cn/dcgz/。

在，有其深刻的政治经济原因。① 西江苗寨旅游精准扶贫与乡土文化传承耦合发展离不开政府的主导作用。

(1) 政府制定系列乡土文化保护与传承政策和措施

首先，政府制定了乡土文化传承发展的政策。比如，早在 2003 年，黔东南州便建立了民族文化保护教育体系，将民族文化教育列入素质教育，通过在小学、中学和大学的教育网络体系中纳入民族文化教育，使民族舞蹈、民族音乐、民族刺绣等具有本地特色的民族文化走进课堂，保护与传承本民族的优秀文化。为了弘扬民族文化，政府还规定机关干部、学校师生在黔东南州重大节庆活动中应着民族服装等。

其次，政府通过等级评定、经济奖励等方式引导村民保护苗族文化。政府主导修建了中国民族博物馆西江千户苗寨馆，引导农户自建家庭博物馆，并对家庭博物馆进行等级评定和一定的现金奖励。为激励村民对寨内传统民居吊脚楼进行保护与传承，雷山县西江景区管理局每年根据建筑年代、房屋结构、消防安全等指标对村民居住的吊脚楼进行评分，设置民族文化保护奖金等。

(2) 社区参与旅游发展

社区参与是指社区主体参与社区旅游发展的各项事务，并在这一过程中表达自己的意见，分享发展成果的行为。西江苗寨旅游精准扶贫强调社区参与，政府努力为旅游资源所在地居民提供一个发表看法、提出意见的渠道，提供一个能够从其所拥有的资源中获取财富的市场机会。② 西江苗寨建立了征询村民意见和建议制度，向村民征求旅游业发展意见和建议。同时，为提高当地居民的从业意识和从业技能，政府组织专业人员对当地居民进行"一帮一"对口服务，组织部分村民赴北京、贵阳等地参观、学习。另外，当地政府还通过投入大量资金对村民的农家乐进行改造与升级、对村民租赁商业一条街的铺面给予 300~450 元不等的补助等措施鼓励当地村民参与旅游发展。

(3) 发展村寨文化旅游，促进旅游精准扶贫与乡土文化传承耦合发展

西江苗寨坚持以"人人都是文化主人，个个参与文化保护，家家成为

---

① 贵州省人民政府网站，https://www.guizhou.gov.cn/dcgz/。
② 匡林：《旅游业政府主导型发展战略研究》，中国旅游出版社，2001，第 174 页。

民俗博物馆,户户都是文化保护场所"为落脚点,重视少数民族原生态文化的开发、保护与传承工作。在政府主导下,西江苗寨利用其极具特色的苗寨传统文化,不断完善基础设施和旅游服务设施,大力发展村寨文化旅游,开发了大量具有巨大吸引力的文化旅游项目(见表5-2)。

表5-2 西江苗寨乡土文化分类及文化旅游项目

| 乡土文化类型 | 亚类 | 旅游项目 |
| --- | --- | --- |
| 物质文化 | 乡村风貌 | 寨容寨貌 |
|  | 传统建筑 | 苗族吊脚木楼、风雨桥 |
|  | 农事活动 | 田园、梯田等农田风光 |
|  | 传统美食 | 吃农家饭,向游客展示苗族餐饮文化,包括苗族特色饮食等 |
| 非物质文化 | 民族节事活动 | 向游客展示苗族酒文化,包括十二道拦路酒 |
|  | 传统歌舞 | 歌舞表演,向游客展示苗族各种歌舞文化,有芦笙舞、板凳舞、敬酒歌、飞歌、情歌等 |

西江苗寨属于典型的政府主导型旅游发展模式,政府主导下的旅游精准扶贫与乡土文化传承耦合逐渐由不协调向协调发展,对其耦合发展进行总结与反思对其他边远贫困地区乡土文化保护与旅游开发利用具有重要的借鉴意义。

(二)重庆市酉阳土家族苗族自治县

**1. 重庆市酉阳土家族苗族自治县概况**

酉阳土家族苗族自治县位于重庆市东南部,地处武陵山区腹地,是出渝达鄂、湘、黔的重要门户,素有"渝东南门户、湘黔咽喉"之称。酉阳县是以土家族、苗族为主的少数民族自治县,是重庆市辖区面积最大、少数民族人口最多的山区贫困县,也是乡土文化资源大县。在长期的生产生活实践中,勤劳勇敢的土家、苗、汉等各族人民创造和积淀了丰富多彩的民族传统文化,反映在酉阳县丰富多彩的民族服饰、传统音乐、传统舞蹈、传统民居建筑、传统节庆活动、婚丧习俗、饮食文化、宗教文化等各个方面,酉阳县主要的乡土文化资源见表5-3。

表5-3 酉阳县乡土文化资源概况

| 乡土文化类型 | 亚类 | 资源名称 | 荣誉称号 |
|---|---|---|---|
| 物质文化 | 特色乡镇 | 龙潭古镇 | 中国历史文化名镇 |
| | | 龚滩镇、龙潭镇、酉水河镇（原后溪镇）、清泉镇 | 重庆市历史文化名镇 |
| | 传统村落 | 苍岭镇大河口村、酉水河镇河湾村、酉水河镇后溪村、南腰界乡南界村、可大乡七分村、桃花源镇龙池村洞子坨、龙潭镇堰堤村、酉酬镇江西村、丁市镇汇家村神童溪、龚滩镇小银村、酉水河镇大江村、酉水河镇河湾村恐虎溪寨、苍岭镇苍岭村池流水、苍岭镇南溪村、花田乡何家岩村、浪坪乡浪水坝村小山坡、双泉乡永祥村 | |
| | 传统建筑 | 苗族吊脚木楼、风雨桥 | |
| | 农事活动 | 田园、梯田等农田风光 | |
| | 传统美食 | 酉阳豆腐干、竹筒饭、社饭、米豆腐、都卷子、梅干菜扣肉饼、绿豆糕、茶油等 | |
| 非物质文化 | 传统音乐 | 酉阳民歌 | 国家级非物质文化遗产 |
| | | 小河锣鼓、后坝山歌 | 重庆市非物质文化遗产 |
| | 民间文学 | 酉阳古歌 | 国家级非物质文化遗产 |
| | 传统戏剧 | 酉阳土家面具阳戏 | 国家级非物质文化遗产 |

资料来源：酉阳县旅游局。

随着城镇化、工业化的快速发展，酉阳县乡土文化传承面临诸多挑战和问题。一方面，乡土文化传承后继乏人现象尤为突出，县里的青壮年大多外出打工，许多古老的传统民间技艺仅在老一辈人中流传，文化传承人严重老化。另一方面，随着汉族与周边民族的融合，酉阳县的土家族、苗族等民族文化也处于不断边缘化的境地。

**2. 政府主导下旅游精准扶贫与乡土文化传承的耦合发展**

近年来，酉阳县各地积极挖掘、弘扬乡土文化，乡土文化传承取得了重要进展。酉阳县开展了一系列乡土文化的整理、保护和传承工作。首先，酉阳县政府组织专门队伍针对乡土文化的原始资料进行了深入的研究和全面的梳理，整理编写了《酉阳自治县非物质文化遗产普查成果汇编》《酉阳自治县非物质文化生态保护规划》等资料，并出版了《酉阳民歌选》《酉阳土家族摆手舞》《酉阳古歌》等书籍，对地方传统文化展开了深入的发掘与研究工作。其次，加大对乡土文化的挖掘保护力度，酉阳县通过对传统乡土文化进行梳理、提炼、融合，创新推出了多项文化产品，如《啊啦调》《梦幻桃源》《摆手祭》等，这些新的文化项目既传承了传统的文化形式，又根据时代的新特点进行了创新性改进。最后，酉阳县通过派人外出进修、举办传承人培训班等活动来培养文化专干和非遗传承人，初步建立了国家、市级、县级三级项目及传承人名录保护体系，为传统文化的传承打造了较强的人才梯队。

在整理、挖掘乡土文化的基础上，酉阳县依托其丰富多彩的民族传统文化大力发展乡村旅游，把发展旅游产业作为精准扶贫的主要手段。在脱贫攻坚期间，酉阳县政府在区域旅游规划、产品开发和旅游品牌打造等方面发挥了重要作用。在区域旅游规划方面，政府制订了统一规划，把大多数贫困村纳入"大桃花源景区"范畴，建立乡村旅游资源库，精选一批基础条件好、资源发展潜力大的乡镇、村作为乡村旅游特色产业发展乡镇、村。在产品开发方面，为避免重复建设和恶性竞争，政府引导各村寨因地制宜开发特色乡村旅游产品，如酉水河河湾山寨打造土家文化发祥地、最美土家吊脚楼群，花田何家岩打造贡米之乡、农耕文化等。在旅游品牌打造方面，政府主导对县内乡土文化进行深入挖掘和包装，围绕"中国土家摆手舞之乡""中国著名民歌之乡""中国土家文化发祥地""中国民间艺术之乡"等进行了品牌塑造和推广。酉阳县旅游精准扶贫与乡土文化传承在政府主导下逐渐由不协调向协调发展，车田乡是酉阳县旅游精准扶贫与乡土文化传承耦合发展较好的乡镇。

（1）"酉州苗绣"非遗工坊扶贫车间

车田乡是酉阳县管辖范围内的一个自然乡镇，曾是重庆18个深度贫困乡镇之一。在脱贫攻坚的初始阶段，为了乡上的留守妇女、贫困群众能够实现就地就业，车田乡政府引进了酉阳县子月苗族文化传播有限责任公司，成立了"酉州苗绣"非遗工坊扶贫车间。近年来，酉阳积极出台政策扶持苗绣等非遗技艺的传承，让非遗文化与市场对接，带动当地村民从事苗绣产业，使非遗技艺成为当地群众增收致富的新途径。扶贫车间首先组织大家参加由苗绣非遗传承人指导的苗绣培训，帮助他们初步掌握非遗项目"酉州苗绣"技巧，在完成一段时间的培训后，通过考核的学员可选择成为扶贫车间内的绣娘，也可选择在家当绣娘承接订单，实现了增收顾家两不误。"酉州苗绣"非遗工坊扶贫车间采取订单式生产，苗绣产品由酉州苗绣公司按照市场价格进行统一收购和销售，帮助贫困群众增收。扶贫车间自建立以来，旅游精准扶贫成效显著。截至2019年，扶贫车间累计培训400余人次，吸纳留守妇女52名，其中贫困户45名、残疾人3名、低保户2名，苗绣产品年销售额达300余万元，绣娘年均增收6000元以上。[1]"酉州苗绣"非遗工坊扶贫车间是一种通过传承非物质文化遗产，将传统手艺和现代化的经营模式结合起来，实现贫困户脱贫增收的创新扶贫模式，对于提升传承人专业素养、扩大传承人规模、加强苗绣的保护与旅游开发利用均具有重要的推动作用。

（2）三棒鼓旅游文化项目

黄坝村位于酉阳县车田乡海拔较高的地区，由于位置偏僻，交通不便利，经济发展较为缓慢。在旅游精准扶贫背景下，黄坝村着力打造文家院子民俗村，重点开发三棒鼓旅游文化项目。三棒鼓源于唐代，属于中国传统曲艺，是广泛流传于重庆酉阳，湖南湘西龙山县、永顺县和张家界，湖北沔阳、天门和恩施州等武陵山区一带的一种曲艺走唱形式。三棒鼓的演出一般为三人，一人边耍棒（或抛刀）边演唱，另有二人打鼓敲锣伴奏。三棒鼓的表演集"唱""奏""耍"于一体，具有很高的旅游观赏价值，同时，其唱词承载着重要的农耕文化和民俗风情信息。2011年，三棒鼓被列入第三批国家级非物质文化遗产名录，但如何传承与发展三棒鼓也面临诸多困难。在脱贫攻坚期间，酉阳县在政府主导下依托三棒鼓发展乡村文化旅游项目，其中文旅委出资修建了民宿，农科院出资修建了人行步道、停车场等基础设施，文化馆出资并组织传承三棒鼓文化。无论是现在还是未来，发展旅游业仍然是三棒鼓活态传承的主要方式。

---

[1] 韩梦霖：《非遗文化助力脱贫攻坚，重庆酉阳留守妇女变"绣娘"》，新华网，2019年12月13日，http://m.xinhuanet.com/cq/2019-12/13/c_1125344737.htm。

## 第四节　市场运作型旅游精准扶贫与乡土文化传承耦合模式

随着旅游精准扶贫与乡土文化传承工作的不断推进，市场运作方式开始在一些乡村地区出现。这类乡村地区一般具有乡土文化资源比较丰富、区位交通条件较好、旅游发展已经有一定的基础等特征。但是，整体而言，旅游业还处于初级发展阶段，基础设施与旅游服务设施还不完善、旅游发展资金匮乏、旅游知名度不高等问题凸显。因此，这类乡村地区适合采取市场运作型旅游精准扶贫与乡土文化传承耦合模式，通过招商引资，引入外来企业，突破旅游业发展瓶颈，解决当地贫困问题。同时，市场运作可以更好地提高乡村旅游地的知名度，从而吸引更多游客前来旅游。西南地区一些乡村地区运用该模式促进了区域乡土文化保护与旅游开发的协调发展。

### 一　模式含义、特征及适用条件

#### （一）模式含义

市场运作型旅游精准扶贫与乡土文化传承耦合模式是指以旅游市场需求为导向，引进外来企业投资，因地制宜开发高质量的特色乡村旅游产品，促进旅游精准扶贫与乡土文化传承协调发展的耦合模式。该模式通过引进外来企业参与旅游扶贫项目，在短期内能够解决乡村地区发展旅游业所面临的诸多问题，譬如资金紧缺、企业融资难、技术人才缺乏等。这些外来企业在对区域内乡土文化进行深入挖掘、提炼和包装的基础上，通过打造区域特色文化旅游产品，促进乡村旅游快速发展、助推旅游产业扶贫带贫，以及促进旅游富民增收。

#### （二）模式的特征及适用条件

区位交通条件较好、市场需求较大、乡土文化资源比较丰富但资金匮乏、旅游知名度一般的乡村地区，适合采取市场运作型旅游精准扶贫与乡土文化传承耦合模式。

首先,这类地区由于其乡村风貌保存完好,乡土人情浓厚,生态环境优越,特别是交通条件较好,很容易吸引大批外来游客。因此,这类地区可以引入外来资金,同时选择适宜的销售方式,针对不同的市场而采取不同的营销手段,有计划、有步骤地开拓自己的旅游市场,通过一系列的手段将潜在的需求转变为现实的旅游者,从而吸引更多的客源。

其次,这类乡村地区的旅游业还处于发展的初级阶段,乡村建设比较落后,特别是基础设施和服务还跟不上旅游接待的需求,外来企业介入可以很快解决这些地区发展旅游业所面临的诸多困难,并取得较好的旅游扶贫成效。Cochrane和Weppen研究指出,社会型旅游企业通过雇用当地贫困人口、与当地企业联动、开发负责任的产品与服务,对贫困人口收入增加和地方经济发展产生了深远的影响。[1] 社会型旅游企业在发展旅游的过程中,既要平衡利益相关者的利益,又要结合经济发展、自然保护、文化传承等要素。[2] 社会型旅游企业以采购本地服务与产品、解决本地贫困人口就业、反馈旅游经营收益、保护文化生态环境为目标,进行负责任的旅游扶贫开发,对于旅游精准扶贫与乡土文化传承耦合发展起到重要作用。

## 二 市场运作型旅游精准扶贫与乡土文化传承耦合模式的实践路径

市场运作型旅游精准扶贫与乡土文化传承耦合模式,应采取"政府引导、企业带动、居民主体"的实践路径。

### (一)"筑巢引凤",吸引企业参与乡土文化保护与旅游开发

市场运作型旅游精准扶贫与乡土文化传承耦合模式出现在耦合的中后期,政府的角色应进行相应的转换,政府要完成从"主导者"到"引导

---

[1] Cochrane, J., Weppen, J. V. D., "Social Enterprises in Tourism: An Exploratory Study of Operational Models and Success Factors," *Journal of Sustainable Tourism*, 2012, 20 (3): 497 - 511.

[2] 黎耀奇、傅慧:《旅游企业社会责任:研究述评与展望》,《旅游学刊》2014年第6期,第107~116页。

者"的角色转变。随着发展阶段的转变,政府的角色应有阶段性的变化,比如在旅游启动并形成产业后,应及时实现角色的转变,让位于社区主导。① 政府的引导作用主要体现在以下两个方面。一方面,政府要起到"筑巢引凤"的作用,制定相应的优惠政策和措施进行招商引资,吸引外来企业参与乡土文化资源的保护与旅游开发利用。另一方面,政府要加强对外来企业的监督和管理,要激励和引导外来企业认识到自身在实现经济效益的同时,应当主动承担起促进贫困地区的经济社会发展的责任,为贫困人口提供公益性岗位和技能培训,创设使贫困人口增收的经营模式。同时,政府也要发挥好监督作用,以保证投资者的经营和管理的规范性,在市场运作发展旅游业的同时,有效地保护集中区域内乡土文化资源,确保旅游开发与乡土文化保护的平衡发展。

(二)深度挖掘客源市场需求,开发文旅融合产品

实施市场运作型耦合模式的乡村地区拥有较好的区位条件,附近有经济发达的城镇,旅游客源充足。因此,这类乡村地区依托其丰富的乡土文化资源与良好的区位条件,瞄准其周边城镇,开发了地域特色文旅融合产品。文化与旅游密不可分,文化是旅游的灵魂,旅游是文化的载体。一方面,地域特色乡土文化是乡村地区发展旅游的核心资源,更是旅游的核心价值和基本内涵。实施市场运作型耦合模式的乡村地区通过将地域特色文化植入旅游产品和旅游活动环节,实现旅游形式和文化内容统一,能够有效凸显旅游产品特色,提升区域旅游竞争力和吸引力。另一方面,旅游是乡土文化活态传承的重要方式,是展示、传播与发展乡土文化最重要的载体,文旅深度融合的过程,也是对乡土文化进行抢救、传承和弘扬的过程。因此,实施市场运作型耦合模式的乡村地区应大力开发文旅融合产品,促进旅游精准扶贫与乡土文化传承的协调与耦合发展。

---

① 何景明:《边远贫困地区民族村寨旅游发展的省思——以贵州西江千户苗寨为中心的考察》,《旅游学刊》2010年第2期,第59~65页。

## 三 典型案例分析

### (一) 企业带动型：贵州省丹寨万达旅游小镇

**1. 贵州省丹寨县概况**

丹寨县隶属黔东南苗族侗族自治州，东与雷山县接壤，南靠三都水族自治县，西与都匀市、麻江县交界，北抵凯里市，是黔东南的重要交通枢纽。丹寨县是一个多民族聚居的地区，除汉族外，现有苗族、水族、布依族等21个少数民族。因受现代化冲击较小，县内至今仍保留着古朴、浓郁、独特的民族风情，木（铜）鼓舞、锦鸡舞、给哈舞、板凳舞、芒筒芦笙舞等民间传统舞蹈独具特色，蜡染、剪纸、古法造纸、挑织锦、刺绣等民间工艺丰富多彩。丹寨县拥有大量高级别的非物质文化遗产，被誉为"非遗之乡"，截至2021年8月，全县纳入非遗名录的项目多达169项，其中国家级非遗8项（见表5-4），省级非遗26项。

表5-4 丹寨县国家级非物质文化遗产名录

| 序号 | 项目 | 类别 | 批次 | 入选年份 |
| --- | --- | --- | --- | --- |
| 1 | 苗族古瓢舞 | 传统舞蹈 | 第五批 | 2021 |
| 2 | 苗族贾理 | 民间文学 | 第二批 | 2008 |
| 3 | 芦笙音乐（苗族芒筒芦笙） | 民间音乐 | 第二批 | 2008 |
| 4 | 苗年 | 民俗 | 第二批 | 2008 |
| 5 | 苗族服饰 | 民俗 | 第二批 | 2008 |
| 6 | 苗族芦笙舞（锦鸡舞） | 传统舞蹈 | 第一批 | 2006 |
| 7 | 苗族蜡染技艺 | 传统技艺 | 第一批 | 2006 |
| 8 | 皮纸制作技艺 | 传统技艺 | 第一批 | 2006 |

资料来源：丹寨县人民政府网站，https://www.qdndz.gov.cn/zwgk/zdlygk/ggwhfw/202108/t20210811_73420581.html。

**2. 企业带动旅游精准扶贫与乡土文化传承耦合发展概况**

2014年，万达集团将丹寨县作为"企业包县，整体扶贫"的创新试点，构筑了"基金兜底、产业造血、教育治本"的短、中、长期相结合的旅游精准扶贫模式，总投资15亿元。从带动区域旅游精准扶贫与乡土文化传承角度来说，中期产业造血，即建设万达旅游小镇项目起着主要作用，因此，本书对短期项目和长期项目仅做简要介绍，重点阐述丹寨万达旅游小镇项目。

丹寨县短期扶贫是一种"基金兜底"的"输血"式扶贫方式，由万达集团成立了扶贫基金，并对基金进行管理，基金收益以现金的方式发放给贫困人口。现金发放有两种方式：对于无法进行劳动的贫困人口直接给予资金，如孤儿、独居老人以及病残人口；对于有劳动能力但缺少资金的贫困人口提供购买生产资料的资金，帮助他们渡过难关。2017年发放的2016年度分红受益人达3.38万人。①"输血"式扶贫仅能解决短期困难，无法从根本上解决贫困问题，一旦"输血"中断，贫困人口将再度陷入贫困状态。

从长远来看，扶贫必扶智，使丹寨县的每一个孩子接受良好的教育，既是扶贫开发的长期任务，也是阻断贫困代际传递的重要途径。因此，万达集团在丹寨县投资建立了万达职业技术学院，为贫困家庭孩子提供教育支持。万达集团会择优录取50%的万达职业技术学院毕业生。另外，万达职业技术学院还会开展短期技能培训，利用学院设置的相关专业资源对贫困户进行技能知识培训。②

万达旅游小镇项目是万达集团旅游扶贫的核心产业项目，也是推动旅游精准扶贫与乡土文化传承耦合发展的重要外部力量。丹寨万达旅游小镇以挖掘和展示贵州民间非物质文化遗产为基础，是集文化、旅游、休闲、娱乐、教育、购物于一体的苗侗文化特色主题小镇。小镇引入了丹寨7个国家级非物质文化遗产项目以及16个省级非物质文化遗产项目，包括石桥古法造纸、国春苗族银饰、苗族蜡染技艺、苗族芦笙舞（锦鸡舞）、芦笙音乐（苗族芒筒芦笙）等。三大斗艺（斗牛、斗鸡、斗鸟）场馆、三座非遗小院（造纸小院、蜡染小院、鸟笼主题民宿小院等）、民族文化特色业态（苗服苗饰、苗医苗药等）、特色民族餐饮（卡拉斗鸡肉、苗王鱼、牛羊瘪、九菜一汤等）等均在小镇"落户"。另外，小镇与国内知名的演艺

---

① 陈小玮、王子玉：《万达丹寨扶贫模式探析》，《新西部》2017年第29期，第25~29页。
② 唐皓：《"企业包县"丹寨扶贫实践的经验与启示》，《理论与当代》2017年第12期，第33~36页。

团体长期合作,打造了多台形式各异、独具地方特色的常态化民族演艺节目,大大丰富了游客的观赏体验,也获得了较高的收益(见表5-5)。

**表5-5 丹寨万达旅游小镇乡土文化保护与传承的措施**

| | |
|---|---|
| 乡土文化保护与传承的措施 | 将丹寨的23项非遗项目引入小镇 |
| | 给予非遗传承人一定期限的减免房租的优惠 |
| | 邀请表演者定期进行民族特色歌舞表演 |
| | 在游客中心大屏幕展示有关非遗文化历史的图文 |

本地村民参与旅游业发展和享受旅游收益是万达旅游小镇项目的重要内容之一。万达集团雇用员工时优先考虑当地居民,如大型苗族歌舞情景式体验剧——《锦秀丹寨》的演职人员基本为当地村民;优先考虑对当地居民进行培训;支持小微企业发展,如万达集团通过与非遗传承人合作的方式建立了三座非遗小院,即造纸小院、蜡染小院以及鸟笼主题民宿小院;鼓励更多当地居民投身旅游业;等等。

**3. 企业带动旅游精准扶贫与乡土文化传承耦合发展成效**

丹寨旅游精准扶贫成效显著,万达旅游小镇项目创造了良好的经济效益,2017年,万达旅游小镇首年接待游客550万人次,是2016年丹寨全县接待游客数量的600%;丹寨县旅游综合收入达24.3亿元,是2016年全县旅游综合收入的443%;带动全县1.6万名贫困人口实现增收。在实现最大经济效益的同时,万达旅游小镇项目也产生了较好的社会效益,在增加就业、帮助贫困户实现脱贫等方面都起到了重要的作用。2019年4月,丹寨县正式退出贫困县序列。

万达旅游小镇项目极大地促进了当地乡土文化的保护与传承,带动了古法造纸、蜡染、苗绣等民族手工艺复兴,使当地的非物质文化遗产得以保护与传承。万达旅游小镇是成功引入具有社会责任感的企业,以文化传承为旅游扶贫的灵魂,实现旅游精准扶贫与乡土文化传承耦合发展的典范。

(二)景区带动型:重庆市黔江区濯水景区

濯水景区位于重庆市黔江区濯水镇,由濯水古镇、蒲花河休闲农业体验园和蒲花暗河三个部分组成。景区内旅游资源丰富、民族特色突出,有万天宫、万寿宫、余家大院、樊家大院等"三宫六院",均为历史文化传统建筑;有"天理良心"文化展览馆、阿蓬江湿地公园、文化艺术馆等文化空间;有濯水后河戏、土家族摆手舞、濯水石鸡坨土陶制作技艺、濯水绿豆粉制作技艺、泉孔酒制作工艺等非物质文化遗产。濯水镇先后获评中国历史文化名镇,中国特色小镇,中国楹联文化名镇,中国传统建筑文化旅游目的地,中国电影家协会、北京电影学院创作实训基地和文艺扶贫基地。在脱贫攻坚期间,濯水景区以创建国家 5A 级景区为引擎,采取"旅游+扶贫"的模式大力发展乡村文化旅游,成为重庆建设速度最快、发展成效最好、减贫示范最优的旅游景区。其主要的做法有以下三点。

一是把旅游扶贫工作列入政府工作重点,鼓励濯水景区优先吸纳贫困人口就业。"目前主要是发挥景区的带动作用,通过旅游投资公司优先吸纳贫困户 160 余人,为一些居民提供保安、保洁员、服务员等工作,或者安排他们到一些餐馆、酒店里去打工。"(G2)

二是制定优惠政策,扶持贫困人口自主创业。濯水景区以千年古镇为阵地,大力培育旅游经营主体,不断优化营商环境,制定出台配套政策,优先扶持贫困户自主创业。濯水镇向一些发展旅游的贫困户提供一定的资金扶持。"农民可以申请扶贫小额贷款 3 年期限 5 万元,财政贴息,对于一些酒店、农家乐达到一定规模后申请星级标准还会有一些财政上的补贴,旅投公司、文旅委对每个床位提供 2000 元补贴。"(G1)

同时对于当地的乡村旅游扶贫产业进行补贴,并通过奖励的方式来提升贫困户参与旅游扶贫的积极性。"具体到户的扶贫资金,目前对于发展乡村旅游产业的家庭每户每年有 2000 元奖励。"(G2)

三是深入挖掘区域乡土文化,提升濯水景区旅游竞争力。濯水镇通过挖掘当地的非物质文化遗产,将文化资源融入旅游扶贫中,提升景区的旅游吸引力。"濯水有一个市级非物质文化遗产后河戏,每周都有由当地的居民组成的文化工作队进行表演,举办篝火晚会、跳摆手舞、打鼓等,以此来吸引游客。"(G1)

2014 年底,贫困人口 400461 人,贫困村 65 个。到 2018 年底,贫困人口776户2753人,贫困发生率是0.88%,目前已经没有贫困村的说法了,2019年系统内掌握的贫困户可以全部实现脱贫,解决掉绝对贫困3750人,"两不愁三保障"的保障率是100%。(G1)

黔江区扶贫办政府官员为我们提供的信息证实,黔江区以濯水景区为旅游精准扶贫的抓手,大力发展全域旅游,景区对区域经济的拉动作用明显,促进了贫困人口就业和增收,也在很大程度上促进了区域乡土文化的传承与发展。

## 第五节  混合成长型旅游精准扶贫与乡土文化传承耦合模式

资源驱动型、政府主导型以及市场运作型是西南地区比较典型的旅游精准扶贫与乡土文化传承耦合模式。事实上,还有一些乡村地区的旅游精准扶贫与乡土文化传承耦合发展属于混合成长型,是由前面三种模式混合而成的。

### 一  模式含义及适用范围

(一)模式含义

混合成长型旅游精准扶贫与乡土文化传承耦合模式一般出现在旅游精准扶贫与乡土文化传承耦合发展的中后期,政府工作人员、企业经营者、当地居民、文化传承人等协调配合,形成合力,共同促进旅游精准扶贫与乡土文化传承二者的协调与发展。

(二)模式适用范围

能够实施混合成长型旅游精准扶贫与乡土文化传承耦合模式的乡村地区一般拥有较丰富的乡土文化资源,并且已经具备了乡村旅游扶贫的基础条件。首先,这类乡村地区较好地保存了乡村风貌,区域内乡土文化资源比较丰富,具备发展乡村旅游的资源基础。其次,这类乡村地区拥有良好的地理区位条件，乡村旅游已经得到了一定程度的发展，旅游基础设施与旅游服务设施比较完善。

## 二 混合成长型旅游精准扶贫与乡土文化传承耦合模式的实践路径

社会系统理论强调系统与系统之间、系统内部各要素之间的相互作用，它注重整体性思考和分析问题，具有较强的实用性，被广泛应用于数学、哲学、经济、地理等学科领域。社会系统理论要求我们在进行旅游精准扶贫与乡土文化传承耦合实践过程中，应注重系统的整体性与动态性。整体性是指我们应立足于旅游精准扶贫与乡土文化传承耦合系统，通过对旅游精准扶贫子系统与乡土文化传承子系统内部、子系统之间以及子系统与耦合系统之间的相互作用进行考察，从整体上把握旅游精准扶贫与乡土文化传承耦合系统特征与实质；动态性是指任何系统均处于无序与有序、非平衡与平衡的相互转化的运动变化之中，旅游精准扶贫与乡土文化传承耦合也有一个由无序向有序、由非平衡到平衡的发展过程。

另外，旅游精准扶贫与乡土文化传承的主体具有多元性，在旅游精准扶贫与乡土文化传承耦合实践中，应充分发挥多元主体作用，使政府工作人员、企业经营者、当地居民、文化传承人等协调配合，形成合力，共同助力旅游精准扶贫与乡土文化传承耦合发展。

## 三 典型案例分析：重庆市黔江区三塘盖村

### （一）基本概况

三塘盖村位于重庆市黔江区白土乡境内西南部，因村里有三口塘，当地人习惯将高山上的平坝称为"盖"，得名"三塘盖"。村子位于典型的高山地区，平均海拔1400多米，四周是悬崖峭壁，被称为"悬崖上的村落"。因区位偏远、交通不便，经济发展较为落后。在脱贫攻坚期间，由政府主导修建了一条自山脚沿着悬崖盘绕至山顶的乡村公路，解决了村里人的出行问题，也带动了三塘盖村经济的发展。

### （二）旅游精准扶贫与乡土文化传承耦合发展概况

2015年，三塘盖村在政府引导下，依托其良好的自然生态环境和丰富的乡土文化资源，把发展乡村旅游作为脱贫致富的主要途径。其主要的做法有以下四点。

一是企业定点帮扶。通过招商引资，改变过去主要靠政府扶贫资金投入的方式，引进企业投资来减轻财政压力。"2019年1月政府招商引资，与中信集团签约定点帮扶地方脱贫攻坚协议，准备打造国际旅游康养度假胜地。项目准备投资超过200亿元，规划区面积达29平方公里，建设周期8年，这是黔江区迄今为止投资规模最大、建设体量最大的文旅康养项目。"（G5）

二是政府政策扶持。黔江区政府对于三塘盖打造旅游休闲目的地高度重视，提供政策支持，改善当地基础设施。"政府的政策实施力度很大，特别是在基础设施这块投入力度大，帮助修路，现在三塘盖村的路被称为'三环路'（外环、中环、内环），还有统一设计、修缮房屋，街道绿化，每家每户门前铺青石板等，旅游开发涉及土地占用，政府对村民进行集中安置、分散安置，并统一打造旅游民宿。"（G5）

旅游扶贫带来的经济收益也吸引了许多外出务工的贫困人口返乡就业、创业。"有个贫困户旅游开发前在山东打工，由病致贫，回乡医治，（20）16年以前是村里的建档立卡贫困户；旅游开发后，政府给予帮助，修缮房屋，医疗补贴，村里安排他做劝导员工作。"（L1）

对于一些有一定技术的人员，通过定期组织免费培训，向其提供物资扶持，带动当地村民参与到旅游扶贫中来。"刚创业的时候政府支持力度非常大，比如一些床上用品、床、电视机、板凳、桌子、厨房餐具等都是政府帮助购买；帮助宣传推广；每年商务委组织免费培训会、交流会，涉及餐饮、酒店、接待等；银行提供无息贷款。"（G5）"政府补贴开农家乐的居民每户3万多元用于购买家电、床等用品；组织村干部、农户外出进行培训、学习，组织农户学习技术、理论、旅管、餐饮、礼仪、接待等，借鉴做得好的经验。"（L2）

三是产业结构调整。过去三塘盖以种植烤烟为主要产业，但是随着劳动力的外流，产业结构单一，以及受当地产业结构调整的影响，经济收益下降，农民生计受到威胁。"以前的三塘盖村主要靠种植烤烟，种植面积大约5000亩，现在全村的烤烟种植面积大约3200亩，相较于以前的种植面积逐渐减少了，传统的产业开始转型，村民逐渐投入到旅游开发中来。"

(G5)同时，随着乡村旅游的开发，当地旅游产业对于农产品的需求增多，当地将"农旅"相结合，依托当地地形、气候，发展高山种植业。"高山季节蔬菜种植面积增加，并有3个品种获得绿色蔬菜认证。另外农户开始经营养殖业，鸡、生猪等农产品自销给村里的旅游产业，供不应求。"(G5)

四是文旅资源融合。黔江区土家族、苗族文化资源丰富，三塘盖村开发旅游业离不开对于民族文化的挖掘。当地通过调动少数民族参与旅游扶贫的积极性，开发一些体验性的旅游产品，不仅促进了旅游发展，带来了经济效益，而且为土家族文化的传播提供了平台。"村里以土家族为主，旅游开发主要是挖掘土家族文化，黄家古寨有300多年的历史，是传统的土家族依山而建的错层吊脚楼；当地的土家族板凳宴是区级非物质文化遗产，另外还有摆手舞、唢呐表演、山歌、哭嫁、推石磨等土家族传统文化习俗、农耕体验。"(G5)

在脱贫攻坚期间，三塘盖村通过加强基础设施建设，引进重大项目，促进地区发展，提升农户的旅游参与意识，增强农户的服务能力。截至2018年底，三塘盖村已经全部脱贫。近年来，旅游业的快速发展吸引了大批外出务工人员返乡，不仅丰富了该村的劳动力资源，也促进了乡土文化的传承。三塘盖村成功的旅游精准扶贫与乡土文化传承耦合发展经验，为我国其他地区脱贫攻坚提供了可借鉴的模式。

## 小　结

本章在分析旅游精准扶贫与乡土文化传承耦合发展可行性的基础上，从静态和动态两个层面对其耦合发展的本质特征进行总结。在静态层面，主要对旅游精准扶贫与乡土文化传承耦合发展的本质特征进行归纳和提炼，进行旅游精准扶贫与乡土文化传承耦合模式的理论构建；在动态层面，对每种耦合模式的具体实施路径进行相应设计。西南地区各乡村因地制宜，形成了四种典型的旅游精准扶贫与乡土文化传承耦合模式，每一种模式都有自己的特点、适用范围以及实践路径。以西南地区典型贫困县为样本，根据其旅游精准扶贫与乡土文化传承耦合发展阶段及特点，对资源驱动型、政府主导型、市场运作型以及混合成长型耦合模式的概念、特点、适用范围、实践路径以及典型案例等做了具体阐释。

# 第六章 西南地区旅游精准扶贫与乡土文化传承的耦合机制

前文通过对西南地区进行实证研究得出,旅游精准扶贫与乡土文化传承耦合系统会经历一个冲突协调的漫长耦合调整阶段。人们应采取措施对旅游精准扶贫与乡土文化传承耦合系统进行引导、强化,促进旅游精准扶贫与乡土文化传承二者良性、正向地相互作用与相互影响,从而实现二者的优势互补和共同提升,实现乡村振兴目标。本章主要基于前文的理论分析框架,结合西南地区实际情况,重在阐释人们如何通过对耦合系统的引导和强化,促进旅游精准扶贫与乡土文化传承耦合系统的功能发挥。

## 第一节 西南地区旅游精准扶贫与乡土文化传承耦合机制构建的现实依据

机制的重点在"制"上,表示相互关系、条件、约束等,强调机体系统要素对其他要素或者系统整体的影响,突出的是系统的功能发挥。西南地区旅游精准扶贫与乡土文化传承耦合机制的构建,重点在解决人们如何通过对耦合系统的引导和强化,促进旅游精准扶贫与乡土文化传承耦合系统的功能发挥的问题。西南地区旅游精准扶贫与乡土文化传承耦合路径的构建应基于两点现实:一是贫困地区基本现实;二是旅游精准扶贫与乡土文化传承耦合系统演化规律。下面将结合西南地区实际情况对上述两点进行分析。

### 一 西南地区贫困地区基本现实

西南地区在解决了"面上的"贫困之后,精准扶贫阶段主要解决的是

"点上的"贫困,即深度贫困地区的贫困问题,这些贫困地区受自然地理环境、生产条件、教育以及人力资本等诸多因素制约,社会经济发展较为缓慢。随着乡村旅游嵌入乡村地域系统,贫困村的生产生活条件得到较大改善,贫困农户生计模式得到持续改进。

旅游精准扶贫背景下贫困村的生产生活条件得到了较大改善,在政府的主导和大力扶持下,旅游扶贫重点村着力改善了通村道路、步行道、停车场、厕所等旅游基础设施。乡村人居环境也得到整治提升,重点解决了厕所粪污、农村垃圾、农村污水等问题。贫困村生产生活条件的改善有利于贫困农户从事旅游相关活动。

随着乡村旅游嵌入乡村地域系统,贫困农户持续改进其生计模式,家庭收入持续增加。旅游精准扶贫背景下贫困农户的生计资本总量和结构均发生较大变化。从生计资本总量来看,六类生计资本的总量均有不同程度的增加,但增加的幅度不同。在旅游精准扶贫过程中,贫困农户的金融资本、文化资本和社会资本显著增加,自然资本、物质资本、人力资本增加幅度不明显。从生计资本结构来看,自然资本、社会资本和物质资本在贫困农户生计资本中所占的比重较大,其他三类资本所占的比重相对较小。生计资本总量的增加和结构的调整为贫困农户改进生计模式提供了可能。前文通过分析已经得出,西南地区贫困农户为提高生计的稳定性,普遍采取多种方式就业,"当地农业生产功能衰退,促使农户由传统生计向新型生计转化"[1],客观上给贫困农户带来了良好的生计结果。在对西南地区旅游精准扶贫效应分析后得出,贫困农户对旅游精准扶贫带来的经济、社会、文化效应的积极方面感知均比较明显。

在旅游精准扶贫背景下乡土文化的价值凸显,贫困农户对乡土文化传承的自觉意识增强。调查结果显示,发展旅游后,西南地区乡土文化传承的主体更加多元,包括外来经商者、文化持有者、外来保护者、游客和当地政府等,不同主体参与乡土文化传承的方式和内容存在差异,但从结果来看,不同主体的参与行为均对乡土文化传承起到了促进作用。可见,旅游精准扶贫在客观上对乡土文化传承产生了积极影响,人们对乡土文化价

---

[1] 贺爱琳、杨新军、陈佳、王子侨:《乡村旅游发展对农户生计的影响——以秦岭北麓乡村旅游地为例》,《经济地理》2014年第12期,第174~181页。

值有了正面的认识，村民的文化自觉意识增强，对乡土文化的认同度提升。我们应把旅游开发作为西南地区乡土文化动态传承的重要途径。

## 二 西南地区旅游精准扶贫与乡土文化传承耦合系统演化规律

PSR模型作为因果关系理论模型的一种，常被用做解释多重因素影响的相互作用关系。在PSR模型中，压力（Pressure）层面要素通常表征外部因素对系统的破坏和扰动，状态（State）层面要素表征处于压力中的系统的状态，响应（Response）是系统面临风险压力时所采取的应对措施。[①] 李志龙在研究乡村振兴-乡村旅游系统耦合机制时，基于PSR模型分析了乡村振兴-乡村旅游系统耦合演化轨迹，[②] 为本书的研究提供了可借鉴的理论依据。结合前文的理论和实践分析，西南地区旅游精准扶贫与乡土文化传承耦合系统的演化过程为：系统失衡、初级耦合、中级耦合以及高级耦合。

根据人地关系地域系统理论，乡村地域系统，即乡村综合体，是由人文、经济、资源与环境相互联系、相互作用构成的具有一定结构、功能和区际联系的乡村空间体系，[③] 是由经济发展子系统、生态环境子系统和社会进步子系统组成的具有综合性、动态性、开放性特征的复杂系统。[④] 旅游精准扶贫与乡土文化传承耦合系统是由经济发展子系统和文化子系统组成的复杂系统，可将其视为特殊的乡村地域系统，其演化轨迹为压力—嵌入—调整—协调。

首先，随着城市化和工业化不断推进，受基础设施薄弱、青壮年人口

---

① Babcicky, P., "Rethinking the Foundations of Sustainability Measurement: The Limitations of the Environmental Sustainability Index (ESI)," *Social Indicators Research*, 2013, 113 (1): 133-157; Ruan, W., Li, Y., Zhang, S., et al., "Evaluation and Drive Mechanism of Tourism Ecological Security Based on the DPSIR-DEA Model," *Tourism Management*, 2019, 75: 609-625; 黄锐、谢朝武：《压力、状态与响应——疫情危机下酒店员工职业前景认知的组态影响研究》，《旅游学刊》2021年第9期，第103~119页。

② 李志龙：《乡村振兴-乡村旅游系统耦合机制与协调发展研究——以湖南凤凰县为例》，《地理研究》2019年第3期，第643~654页。

③ 刘彦随：《中国新时代城乡融合与乡村振兴》，《地理学报》2018年第4期，第637~650页。

④ 李志龙：《乡村振兴-乡村旅游系统耦合机制与协调发展研究——以湖南凤凰县为例》，《地理研究》2019年第3期，第643~654页。

持续外流、产业发展水平低等因素制约,农业产业经济不景气、乡土文化传承式微等对西南地区乡村地域系统造成了外部压力,乡村地域系统状态失衡。

其次,旅游精准扶贫是以发展旅游产业的方式帮助贫困农户脱贫,自旅游精准扶贫战略实施以来,旅游产业逐步嵌入乡村地域系统,为乡村地域系统注入了新的活力,旅游精准扶贫与乡土文化传承耦合系统进入初级耦合阶段,受旅游基础设施不完善、旅游人才缺乏、贫困农户旅游参与意识和参与能力较弱等因素制约,旅游产业处在起步阶段,利用乡土文化发展乡村旅游成为贫困地区的普遍做法,旅游精准扶贫与乡土文化传承两个子系统开始相互影响,但是相互作用程度较低。

再次,随着旅游精准扶贫战略的全面实施,西南地区乡村旅游蓬勃发展,带动越来越多的贫困村、贫困农户实现稳定增收。同时,在旅游开发的过程中,西南地区的贫困农户对乡土文化价值有了新的认知,他们不仅是乡土文化传承的主体,也是直接的受益者。旅游精准扶贫与乡土文化传承两个子系统的相互影响、相互作用程度提升。不过,在这一时期,旅游精准扶贫子系统与乡土文化传承子系统之间也出现了冲突和不协调,主要表现为旅游导致了乡土文化的无序开发、过度商业化、碎片化等现象。总体来看,旅游精准扶贫与乡土文化传承耦合系统的中级耦合阶段是冲突协调的漫长耦合调整阶段。

最后,旅游精准扶贫与乡土文化传承耦合系统通过自我调节或借助外力,进入互促互补的高级耦合发展阶段。

当然,对于西南地区不同贫困村来说,其旅游精准扶贫与乡土文化传承耦合系统演化过程存在较大差异,主要受到了贫困村基本现实和贫困农户基本情况的影响。前文通过分析已经得出,2014~2020年,西南地区旅游精准扶贫与乡土文化传承耦合协调度总体呈现出上升态势,旅游精准扶贫与乡土文化传承耦合基本处于磨合阶段,表明这一时期西南地区旅游精准扶贫稳定发展,乡土文化传承工作取得一定成效,二者逐渐由勉强协调向中级协调发展。从西南地区各省区市层面来看,各省区市的旅游精准扶贫与乡土文化传承耦合协调度整体呈上升趋势,地区差异表现为川渝地区要优于贵州、云南、广西,并且贵州、云南、广西的发展速度前期较慢,到了后期才有所提高,阶段跨越所需时间缩短。

## 第二节　西南地区旅游精准扶贫与乡土文化传承耦合机制构建的基本思路

通过前文的实证研究得出,西南地区旅游精准扶贫与乡土文化传承耦合演化尚未进入高级耦合发展阶段,旅游精准扶贫子系统的发展与乡土文化传承子系统的发展之间呈现出不匹配、不均衡的态势,乡土文化传承子系统的综合发展水平和速度均落后于旅游精准扶贫子系统,相应指数变化也不如其明显。西南地区贫困地区通过旅游精准扶贫与乡土文化传承耦合系统的自我调节或借助外力,促使耦合系统进入高级耦合发展阶段,实现耦合系统的良性互动。本书主要从耦合系统主体层面,探讨贫困农户和政府如何响应旅游精准扶贫与乡土文化传承耦合系统,通过相应的社会经济活动对耦合系统进行引导和强化,促进耦合系统的协调发展。

### 一　耦合发展的调节因子：贫困农户生计模式

旅游精准扶贫瞄准农村贫困人口,旨在通过旅游发展消除农村绝对贫困。对于农村地区来说,家庭是最基本的生产单位和经济消费单位,实现农村贫困人口脱贫致富,离不开贫困农户生计模式的转变。贫困农户是旅游精准扶贫与乡土文化传承耦合系统的重要主体,其经济活动会对旅游精准扶贫与乡土文化传承耦合系统产生重要影响。一方面,贫困农户作为旅游精准扶贫的帮扶对象和核心利益相关者,通过从事旅游经济活动获得直接经济收益,也对乡土文化价值有了新的理解和认知,于是,他们开始主动挖掘、整理和传承家乡的乡土文化,对乡土文化传承系统产生了积极影响。

另一方面,贫困农户作为乡土文化最重要的创作者和传承者,在挖掘、整理、传承乡土文化的过程中,他们的文化资本得到了重构,贫困农户通过改进生计策略,由传统农耕转向旅游主导、旅游兼营甚至旅游专营的生计方式,收入得到了大幅提高,对旅游精准扶贫系统产生了积极影响。因此,贫困农户通过持续改进其生计模式,能够促进旅游精准扶贫与乡土文化传承两个子系统良性互动，并最终形成旅游精准扶贫与乡土文化传承耦合系统。因此，本研究把贫困农户生计模式作为旅游精准扶贫与乡土文化传承耦合发展的调节因子。

## 二 耦合发展的重要驱动力：政府政策

政府作为旅游精准扶贫与乡土文化传承耦合系统的重要主体，其决策行为也会对旅游精准扶贫与乡土文化传承耦合系统产生重要影响。从西南地区旅游精准扶贫和乡土文化传承耦合实践的过程来看，政府是耦合系统的重要主体。首先，政府是政策制定者，制定和颁布了一系列推进旅游精准扶贫和乡土文化传承实践的政策、协议、制度等文件；其次，政府是政策的实际执行者；最后，政府还是旅游精准扶贫和乡土文化传承的管理者，政府对旅游精准扶贫和乡土文化传承实践的管理主要包括战略管理、资源管理以及项目管理等内容。因此，政府通过政策制定、实施，以及科学管理，能够引导旅游精准扶贫与乡土文化传承耦合系统协调发展。

## 三 旅游生计框架下旅游精准扶贫与乡土文化传承耦合发展路径

旅游业嵌入乡村地区为贫困农户提供了大量就业机会和较高的旅游收入，进而改善贫困农户生活，旅游业的扶贫功能得到了人们的广泛认同。大量研究表明，旅游业对乡村居民生计的正面影响是多方面的。旅游业为贫困居民提供了销售当地商品和服务的市场，贫困居民可以在本地市场上经营旅游业务，接受游客的捐赠与资助，从而增加收入或就业机会；旅游业促进了贫困居民商业意识、从业技能和服务意识的提升等；基于旅游业发展需要对乡村地区公共交通、供水供电、教育医疗等基础设施的建设，可以改善贫困居民的生活环境。Su[①]等将可持续乡村生计框架和旅游扶贫结合，构建了"旅游语境下的可持续生计框架"（LFTC）。本书尝试应用 LFTC 框架构建基于旅游生计框架的旅游精准扶贫与乡土文化传承耦合路径（见图 6-1）。

基于旅游生计框架的旅游精准扶贫与乡土文化传承耦合路径应关注以

---

① Su, M. M., Wall, G., Wang, Y., et al., "Livelihood Sustainability in a Rural Tourism Destination—Hetu Town, Anhui Province, China," *Tourism Management*, 2019, 71: 272-281.

下四个方面内容。第一，乡土文化传承系统和旅游精准扶贫系统具有耦合关系，乡土文化传承能够为旅游精准扶贫提供丰富的乡土文化资源，在旅游开发背景下文化资源进一步转化为文化资本，增加了贫困人口的生计资本；旅游精准扶贫是通过旅游开发帮助贫困农户脱贫致富的，旅游精准扶贫的过程离不开贫困农户旅游生计的调整，贫困农户拥有的文化资源的数量和质量，直接决定其文化资本的数量和质量。第二，人是调控耦合系统的真正主体，在适应赖以生存的生态环境的同时，也通过一系列的社会经济活动对资源、环境产生作用，贫困农户和政府作为耦合系统最重要的两个主体，他/它们对耦合系统的响应行为直接影响耦合系统演化过程。第三，贫困农户是生计策略选择的关键主体，他们在比较旅游参与收益与成本的基础上，对旅游精准扶贫与乡土文化传承系统做出积极响应，他们利用生计资本和生计策略去追求好的生计结果，包括生计可持续和文化可持续。第四，生计结果反过来影响贫困农户的社会经济行为，旅游业在缓解贫困、提升能力、降低脆弱性和赋权等方面的积极作用得到贫困农户的广泛认可之后，贫困农户会采取更加积极的旅游参与行为，从而对旅游精准扶贫系统产生积极作用；同时，生计可持续和文化可持续也促使贫困农户更加积极地传承乡土文化。

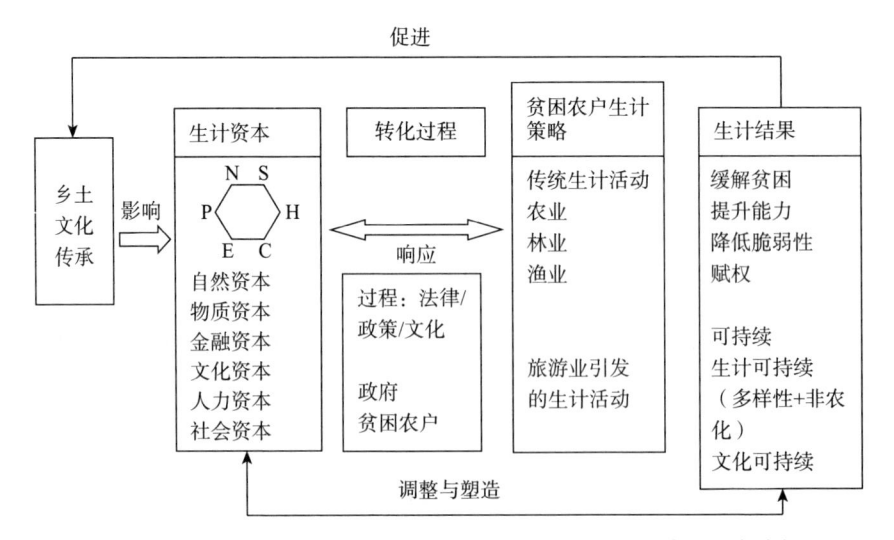

图 6-1 基于旅游生计框架的旅游精准扶贫与乡土文化传承耦合路径

## 第三节　西南地区旅游精准扶贫与乡土文化传承耦合发展的现实路径

依据前文构建的旅游精准扶贫与乡土文化传承耦合路径的分析思路，从贫困农户和政府两个主体层面，提出旅游精准扶贫与乡土文化传承二者相互促进、良性互动、有机耦合的干预模式。

### 一　瞄准贫困农户需求，建立贫困农户参与的动力机制

社会交换理论认为，个体行为受某种或明或暗的、能带来报酬或减少惩罚的交换活动的支配。[①] 对于贫困农户来说，他们通过对收益和代价的衡量来决定自己的行为。如果从事旅游经济活动的收益远远高于代价，他们会自觉传承优秀的乡土文化，并把乡土文化资源转化为文化资本，调整其生计策略，通过参与地方旅游发展脱贫致富。

#### （一）贫困农户需求和旅游参与的动力源分析

贫困农户是旅游精准扶贫与乡土文化传承的核心利益相关者。西南地区的乡土文化具有地域性、乡土性以及多样性等特征，旅游发展已经成为乡土文化活态传承的重要方式。同时，西南地区的乡土文化又具有脆弱性和不可逆性等特点，应对其进行传承与弘扬，从而实现旅游精准扶贫与乡土文化传承的耦合发展。无论是对乡土文化的活态传承，还是对乡土文化的弘扬，贫困农户都是核心利益相关者，应该扮演决策者、经营者、管理者以及执行者等角色。然而，我们在调查中发现，西南地区贫困农户在旅游开发与乡土文化传承中未能充分体现其主体地位。一方面，在政府主导下，社区参与主要采取自上而下的模式展开，政府在乡土文化传承以及旅游开发中扮演决策者和管理者，贫困农户则扮演被动的接受者和消极的执行者，他们的参与意愿较低；另一方面，贫困农户受教育、资金、技术等

---

① Homans, C. G., "Social Behavior as Exchange," *The American Journal of Sociology*, 1958, 63 (6): 597–606.

条件限制，只能浅层次参与旅游活动，从事餐饮服务、住宿接待、交通运输、小商品销售、民俗表演等，对社区旅游规划、开发、管理、项目运营等环节的参与较少，从旅游业中获益不多，旅游参与的动力不足。贫困农户参与不足已成为制约旅游精准扶贫与乡土文化传承耦合发展的瓶颈性问题。

社会交换理论为解决贫困农户参与动力不足问题提供了理论指导。20世纪50年代，美国著名社会学家Homans首次提出社会交换理论，社会交换理论认为，个体行为受某种或明或暗的、能带来报酬或减少惩罚的交换活动支配。[①] 社会交换理论关注的是个人和群体之间在互动情形下进行的资源交换。80年代，一些学者运用社会交换理论研究旅游影响感知与态度，阐释个体参与交换的动因。美国学者Ap研究指出，社会交换理论是旅游研究中重要的基础理论，可以解释居民对旅游的积极和消极态度，并提出了一个社会交换过程模型，关于居民对旅游影响的态度，他认为"当居民与旅游业之间资源交换程度较高且处于平等地位，或者即使不平等，但倾向于居民一方时，居民对旅游业持积极支持的态度；资源交换虽平等，但交换程度低，或地位不平等，居民的态度则转为消极反对"。[②] Andereck等学者提出了与Ap类似的观点，社区居民"从交换中感知到利益的个体大多对交换持肯定的态度，对旅游的发展表现出支持的态度；相反，在交换中感知到成本的个体则持否定的态度，对旅游的发展表现出反对的态度"。[③] 上述研究成果为本书研究贫困农户旅游参与动力不足问题提供了理论基础，贫困农户对旅游影响的感知取决于他们对发展旅游的成本与收益综合评价后的结果，如果旅游收益大于旅游成本，他们就表现出积极的态度；反之，他们就会持消极态度或零态度。

---

① Homans, C. G., "Social Behavior as Exchange," *The American Journal of Sociology*, 1958, 63 (6): 597–606.

② Ap, J., "Residents' Perceptions on Tourism Impacts," *Annals of Tourism Research*, 1992, 19 (4): 665–690.

③ Andereck, K. L., Valentine, K. M., Knopf, R. C., Vogt, C. A., "Residents' Perception of Community Tourism Impact," *Annuals of Tourism Research*, 2005 (4): 1056–1076.

## (二) 基于社会交换理论的贫困农户参与动力机制构建

根据社会交换理论,居民是否参与旅游精准扶贫和乡土文化传承以及参与的态度,与他们参与行为是否有价值以及有价值程度正相关。因此,居民理性决策和"有价值的东西"是影响贫困农户参与态度和动机最重要的两个因素。

首先,乡村地区应尊重贫困农户的理性决策,发挥贫困农户主体作用。孙九霞、保继刚研究认为,社区及其居民是社区旅游发展的主体,也是社区旅游可持续发展的关键要素。[1] 只有充分发挥居民的主体作用,让他们对自己的行为做出理性决策,乡村地区才能获得可持续发展。然而,政府主导下的社区参与仍然是我国乡村地区居民参与社区发展的主要形式,政府在乡土文化保护与旅游开发中扮演决策者、管理者等重要角色,贫困农户只是被动接受者和消极执行者,这成为制约他们社区参与的瓶颈因素。社会交换理论认为,居民社区参与行为是具有理性的。贫困农户是否参与旅游精准扶贫与乡土文化传承,是主动还是被动,取决于参与行为对其自身和家庭是否有价值,以及效价的大小。如果贫困农户参与旅游精准扶贫或者乡土文化传承的行为的效价很小,甚至为负,他们就会停止参与或者表现出消极的参与态度,这是乡土文化保护与旅游开发中经常遇到的情况。因此,在旅游精准扶贫与乡土文化传承耦合实践中,应充分发挥贫困农户的主体作用,尊重居民的理性决策,避免政府"越俎代庖"。

其次,乡村地区应为居民参与行为提供更多"有价值的东西"。Ap 研究指出:"在交互过程中,人们总在寻找某种有价值的东西,这种东西可能是物质的、社会的、心理的。在旅游开发中,目的地社会的基本动机是满足当地居民在经济、社会及心理等方面的需要。"[2] 因此,"有价值的东西"成为激发贫困农户参与乡土文化保护与旅游开发的动机的关键,即报酬的可能性与大小决定了居民参与乡土文化保护与旅游开发的可能性。对

---

[1] 孙九霞、保继刚:《从缺失到凸显:社区参与旅游发展研究脉络》,《旅游学刊》2006 年第 7 期,第 63~68 页。

[2] Ap, J., "Residents' Perceptions on Tourism Impacts," *Annals of Tourism Research*, 1992, 19 (4): 665 – 690.

此，布劳有精辟的论述，他认为人际交往始于社会吸引，人们进行社会交换是为了追求外在性报酬和内在性报酬，如金钱、商品、服务、邀请、服从等。"当别人做出报答性反应就发生行动，当别人不再做出报答性反应就停止行动。"① 因此，乡村地区应为贫困农户参与旅游精准扶贫与乡土文化传承实践提供更多"有价值的东西"或者报酬。Perdue 等研究指出，"在旅游活动中，居民通过为旅游开发者、旅游经销商及游客提供旅游资源等获得预期的利益"。② 该研究结论在一定程度上说明了报酬包括预期收益的激励作用。贫困农户在参与旅游精准扶贫与乡土文化传承过程中，"有价值的东西"或者报酬是其主要的激励因素，因此乡村地区应对贫困农户进行引导，使他们充分了解旅游开发与乡土文化传承的前景，与其分享旅游开发与乡土文化传承带来的报酬。构建贫困农户动力机制主要针对的是贫困农户对参与的认知与态度，使贫困农户有参与旅游精准扶贫与乡土文化传承的意愿与动力。

## 二 提升贫困农户的文化认同，自觉传承优秀乡土文化

贫困农户是乡土文化的重要创造者和传承者，培育其对乡土文化的文化认同，对促进乡土文化传承具有重要作用。"文化认同"一词由英国学者霍尔（Hall）提出，运用于"散居族群"或"边缘族群"身份界定当中。之后，"文化认同"一词被借鉴到文化学、社会学、哲学、教育学、政治学等学科领域。不同领域的学者基于不同的学科背景对文化认同有着不同的理解。邹威华认为，文化认同是指个体对不同社会组织和不同文化传统的归属感。③ 本书采用该定义，揭示贫困农户如何通过实践形成对家乡乡土文化的归属感，从而自觉传承家乡优秀的乡土文化。

---

① 彼得·M. 布劳：《社会生活中的交换与权力》，李国武译，商务印书馆，2012，第 236~238 页。
② Perdue, R. R., Long, P. T., Allen, L., "Resident Support for Tourism Development," *Annals of Tourism Research*, 1990, 17 (4): 586-599.
③ 邹威华：《后殖民语境中的文化表征——斯图亚特·霍尔的族裔散居文化认同理论透视》，《当代外国文学》2007 年第 3 期，第 40~46 页。

(一) 加强教育和引导，让贫困农户深入了解本地乡土文化

贫困农户对家乡历史、文化的认识和理解，是形成文化认同感、归属感的基础。前文实践部分已经指出，贫困农户对本地乡土文化的自觉意识有待提升，虽然旅游发展后，大部分贫困农户，尤其是留在当地从事旅游经济活动的中老年贫困农户，对本地有代表性的乡土文化比较了解，但对于年青一代来说，他们当中的大部分对家乡的乡土文化不清楚、不了解。因此，为促进贫困农户对本地乡土文化深入了解，贫困地区应加强对本地乡土文化的梳理与研究，积极组织开展乡土文化的相关教育。一是将乡土文化教育纳入九年义务教育范畴，乡土文化教育要从孩子抓起，让他们从小熟知家乡的历史文化、生活环境、自然景观等，热爱自己的家乡，愿意传承家乡优秀的乡土文化；二是为村民定期开展乡土文化专题讲座，介绍家乡的风光、风俗、风情、历史等知识，培养村民的文化自豪感。

随着旅游业的快速发展，农村地区的乡土文化不可避免地受到外来城市文化的冲击，可能造成村民对外来城市文化的盲目崇拜和对乡土文化的不自信。不过，这种状况是可以通过外部的经济引导和村民内部的自我觉醒改变的。政府应对村民进行文化自信的正确引导，帮助村民辨别本地乡土文化和外来城市文化的特点与优劣。在城镇化背景下，随着外来强势城市文化进入乡村地区，乡土文化的生存空间受到挤压是必然趋势，政府应该引导村民做好乡土文化的传承与重构。同时，村民应树立正确的文化观念，认识到乡村传统的耕作方式、乡村的民风民俗、农家生活等是吸引城市居民前来旅游的根本原因，自己是家乡乡土文化传承的主体，应不断寻找乡土文化传承与旅游经济利益之间的平衡点，形成高度的乡土文化自觉意识。

(二) 旅游参与，强化贫困农户的乡土文化认同

旅游作为一种强有力的外来力量为乡土文化传承注入了活力。许多乡村地区为发展旅游产业开始复兴地方优秀的乡土文化。在旅游开发背景下，乡土文化资源的功能属性发生改变，乡村地区日常维持生产和生活功能的物质文化资源逐渐转化为旅游吸引物，具有了观赏、体验、休

闲和度假等功能。资源功能属性的转变唤醒了农户对传统文化的记忆和认同感，使原本面临失传或消失的物质文化遗产和非物质文化遗产得到活态保护与利用，农户文化资本得以形成、积累与传承，并成为其生计的重要组成部分。①

在对西南地区进行实地调研时发现，旅游开发在很大程度上改变了村民对家乡乡土文化的认知，他们不仅改变了乡土文化是落后文化的偏见，还主动复兴传统工艺、挖掘整理传统文化。在参与旅游发展的过程中，贫困农户通过民族服饰、民族歌舞、特色饮食、民俗节庆、传统工艺品制作、土特产品销售等，不但获得了可观的旅游经济收益，而且强化了乡土文化认同。可见，鼓励和支持贫困农户参与地方乡村旅游发展，对于提升他们的文化身份认同和文化价值认同有着重要意义。贫困农户在参与旅游发展的过程中，对乡土文化的价值有了重新认知，更加珍视家乡优秀的乡土文化。在坚持立足本地乡土文化，吸取城市文明及外来优秀文化成果的基础上，贫困农户建构了新的乡土文化认同，实现了乡土文化的创造性转化与传承。

## 三 更新发展观念，促进贫困农户文化资本转化

乡村旅游嵌入乡村地域系统，给乡村注入了经济活力。乡土文化是贫困农村地区最重要的文化资源，以优质的乡土文化资源吸引经济资本进入，发展旅游产业，可以有效改善贫困农户经济资本匮乏的困境。资源只有在交换的过程中才能实现其价值，价值需要进入市场进行交易并产生增值才能成为资本。因此，贫困农户应转变观念，将乡土文化资源开发为文化旅游产品，并通过市场化运作，实现文化资源潜在经济价值向现实经济价值的转化，乡土文化资源向文化资本转化是一种使文化产生经济效应的经济行为（见图6-2）。下文主要围绕乡土文化资源的挖掘整理、乡土文化资源的产品化和市场化两个方面展开讨论。

（一）传承优秀乡土文化，深入挖掘优秀乡土文化资源

在我国西南地区各个农村地区传承下来的各类乡土文化中，精华和糟粕

---

① 王蓉、代美玲、欧阳红、马晓龙：《文化资本介入下的乡村旅游地农户生计资本测度——婺源李坑村案例》，《旅游学刊》2021年第7期，第56~66页。

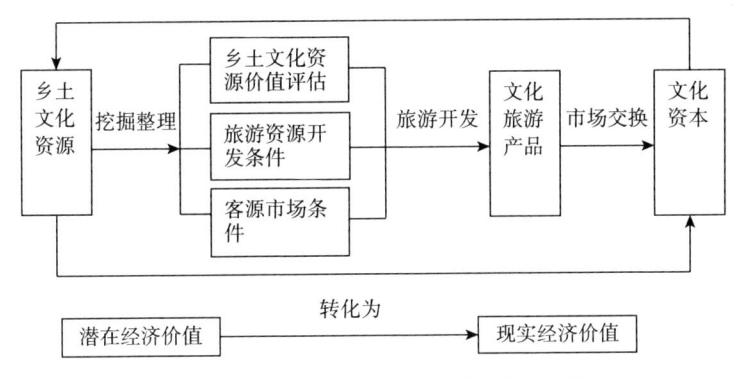

图 6-2 乡土文化资源向文化资本转化过程

并存。因此，对区域内乡土文化进行整理，深入挖掘优秀乡土文化资源，是文化资本转化的起点。西南地区民众在历史长河中，创造了绚烂多彩的乡土文化。如耕读文化、家族文化、礼仪文化和独特的饮食文化等，这是乡土文化的精华。贫困地区应在对这些优秀乡土文化进行不断的挖掘、复兴与传承的基础上，为贫困农户提供大量高质量的优秀乡土文化资源。

在政府层面，应从宏观层面对优秀乡土文化传承加强规划和引导。在乡村振兴的推进中，应结合当地乡土文化实际情况，对优秀乡土文化予以科学合理的抢救、维护和传承。地方政府应完善乡土文化相关规划，分门别类地对优秀乡土文化进行整理和传承，针对不同类型的乡土文化制定不同的传承策略，譬如组织力量编著村史、村志，支持有条件的贫困村建立村史馆、农耕文化馆等以发展旅游业，并出台相关政策对优秀乡土文化传承予以保障。

在贫困农户层面，应对地方乡土文化进行传承、整合与提升。《乡村振兴战略规划（2018—2022年）》对乡村风貌建设提出了明确要求，指出"建设立足乡土社会、富有地域特色、承载田园乡愁、体现现代文明的升级版乡村，避免千村一面，防止乡村景观城市化；充分维护原生态村居风貌，保留乡村景观特色，保护自然和人文环境"。[①] 乡村风貌是乡土文化的重要组成部分，也是乡村旅游的核心吸引物之一，因此，贫困农户应保护

---

① 《中共中央国务院印发〈乡村振兴战略规划（2018—2022年）〉》，《人民日报》2018年9月27日，第1版。

好乡村特色和乡村风貌。已有研究表明，乡土物质文化中的乡村风光、民居古镇、祠堂庙宇、农业遗迹等是能直接体现乡土文化特色的物质载体，也是保护乡村特色与乡村风貌、提升乡村形象与内涵的基础所在。[①] 在挖掘优秀的物质类乡土文化的同时，贫困农户还应重视非物质类乡土文化，如民风民俗、民间节庆、歌谣曲艺、传统技艺等，应重点挖掘具有地域特色、文化价值高的非物质类乡土文化。

（二）乡土文化资源的产品化和市场化

乡土文化资源具有美学、历史、科学、艺术以及教育等多重价值，能够满足人们观赏、学习、体验、休闲、娱乐等多方面的旅游需求。乡土文化资源只有联结相关的旅游服务，包装为文化旅游产品，才能被旅游者消费。乡土文化产品只有通过市场交换才能实现经济价值，完成文化资本到经济资本的转换，以及乡土文化资源的增值和盈利，并进一步丰富更新乡土文化资源，实现下一个循环的增值。对于乡土文化资源的产品化和市场化而言，贫困农户可以采取村集体合伙经营和个体自主经营两种方式参与。

首先，贫困地区应注重对区域内乡土文化的整体挖掘、整理和包装，乡土文化资源与村民的日常生产生活密不可分，因此，乡土文化资源具有公共资源的典型特征，可以采取村集体合伙经营方式完成对乡土文化资源的包装和出售，譬如以资源入股的形式对区域内乡土文化进行整理包装和出售，将贫困农户纳入旅游发展中，根据他们对乡土文化创造、乡土文化景观构建与保护传承的贡献大小，配置相应股权，贫困农户再以股权的形式投入旅游开发中。西南地区典型的做法是将整个村寨打造为独具特色的乡村旅游地，将贫困人口纳入旅游发展中，如贵州西江千户苗寨等。

其次，贫困农户结合自身情况可以采取个体自主经营的方式，完成乡土文化产品的市场化。贫困农户在乡土文化资源的拥有度方面存在较大的个体差异，而且个人对于乡土文化资源开发利用的能力不同。因此，贫困农户应提高自身对乡土文化资源开发利用的能力，结合自己拥有的乡土文化资源的数量、种类和级别，针对旅游者需求开发单向旅游产品，如针对

---

① 卢渊、李颖、宋攀：《乡土文化在"美丽乡村"建设中的保护与传承》，《西北农林科技大学学报》（社会科学版）2016年第3期，第69~74页。

旅游者住的需求开设农家乐，针对旅游者吃的需求提供地方特色美食，针对旅游者学习体验的需求开设传统手工艺体验馆等。

### 四 赋权贫困农户，持续改进贫困农户生计策略

赋权（empowerment）理论是社会工作领域中的一个重要理论，是指赋予案主必要的权利来促进社会群体状况的改善与社会秩序的稳定。20世纪80年代以来，赋权理论被广泛应用于社会工作、妇女、贫困、少数族群、弱势群体等研究领域，并出现了"充权""赋能"（enabling）等与"赋权"可以替换互用的概念。在旅游精准扶贫过程中，对于旅游业利益相关者中弱势群体的社区居民，亟须予以不同层面的赋权以提高其参与能力。首先，居民（尤其贫困人口）由于能力不足和不利资源处境而处于旅游发展边缘，应争取社会经济权利和地位提升。其次，随着权利的网络关系属性的凸显，作为弱势群体的居民（尤其贫困人口）不应仅仅被视为等待介入、帮助和改造的被动的客体，而应被视为具有意愿、能力和主动性的个人和群体。

关于赋权在旅游领域中的应用，国外学者瑞吉纳·斯基文斯（Regina Scheyvens）在研究生态旅游与当地社区赋权问题时，从社会、经济、心理和政治四个层面构建了一个赋权框架，这一框架的基本原理是生态旅游应促进地方一级的保护和发展。[①] 该赋权框架虽然是关于西方国家生态旅游与社区赋权问题研究的理论成果，但是同样适用于发展中国家旅游与社区赋权问题研究。国内学者孙九霞运用该赋权框架，通过对国内不同地域旅游目的地的追踪研究，分别从经济赋权、心理赋权、社会赋权、政治赋权四个方面阐述了旅游发展中的社区能力建设。[②] 因此，本书基于瑞吉纳·斯基文斯构建的赋权框架，从经济赋权、心理赋权、社会赋权、政治赋权四个层面探讨贫困农户旅游参与能力提升。

---

① Scheyvens, R., "Ecotourism and the Empowerment of Local Communities," *Tourism Management*, 1999, (20): 245-249.
② 孙九霞：《赋权理论与旅游发展中的社区能力建设》，《旅游学刊》2008年第9期，第22~27页。

## (一) 经济赋权是前提和基础

经济赋权是指有效释放村民经济潜能、创造就业机会，开发经济发展的新动能。乡村地区旅游精准扶贫与乡土文化传承实践首先应重视对贫困农户的经济赋权。一是调整产业结构，大力发展乡村旅游业，释放村民经济潜能，地方政府应重视乡村旅游业发展，调整乡村产业结构，将旅游业作为地区第三产业发展的支柱产业；通过旅游基础设施改善、政策引导、资金扶持等促进旅游业发展。二是为居民创造更多就业机会，拓宽居民参与旅游业的渠道。在旅游精准扶贫过程中，乡村旅游地的职业结构发生变化，居民就业机会增多。孙九霞通过对云南省西双版纳傣族园社区的研究发现，该社区在"旅游开发以前是单纯的农业社区，绝大多数劳动力从事纯粹的农业劳动，主要是水稻种植和橡胶生产"；自发展旅游业以来，"社区人口的职业构成发生了变化，主要体现为非农产业的劳动力增多"。[①] 对于以发展旅游业来解决贫困问题的西南乡村地区来说，这种情况十分普遍。在对西南地区的实地调查中发现，实施旅游精准扶贫的乡村社区，居民的职业结构发生了很大变化，直接从事农业生产的劳动力减少，而从事与旅游业相关的产业的劳动力增多，尤其是妇女群体，她们中的大部分从传统农业生产中脱离出来，开始从事旅游业，经营农家乐、餐馆及销售小商品等。旅游业发展为乡村地区居民拓宽了就业渠道，增加了收入来源，居民在从事旅游业过程中广泛受益。然而，乡村地区旅游业的快速发展离不开居民、政府、企业等多元主体的共同作用，居民在相关利益主体中因能力、资金、技术等因素制约而处于弱势地位，从旅游业中获利甚微，经济赋权也就无从谈起。因此，政府应把乡村居民视为旅游发展与乡土文化传承重要的利益主体，提升他们参与乡村旅游发展与乡土文化传承的能力，使乡村居民（尤其贫困人口）由旅游获益的边缘地位转变为主体地位。

## (二) 心理赋权是关键

心理赋权是指使居民对家乡的传统文化有自信，并为家乡优秀的传统

---

① 孙九霞：《赋权理论与旅游发展中的社区能力建设》，《旅游学刊》2008年第9期，第22~27页。

文化而感到自豪，主动地参与到乡土文化的保护与旅游开发实践中。乡土文化是人们在长期改造自然的过程中所创造的物质财富和精神财富的总和，具有地域性、民族性、乡土性等特征，是中国传统文化的重要组成部分。近年来，随着城镇化进程的不断加快，在城市文化的强势冲击下，传统乡土文化的生存环境发生了巨变，乡村空心化严重，客观上剥离了人们对乡土文化的感知，削弱了他们对家乡的感情。对于长期远离乡村的年青一代来说，他们很容易形成对乡土文化的自卑感和对城市文化的崇尚。这种情况严重阻碍了乡村地区旅游精准扶贫与乡土文化传承实践，心理赋权则成为解决问题的关键。Scheyvens 研究指出，"他们对将来保持乐观，对自身能力有信心，对自身民族传统和文化感到骄傲，这种社区居民的心理是强大的"。[1] 可见，只有对居民进行心理赋权，他们才能够对旅游参与持积极的态度。因此，乡村地区在旅游精准扶贫过程中，首先，应为贫困农户提供多元化的教育和培训机会，他们由于受传统的生产方式和文化价值观的影响，对以服务为导向的旅游业比较陌生，政府应创造各种条件对村民进行乡土文化、旅游业发展等方面的知识教育，同时开展旅游服务技能等方面的培训，让居民真正了解乡土文化的价值，从而自觉参与乡土文化的挖掘、旅游开发与保护活动。其次，应为贫困农户提供多种方式的旅游参与机会，让他们在积极参与旅游活动的过程中，充分认识乡土文化的经济、旅游、教育等多重价值，获得乡土文化保护与开发带来的各种收益，从而增强其乡土文化自豪感与认同感。心理赋权是影响居民参与旅游发展与乡土文化传承的关键因素。

（三）社会赋权是支撑

社会赋权指的是社区的凝聚力和整体性被其所从事的生态旅游之类的活动所确认和增强的一种状态。[2] 对于实施旅游精准扶贫的乡村地区来说，乡村旅游活动可以增强社区的凝聚力和整体性，而对于贫困农户来说，则

---

[1] Scheyvens, R., "Ecotourism and the Empowerment of Local Communities," *Tourism Management*, 1999, (20): 245 - 249.

[2] Scheyvens, R., "Ecotourism and the Empowerment of Local Communities," *Tourism Management*, 1999, (20): 245 - 249.

可以增强他们对于社区的归属感和认同感。社会赋权包括社区中某些为全部社区居民所认可的群体的成长，包括社区公共事业的发展，还包括社区整体形象的提升等。① 在西南地区，随着旅游精准扶贫的推进，乡村旅游的兴起为社区精英提供了一个新的发展平台，这些在社区旅游发展过程中诞生的新型社区能人被称为旅游精英。② 旅游精英是在乡村旅游发展过程中被认可的快速成长的群体，在乡村旅游发展与乡土文化传承中扮演重要角色。陈志永、王林等学者研究指出，旅游精英带动社区居民广泛参与旅游开发，在社区发展、文化传承乃至居民增权等方面具有重要的推进作用，其积极效应得到验证并被高度强调。③ 因此，西南地区在旅游精准扶贫与乡土文化传承实践中应充分发挥社区精英的引领作用，与普通居民相比，社区精英除了拥有更多的经济、关系、权力等资源外，还具备良好的为人、正直的品德、丰富的知识等硬性的个人能力条件。④ 资源优势加上良好的个人能力条件，使社区精英成为社区经济能人，深度参与社区旅游发展与乡土文化传承实践，具有示范性的带动作用。当然，社区精英参与旅游发展与乡土文化传承的首要动因是获取个人利益，为避免旅游精准扶贫中的"精英俘获"现象，地方政府应从制度和道德两个层面督促精英群体履行社会责任，推动社区精英形成更紧密的社区联系，社区精英可以将"熟人、生人"内化为"家人"，从而积极运用资源来满足村民需要和增进村落福利。⑤ 将旅游开发部分收益反馈给社区是社区精英增进社区福祉的最直接行为，譬如，改善社区旅游基础设施、拯救珍贵的传统建筑、修复文物古迹等。因此，社会赋权应充分重视社区精英群体的成长、旅游业的快速发展、社区乡土文化的保护与传承、社区公共事业的发展等。社会赋

---

① 孙九霞：《赋权理论与旅游发展中的社区能力建设》，《旅游学刊》2008年第9期，第22~27页。

② 吴其付：《从普通村民到社区精英：中国旅游精英的典型个案——以阳朔"月亮妈妈"为例》，《旅游学刊》2007年第7期，第87~90页。

③ 陈志永、李乐京、李天翼：《郎德苗寨社区旅游：组织演进、制度建构及其增权意义》，《旅游学刊》2013年第6期，第75~86页；王林：《旅游社区的非体制精英与文化遗产保护——以宣科与丽江古乐为例》，《社会科学家》2008年第5期，第87~90页。

④ 旷宗仁、杨萍：《乡村精英与农村发展》，《中国农业大学学报》（社会科学版）2004年第1期，第45~49页。

⑤ 任轶：《政治精英在村庄治理中的角色：一种比较发展的视角》，《南京社会科学》2013年第9期，第83~89页。

权对于增强社区凝聚力与整体性具有重要意义,社会赋权有助于促进乡土文化传承与旅游开发利用协同发展。

(四)政治赋权是保障

政治赋权是指保障贫困人口的各项基本权利。在西南地区旅游精准扶贫与乡土文化传承实践中,保障居民平等的参与权是核心,尤其应保障贫困农户平等地参与旅游发展。在旅游精准扶贫过程中,与旅游产业发展相关的各项政策采取的是"自上而下"的制定模式,贫困农户被排除在外,贫困农户的知情权和选择权没有得到充分尊重。应给予贫困农户或贫困农户代表陈述观点的机会,鼓励他们广泛参与政策制定,保证他们的合法权利。社区可以成立代表居民利益的组织,如委员会等,参与乡土文化保护与旅游开发相关政策的制定。同时,让贫困农户充分了解社区旅游发展规划,积极参与旅游开发过程。贫困农户是旅游精准扶贫与乡土文化传承的主要力量,他们的利益诉求得不到满足,旅游精准扶贫与乡土文化传承目标均无法实现。政治赋权是贫困农户主体地位的体现,为贫困农户参与区域旅游精准扶贫与乡土文化传承提供制度保障。

赋权视角下贫困农户的旅游参与能力得到了大幅度提升,他们开始持续调整其生计策略,逐渐从传统的务农型、务工型向旅游型转变,普遍采取多种方式就业。在贫困农户生计策略逐渐从传统的务农型、务工型向旅游型转变的过程中,贫困农户对生计资本的需求也发生变化,王蓉等研究指出,农户生计的非农化发展降低了其对自然资本的依赖性,社会资本和文化资本对农户生计的影响日益凸显,成为影响农户生计资本积累的主要因素。[①] 因此,贫困农户为实现传统生计向旅游生计的转变,应着力增加其社会资本和文化资本。

## 五 共同参与原则,建立相关利益主体共生机制

共同参与原则是可持续生计框架理论的核心原则,强调贫困农户自身

---

① 王蓉、代美玲、欧阳红、马晓龙:《文化资本介入下的乡村旅游地农户生计资本测度——婺源李坑村案例》,《旅游学刊》2021年第7期,第56~66页。

在生计策略选择中扮演关键角色，贫困农户与外部主体应实现共同参与。但在实践过程中，贫困农户与外部主体之间可能会出现诸多矛盾，只有寻求各利益主体的利益契合点，加强相关利益主体的对话、协调与合作，贫困农户才能真正实现旅游生计可持续，从而促进旅游精准扶贫与乡土文化传承耦合系统的良性运行。利益主体理论为解决贫困农户与其他利益主体之间的利益失衡问题奠定了理论基础。

利益主体理论又称利益相关者理论（stakeholder theory），该理论的核心思想是协作或者合作，以期实现利益主体之间的"共赢"或"多赢"。1984年世界环境发展委员会（WCED）明确指出在旅游可持续发展的过程中有必要理解利益相关者，之后，利益主体理论被引入旅游领域，主要用于研究旅游规划、开发以及乡村旅游等。在国外研究中，弗瑞曼（Freeman）是较早研究利益主体理论的学者，并对利益主体进行了界定，他认为"（一个组织的）利益主体是指任何可以影响该组织目标的或被该目标影响的群体或个人"。[1] 部分学者运用利益主体理论研究了文化遗产与旅游项目开发，Christina Aas 等研究发现，联合国教科文组织和挪威政府在老挝琅勃拉邦开展了文化遗产与旅游项目，但当地居民从该项目中获利较小，真正获利的是当地政府官员或代表当地居民利益的所谓"精英"，他们提出不同的利益主体需要对话、合作和协调，并构建了旅游利益主体合作的模式。[2]

在国内研究中，20世纪90年代以来，随着旅游可持续发展的研究越发深入，利益相关者理论引起了学界的关注。研究主要集中于利益相关者理论在旅游规划与管理中的应用，刘雪梅和保继刚对旅游业的利益相关者进行了界定，并首次将利益相关者理论引入旅游规划与管理中。[3] 张伟、吴必虎[4]把利益主体理论应用到四川省乐山市旅游发展战略规划过程中，

---

[1] Freeman, R. E. *Strategic Management: A Stakeholder Approach*, Boston: Pitman, 1984: 46.
[2] Christina Aas, Adele Ladkin, John Fletcher, "Stakeholder Collaboration and Heritage Management," *Annals of Tourism Research*, 2005, 32 (1): 28-48.
[3] 刘雪梅、保继刚：《从利益相关者角度剖析国内外生态旅游实践的变形》，《生态学杂志》2005年第3期，第348~353页。
[4] 张伟、吴必虎：《利益主体（Stakeholder）理论在区域旅游规划中的应用——以四川省乐山市为例》，《旅游学刊》2002年第4期，第63~68页。

对不同利益主体的旅游意识和利益表达进行了定性与定量分析,并提出了利益主体理论在我国区域旅游发展规划中的应用途径。随着乡村旅游的不断推进,不同利益主体之间利益冲突越来越明显,学者们基于不同利益主体对乡村旅游进行了深入研究。朱华以成都市三圣乡红砂村观光旅游为例,把利益主体理论应用于乡村旅游项目研究中。[1] 侯志强等[2]基于利益主体理论探讨了观光果园的旅游开发问题。已有研究表明乡村旅游、文化传承中的每一个利益主体的活动都是双向互动、相互影响的,应重视协调各利益主体的关系。

(一)村民与政府的利益冲突及共生措施

我国乡村地区旅游精准扶贫是政府主导型模式,在乡土文化旅游开发与保护过程中,村民和政府由于利益诉求的差异,可能存在着矛盾和冲突。村民与政府的利益冲突集中表现在两个方面。一是旅游征地补偿矛盾。在发展旅游业的过程中,为了打造旅游景区,政府需要征用、征收部分甚至全部当地居民的住宅用地。对于征用农民土地,我国法律有明确的征地补偿标准,但在实际操作中,政府补偿标准较低,村民缺乏可持续生计安排,致使一些失地农民陷入"种田无地,上班无岗,社保无份,创业无钱"的困境。这种状况造成被征地农民的心理失衡和对政府的抵触,甚至引发农民与政府之间的冲突。二是旅游业收益分配矛盾。在政府主导下的乡村旅游中,村民利益需求往往被忽视,村民(尤其贫困人口)受资金、技术以及自身能力等因素制约,仅能浅层次参与旅游活动,导致村民从旅游发展中获益有限。这种状况严重制约乡村旅游的可持续发展,不利于旅游精准扶贫与乡土文化传承实践,要化解村民与政府之间的利益冲突应当从四个方面入手。

首先,注重村民利益诉求。政府应做好旅游精准扶贫与乡土文化保护规划,始终以村民的利益诉求为出发点。在旅游精准扶贫与乡土文化保护

---

[1] 朱华:《乡村旅游利益主体研究——以成都市三圣乡红砂村观光旅游为例》,《旅游学刊》2006年第5期,第22~27页。
[2] 侯志强、赵黎明、李洪波:《基于利益主体理论的观光果园旅游开发研究——以迁西杨家峪板栗园为例》,《干旱区资源与环境》2006年第4期,第122~126页。

实践中，村民应发挥对于旅游开发与乡土文化保护的主体作用。旅游精准扶贫的根本目标为促进农村产业转型升级、农民增收脱贫以及农村发展，在旅游发展过程中应注重对乡土文化的挖掘与保护。

其次，完善现有的旅游法律法规。政府应完善现有的法律法规，通过法律保障村民的参与权利，旅游行政管理部门或立法机构在制定旅游规划和旅游规划实施细则时都要进行详细的说明，以保证村民参与旅游发展有法可依、有章可循。对于村民的土地、房子等的旅游征用、拆迁以及赔偿首先应做到有法可依。同时，政府在执法的过程中应做到有法必依，在发展旅游的过程中，始终把村民的合法权益放在首要位置，防止违法违规的行为出现。

再次，建立合理的利益分配机制。利益分配机制的建立在整个旅游业的发展中具有非常重要的作用，要根据村民的参与愿望和能力组织他们从事不同的旅游活动，进而建立不同的利益分配机制，以满足全体社区居民的利益分配要求。

最后，提高乡村旅游竞争力。品牌建设已经成为乡村旅游地吸引客源、传播旅游形象、增加旅游收入的重要手段。由于旅游地品牌属于公共产品，乡村旅游地的品牌打造一般由政府主导。朱华研究指出，"如果没有政府的参与，红砂村农户和单个企业是无力或不愿承担这些外溢效应很明显的活动的。而没有品牌，红砂村乡村旅游的可持续发展将受到严重制约，居民利益也就无法得到保障"。[①] 政府还应充分运用传统及现代媒体的宣传方式，如微信公众号、微博、抖音等互联网工具让当地居民对本民族的历史底蕴、山水文化有更深入的了解，并充分发掘其中的审美、文化及科学价值，鼓励当地居民积极参与旅游经营，加大对乡土文化保护政策的宣传力度，提升当地居民对乡土文化的保护意识。

（二）村民与旅游企业的利益冲突及共生措施

乡村地区在旅游精准扶贫过程中，通常会招商引资，吸引外来资本参与乡村旅游发展。旅游企业是旅游精准扶贫项目的资本参与者，为贫困地

---

① 朱华：《乡村旅游利益主体研究——以成都市三圣乡红砂村观光旅游为例》，《旅游学刊》2006年第5期，第22~27页。

区的乡村旅游发展提供资金支持和技术支撑,从而带动贫困地区的经济发展。村民与旅游企业的利益冲突集中表现在两个方面。一是利益分配矛盾。在对乡土文化资源旅游开发过程中,村民希望获得更多的就业机会或从事旅游经营工作,长期分享旅游收益;而对于旅游企业来说,其来此地进行旅游项目开发当然是为了实现经济利益的最大化,因此其在人力资源管理方面,希望雇用那些技术能力强、综合素质较高的人员。但这样一来,必然造成旅游企业与本地村民之间因目的不同而产生矛盾,旅游企业能够提供给当地村民的就业岗位和商机大大减少,或者村民只能从事低层次的旅游经营活动。村民的参与程度低,大量的收益自然流向旅游企业。即使有些旅游企业会通过不同途径返还村民一定比例的门票收入,但远远低于村民维护资源所付出的成本。二是乡土文化保护与旅游开发的矛盾。旅游企业通常是以旅游项目的形式参与旅游精准扶贫,它们更为关注的是短期旅游开发以实现经济收益的最大化,而这种只重短期利益的开发自然容易导致过度商业化与过度开发,这对于乡土文化来说其伤害是致命且无法复原的,二者的可能矛盾需要在旅游项目的规划初期便有清晰的考虑,以免造成不可挽回的损失。

要化解村民与旅游企业之间的利益冲突应当从两个方面入手。首先,旅游企业应进行负责任的旅游开发。旅游企业在追求自身经济利益的同时,应履行自身承担的社会责任,在促进乡村脱贫致富方面发挥重要作用,充分利用各类乡土文化保护专项资金、旅游开发专项资金以及企业扶贫资金等,大力发展乡村旅游,发挥旅游产业对区域经济的带动作用和溢出效应。同时,旅游企业还应把促进贫困人口就业、脱贫增收作为重要政治任务。一方面,旅游企业根据贫困农户的不同需求,"一户一策"开展相应的就业培训,提高贫困人口的素质和综合能力;另一方面,旅游企业还应提升带贫能力,为贫困人口提供更多就业岗位,包括为贫困人口提供公益性岗位,优先安排贫困人口在本企业就业等,最终带动贫困人口脱贫致富。

其次,旅游企业应秉承保护性开发理念。旅游企业在参与旅游精准扶贫的过程中,应重视区域特色乡土文化的挖掘与保护工作,在旅游开发过程中,最大限度地保留原汁原味的乡土文化特色和乡村风貌,深度挖掘具有地域特征的文化符号，开发具有竞争力的乡村旅游产品。在保护性开发理念下，旅游企业在推动乡土文化的有效保护与可持续利用方面发挥着重要作用。

（三）村民与游客之间的利益冲突及共生措施

随着旅游精准扶贫的不断深入，旅游业在我国乡村地区快速发展，旅游地居民与游客在接触和交往过程中，不可避免地会发生各种利益冲突。从游客的角度看，"乡村性"是吸引他们前往乡村地区旅游的核心，他们希望在乡村旅游地感受到原生态的乡土文化、淳朴的民风民俗、多姿多彩的传统节庆文化等。但是，游客在实地旅游的过程中发现，在外来异质文化的强力冲击下，旅游地原有的乡土文化独特性逐渐消失，当地居民的穿着、语言文字、建筑风格、生活方式与外来者日益趋同，当地固有的传统文化被冲淡、同化甚至扭曲。并且，乡村地区居民的心理、行为和社会生活方式也在悄然变化，淳朴民风逐渐淡化，在短期经济利益诱导下，一些乡村居民开始背离道德规范，将伪劣工艺品高价出售给游客牟取暴利，甚至出现了坑蒙拐骗、强买强卖等事件，从而引发游客与乡村居民之间的各种利益冲突。游客的某些行为也给当地社会、文化造成诸多负面影响。如一些游客乱扔垃圾、践踏花木、赌博嫖娼、不尊重民风习俗的行为不可避免地给乡土文化带来冲击。

化解村民与游客之间的利益冲突可以从两个方面着手。一是乡村旅游应凸显"乡村性"，邹统钎研究指出，中国乡村旅游应"以差异与特色确立乡村旅游主题；以地方的民俗与民居建筑风格体现乡村旅游地格（sense of place or locality）；以倡导当地居民热情、友好、淳朴的态度和服务营造乡村旅游的氛围（atmosphere），使之与自然和人文环境相协调"。[①] 乡村旅游地应传承优秀乡土文化，留住美丽乡愁，开发具有竞争力的乡村旅游产品，实现"一村一品"，更好地满足游客的旅游需要。

二是开展负责任的乡村旅游。游客在乡村旅游目的地旅游的过程中，必然会对旅游目的地社会、文化等产生各种影响，应对其行为进行引导以

---

① 邹统钎：《中国乡村旅游发展模式研究——成都农家乐与北京民俗村的比较与对策分析》，《旅游学刊》2005年第3期，第63~68页。

减轻甚至避免对旅游目的地的负面影响。《中华人民共和国旅游法》明确规定:"旅游者在旅游活动中应当遵守社会公共秩序和社会公德,尊重当地的风俗习惯、文化传统和宗教信仰,爱护旅游资源,保护生态环境,遵守旅游文明行为规范。"乡村旅游地在乡村旅游发展过程中,应依据旅游相关法律加强对游客行为的监督和管理。同时,在发展乡村旅游的过程中,乡村旅游地应加强村民与游客之间的文化交流与互动,使村民与游客和谐共处。

## 六 完善政策体系,提供耦合发展的制度保障

政府作为旅游精准扶贫与乡土文化传承耦合发展的重要主体,在旅游精准扶贫与乡土文化传承耦合发展过程中起主导作用。随着旅游精准扶贫实践的不断深入,旅游精准扶贫的目标由单一经济目标转为经济、社会、文化和生态等多维目标。在旅游精准扶贫与乡土文化传承耦合实践中呈现出新问题,需要进一步完善机制、强化政策保障,引导旅游精准扶贫与乡土文化传承耦合系统协调发展。

### (一) 完善旅游精准扶贫与乡土文化传承耦合发展的政策体系

实现旅游精准扶贫与乡土文化传承的耦合发展,首先应对政策进行完善,发挥政府的主导作用,统筹兼顾,加强旅游精准扶贫与乡土文化传承耦合发展的政策设计。

长期以来,旅游精准扶贫与乡土文化保护分属不同系统,无论是旅游精准扶贫政策还是乡土文化保护政策,其出发点都是促进本领域的发展,很难真正实现旅游与乡土文化的结合发展。20世纪90年代以前,我国重点发展的是入境旅游,关注的是旅游给国家带来的外汇收入,这一时期国家旅游政策的重点是改善旅游接待条件,发展入境接待,吸引更多的外国游客前来中国参观游览。进入21世纪,随着我国经济的快速发展,国内旅游开始蓬勃发展,国家旅游政策的重点转向经济功能的全面释放,文化和旅游的关系逐渐引起政府部门的关注。在文化方面,政府首先关注的是非物质文化遗产与重点文物的保护工作,并制定了非物质文化遗产和文物保护方面的专门法,这些法律很少涉及旅游内容。其中,《非物质文化遗产

法》未涉及"旅游"内容,《文物保护法》虽然有提到"旅游",但并未涉及旅游与文化的关系,强调的是旅游发展不能对文物造成破坏,提出"基本建设、旅游发展必须遵守文物保护工作的方针,其活动不得对文物造成损害"。

从文化和旅游的内涵来看,文化和旅游具有天然的融合关系。自文化和旅游部组建以来,文化和旅游统筹发展、融合发展理念开始融入各项政策。2018年9月,中共中央、国务院印发了《乡村振兴战略规划(2018—2022年)》,规划提出,要发展乡村旅游和特色产业,推动文化、旅游与其他产业深度融合、创新发展。同年10月,中共中央办公厅、国务院办公厅印发了《关于加强文物保护利用改革的若干意见》,在"健全社会参与机制"板块明确提出,"促进文物旅游融合发展,推介文物领域研学旅行、体验旅游、休闲旅游项目和精品旅游线路"。这些政策的制定可以很好地促进旅游精准扶贫与乡土文化传承耦合发展实践。

未来还需要在乡村振兴战略思想指导下,以建设美丽乡村为出发点和落脚点,加强旅游精准扶贫与乡土文化传承耦合发展的政策设计,出台相关的激励政策与约束政策。激励政策包括租金减免、土地优惠、放宽投资限制等,出台此类政策可吸引多元主体参与到旅游扶贫的过程中,鼓励当地农民创新创业,充分利用旅游扶贫政策带来的机会,为自身创造脱贫可能;鼓励文化传承人创新传承,定期举办讲座邀请专业人士前来交流,使文化传承人认识到旅游发展中文化的核心地位,培养其创新意识,使文化在吸引游客的同时,能够"有人可传,有人愿传"。约束政策包括维护市场秩序、旅游开发规划、文化开发限度等,通过政策性制度的引导,以乡风民约为辅助,规范旅游业中的餐饮、住宿、交通、参观、购物、娱乐等服务。综合激励政策与约束政策,为"农文旅"融合发展寻求平衡点,促进乡村旅游的可持续发展与乡土文化的和谐发展。

旅游精准扶贫与乡土文化传承的耦合发展是一项庞大的系统工程,乡土文化资源具有公共物品特征,乡土文化资源的保护与开发利用如果由市场主导具有局限性。在我国,无论是解决贫困问题还是对乡土文化资源的保护与旅游利用,都离不开政府的作用。政府应从政策层面为旅游精准扶贫与乡土文化传承耦合发展保驾护航,在政策制定层面发挥主导作用,畅通贫困人口利益表达和维护渠道。一方面，对于优秀乡土文化的保护与传承，政府应起主导作用，从政策层面予以资金、人才、技术保障。政府在推进"乡村记忆工程"实践中发挥主导作用，利用财政、税收、金融、用地等多种政策工具，对具有浓郁地方特色、具备传统文化特征的古村古镇进行整体保留、保护和利用，建设"乡村博物馆"，集中展示当地的村史、村情，增强当地村民对自身文化的认同感、归属感，从而促进乡土文化的保护与传承。

另一方面，对于乡土文化的旅游开发利用，政府应加强政策引导和扶持，充分发挥市场在乡村旅游开发中的积极作用，完善相关财税政策，引导和鼓励社会各方面投入乡土文化保护和乡村旅游发展。政府应建立与社会主义市场经济相适应，符合乡土文化传承与旅游开发内在规律，财政、税收、金融、用地等多种政策工具并用的政策体系。乡村地区在具体政策制定过程中，应充分考虑贫困人口的实际情况，研究制定旅游产业发展与贫困农户利益联结机制政策等。

(二) 创新人才培养开发机制

**1. 完善乡土文化传承人培养制度**

乡土文化传承的主体缺位是当下乡土文化传承过程中的一个重要问题，由于工业化与城镇化的快速发展，大量的农村人口被吸收到城市中，农村的文化传承人才凋零，大量的传统工艺传承出现"断层"现象。大量依靠口授和行为传承的文化遗产正在不断消失，许多传统技艺面临消亡，大量有历史、文化价值的珍贵实物与资料遭到损毁或流失境外，随意滥用、过度开发非物质文化遗产的现象时有发生。我国非物质文化遗产的保护已经是刻不容缓的事情。

乡村地区应完善现有的乡土文化传承人培养制度。首先，保护好现有的民间艺人、非物质文化传承人，他们有一技在身，这些技艺在现代社会中仍然深受人们的喜爱，并因其独特性而具有强大的生命力，但如果后继人才跟不上，则可能面临失传，因此必须开展挽救工作，要加强对这类人才的保护，要从政策和经济上保障他们的生活。其次，以非物质文化传承人或艺人为依托，积极培训本地文化工作者，鼓励高素质的本地文化工作者积极推广本地文化。当地人从小生活在特定的文化氛围里,对于本地区的文化有着深入的了解,因此,对本地人中的文化工作者开展培训,是最为重要和有效的培养后继人才的一种手段。最后,从教育入手,在职业教育、高等教育中设置传统文化课程,并可在招生政策上给予一定的倾斜,使更多的年轻人愿意选择此类专业,在完成学业后能够自觉自愿地承担起文化传承的重要职责。

**2. 建立复合型管理人才培养机制**

随着旅游精准扶贫与乡土文化传承实践的不断推进,乡村地区迫切需要大量文化与旅游的复合型管理人才。乡村旅游开发涉及文化、产品、市场和资本等多方面内容,急需会管理、懂文化、精旅游和熟乡情的复合型人才。国家在规划乡村旅游时要重视对复合型人才的引进和培养,联合乡村当地能人、能手,内外结合,培育一支促进乡村旅游发展的带头人队伍。[①] 乡村地区应围绕"文化引领、旅游带动、产业融合、耦合发展"总体思路,加快构建乡村管理人才体系。在对西南地区农村进行实地调研时发现,具有文化与旅游专业背景的管理人才奇缺,这种状况严重制约旅游精准扶贫与乡土文化传承的可持续发展,应从学校教育、培养和任用乡村精英和引进高素质优秀人才等层面改善。

首先,乡村地区应加强学校教育,培养高素质的文化与旅游人才。高校是培养文化与旅游人才的重要场所,应以市场需求为导向,加强与政府和企业的深度合作,为社会输送文化与旅游专业对口人才,为西南地区旅游精准扶贫与乡土文化传承提供人才保障。

其次,乡村地区应注重培养和任用乡村精英,乡村精英具有综合素质较高、能力出众、熟悉本土情况、热心村庄公益事业的特点,为其提供旅游文化知识与技能培训,使其具备必需的知识、技能和素质,并在乡村旅游开发与乡土文化传承实践中担任管理者。

最后,乡村地区还应重视引进高素质优秀人才。在薪酬待遇方面要制定具有吸引力的政策,更多地关注有责任心、专业基础扎实以及有良好职业操守与道德的高素质人才,以便能够更好地开展乡土文化保护与传承、

---

① 宋建军:《乡土文化资源与乡村旅游发展耦合研究:以浙江衢州为例》,《当代农村财经》2019年第6期,第19~22页。

旅游文化宣传推广等工作。

(三) 建立旅游产业发展长效资金保障机制

**1. 加大乡土文化保护资金支持力度**

近年来，虽然我国政府越来越重视乡土文化的保护与传承，并且逐年增加在乡土文化保护与传承方面投入的资金，但是这只能从表面上解决资金问题，并不能从根本上解决文化保护资金缺乏的问题。在一部分偏远地区，地方财政收入本身就不足，在这样的前提下，当地政府根本没有条件拿出更多的资金投入到文化保护项目中，而且乡土文化保护统筹资金的制度也远远达不到完善的标准，投入资金本身就严重缺乏，不足以支撑一个完整的乡土文化保护项目，再加上资金统筹不完善的问题，文化保护制度落地实施更加困难，很多重要的乡土文化得不到相应的保护，逐渐走向衰落，甚至一大批优秀的乡土文化面临着消亡的危险。越来越多的文化传承人因为生计问题不得不放弃传统的手艺，转入现代化的经济模式中。由此可见，在乡土文化保护与传承过程中经费缺乏是一个非常棘手的难题。

乡土文化保护与传承是一项具有长久性、规模化、体系化的工程，这种特征决定了它是需要投入大量人力物力以及资金的工程。一方面，政府应加大财政投入力度，充分统筹整合财政、城建、民委等各块资金，把乡土文化保护与传承纳入工作重点。省市级政府应设立专门的乡土文化保护资金；县级政府应在日常经济预算中设立农村文化专项资金，并将农村文化专项资金用于日常景观维护以及古建筑维护的工作中；乡镇政府应成立专门的文化保护工作小组，并为该小组提供一定的工作经费。另一方面，地方政府还应聚集社会力量，并采取各种方式筹集资金以保护当地文化，譬如，采取市场运作方式，通过土地租赁、住房外包和其他形式筹集资金来保护乡土文化；建立保护当地文化的官方基金会，并利用互联网和其他渠道来鼓励离开当地的成功人士返回家乡进行投资，并为他们提供财政支持。

**2. 建立旅游产业发展长效资金保障机制**

目前，我国乡村地区旅游产业发展主要的资金来源是政府补贴，远远不能满足旅游产业发展的资金需求，应深化统筹"内力+外力"，积极通过政策引导鼓励个人、企业以各种方式投入旅游精准扶贫中来，多渠道吸纳社会资金投入，建立旅游产业发展长效资金保障机制。

首先，政府应加大对旅游产业发展的扶持力度，制定旅游产业发展优惠政策，促进旅游产业发展，繁荣乡土文化。政府应从旅游用地、税收优惠、产业发展奖励等方面对乡村旅游产业发展给予大力支持。一是制定和落实旅游用地优惠政策，保障乡村旅游产业发展的用地供应。在符合相关规划的前提下，乡村年度用地计划应优先安排旅游项目建设，加强旅游用地保障。二是制定和落实旅游税收优惠政策，对旅游企业给予税收减免或补贴，增加企业在成本上的红利，吸引企业投资旅游项目。三是制定产业发展奖励办法，如设立旅游企业财税增长奖、旅游产业企业贡献奖等，对于投资景区建设的旅游企业，按照国土部门挂牌价格出资摘牌和缴纳相关税费后，奖励除税费外超出该地段同类性质用地基准地价以上摘牌价款的等额资金。

其次，政府应建设乡村旅游投融资平台。对于乡村地区来说，发展旅游缺少资金支持这一难题急需破解，拓宽乡村旅游投融资渠道则成为解决问题的关键。从政府层面来讲，应尽快建立乡村旅游投融资平台，鼓励更多的社会资本参与乡村旅游发展。而融资是乡村旅游投融资平台建设的基础，融资是指筹集乡村旅游发展的建设及运营资金。目前，我国关于乡村旅游融资比较常见的做法是政府出一部分引导资金，再吸收社会资金，共同组成旅游投资的资金池，其中成立旅游产业基金的方式比较普遍。乡村旅游投融资平台在融资的基础上，会把资金运用于区域旅游资源开发、旅游品牌打造、旅游产业布局等方面。中小企业根据自身发展需要，可以在投融资平台进行融资申请，通过开展旅游项目的方式参与乡村旅游发展，有效解决乡村旅游发展的资金匮乏难题。

## 小 结

构建西南地区旅游精准扶贫与乡土文化传承耦合机制，首先，应结合西南地区实际情况，主要考虑两点。一是贫困地区基本现实，实践研究表明，随着乡村旅游嵌入西南地区乡村地域系统，贫困村的条件得到了较大改善，贫困农户生计模式持续改进。二是旅游精准扶贫与乡土文化传承耦合系统演化规律，整体而言，西南地区旅游精准扶贫与乡土文化传承耦合演化尚未进入高级耦合发展阶段，旅游精准扶贫子系统与乡土文化传承子系统之间发展呈现出不匹配、不均衡的态势。西南地区贫困地区通过旅游精准扶贫与乡土文化传承耦合系统的自我调节或借助外力，促使耦合系统进入高级耦合发展阶段，实现耦合系统的良性互动。其次，西南地区旅游精准扶贫与乡土文化传承耦合机制构建还应有相应的理论依据，旅游语境下的可持续生计分析框架将可持续乡村生计框架和旅游扶贫进行结合，并且强调文化资本作为生计资本的重要作用，和本书研究主题契合。因此，本书基于旅游语境下的可持续生计分析框架，从系统主体层面，对旅游精准扶贫与乡土文化传承耦合发展的现实路径进行了探讨，提出了六个方面的具体对策：瞄准贫困农户需求，建立贫困农户参与的动力机制；提升贫困农户的文化认同，自觉传承优秀乡土文化；更新发展观念，促进贫困农户文化资本转化；赋权贫困农户，持续改进贫困农户生计策略；共同参与原则，建立相关利益主体共生机制；完善政策体系，提供耦合发展的制度保障。

# 结　语

布迪厄认为经济资本是其他资本的根源，但不同类型资本具有可转换性，经济资本、社会资本和文化资本之间，以及文化资本内部三种不同的存在形态之间可以相互转化，这样才能保证资本的再生产。[①] 而对旅游资源的开发就是通过对当地文化资本的再发掘与再整合，打造出新的文化空间，从而实现文化资本向经济资本的转化，创造出地方的经济效益与社会效益，最终实现脱贫。与此同时，文化资本的建构需要依托贫困地区的文化空间而展开，需要对其进行保护和建设，所以民族地区旅游扶贫的本质从一定程度上来讲就是依托民族村寨的文化空间来增加贫困居民的文化资本，从而形成旅游吸引力，通过文化体验发展文化旅游，增加经济收入，弥补资本拥有的不平衡。因此，贫困地区的旅游扶贫是在经济贫困与资源丰富叠加的背景下进行的文化资本重构与转换。

正因为贫困地区的旅游扶贫的本质是通过文化资源的商业化利用和文化空间的再生产来弥补资本拥有的不平衡，以文化资本获取经济收益，所以贫困地区的乡土文化的保护和传承情况就决定着旅游扶贫实现的可能性和实现的程度。但是，从表面上看，旅游扶贫与乡土文化保护和传承似乎是有矛盾的。旅游扶贫整体上关注产业目标和贫困人口减少的政策的量化目标，有着政策方面的时间表和紧迫性，甚至有着不达目标不罢休的功利性。而乡土文化保护和传承整体上与产业、利润没有直接的关系，虽然旅游扶贫的文化产业化的逻辑将乡土文化带入了利益场，但是其对利润和扶贫指标的完成只是间接性的而不是直接性的。因此，研究和建构一个旅游

---

① 赵科、张海清：《对布迪厄文化资本理论的解读》，《玉溪师范学院学报》2009 年第 7 期，第 57～61 页。

# 结　语

扶贫和乡土文化传承的耦合机制就显得非常有必要和有意义。

耦合是指两个或两个以上系统或运动形式通过各种相互作用而彼此影响的现象，体现系统或要素间的相关性。[①] 旅游精准扶贫与乡土文化传承二者是相互影响、相互制约的关系，不仅有静态的相似性，还有动态的互动性；二者的耦合既可能是良性耦合，也可能是不良耦合。二者的良性耦合与协调发展需要具备一定的条件。在旅游精准扶贫与乡土文化传承耦合发展的实践中，形成了不同的耦合方式和耦合内容。实现旅游精准扶贫与乡土文化传承的良性耦合，需要从目标、主体、资源、功能与空间等要素和内容入手，同时优化五个要素的联结和功能，因此建构旅游精准扶贫与乡土文化传承的良性耦合系统既是一个理论问题，同时也是一个重要的实践难题。

通过耦合协调度模型和计量分析可以看出，西南地区旅游精准扶贫与乡土文化传承的耦合程度较低，现代旅游业带动区域经济发展和促进乡土文化传承的潜力尚未被充分挖掘。因此，结合西南地区旅游精准扶贫过程和区域乡土文化传承特点，在旅游精准扶贫与乡土文化传承的良性耦合模型指导下，西南地区可以因地制宜地采取资源驱动型旅游精准扶贫与乡土文化传承耦合模式、政府主导型旅游精准扶贫与乡土文化传承耦合模式、市场运作型旅游精准扶贫与乡土文化传承耦合模式以及混合成长型旅游精准扶贫与乡土文化传承耦合模式，每一种模式都有自己的特点、适用范围以及实践路径。

虽然脱贫攻坚的目标任务已经完成，但是，西南地区旅游精准扶贫与乡土文化传承的耦合实践尚处于初级阶段，应该持续统筹协调各系统要素、联结与功能之间的关系，应该基于系统耦合理念与要求对已有的旅游精准扶贫系统与乡土文化传承系统进行完善，研究建立旅游精准扶贫与乡土文化传承耦合发展的居民参与机制、相关利益主体共生机制，完善法律与政策保障机制，创新人才培养开发机制，并给予政策倾斜、财税金融支持等，引导并推动旅游精准扶贫与乡土文化传承耦合向更深层次、更广领域拓展。

---

① 高楠、马耀峰、李天顺、白凯：《基于耦合模型的旅游产业与城市化协调发展研究——以西安市为例》，《旅游学刊》2013年第1期，第62~68页。

# 西南地区旅游精准扶贫与乡土文化传承的耦合机制

在乡村振兴战略背景下，乡土文化传承迎来了新的机遇和挑战。乡村文化振兴是产业兴旺、生态宜居、乡风文明、治理有效的重要内容，同时也是实现乡村振兴目标的重要途径。[①] 乡土文化既有其独特性，也具有多样化的特点，正是这两大特色为我国近年来发展得如火如荼的乡村旅游产业提供了强大的文化基因库。作为我国传统文化重要组成部分的乡土文化迎来了新的发展机遇，政府出台了一系列保护与传承乡土文化的政策和措施。2021年中央一号文件在指出"民族要振兴，乡村必振兴"的同时，要求在全面推进乡村振兴的工作中"深入挖掘、继承、创新优秀传统乡土文化，把保护传承和开发利用结合起来，赋予中华农耕文明新的时代内涵"。在实践层面，近年来，蓬勃发展的乡村旅游产业是乡村经济振兴的重要支点，"民俗村""特色小镇""生态风情村"等特色旅游景点遍地开花，虽然受到疫情影响，2020年乡村旅游产业仍然在第二季度"形势大为好转，环比增长达148.8%"[②]。因此，作为我国乡村振兴战略重头戏的乡村旅游开发，不仅肩负乡村产业振兴的重任，同时也应在我国文化强国战略视野下发挥对乡土文化的开发与利用，以及对当地"乡土性"的保护与传承的作用。发展乡村旅游成为活态传承乡土文化的重要途径，也是实现乡村产业振兴的重要抓手。

在脱贫攻坚期间，西南地区大力发展旅游扶贫取得了良好成效，后扶贫时代乡村旅游仍然是巩固拓展脱贫攻坚成果、实现与乡村振兴有效衔接以及实现共同富裕的重要途径。因此，探讨旅游精准扶贫与乡土文化传承之间的关系，构建旅游精准扶贫与乡土文化传承之间的耦合机制，仍然是当前学术研究面临的重要理论问题，也是西南地区乡村振兴实践中亟待解决的重大现实问题。

---

[①] 朱启臻：《乡土文化建设是乡村振兴的灵魂》，《光明日报》2021年2月25日。
[②] 尹婕：《"到乡村去！"成出游首选》，《人民日报》（海外版）2020年9月16日。

# 参考文献

阿古智子:《日本水田农业中"村落营农"的发展》,《三农中国》2006 年第 2 期。

阿马蒂亚·森:《以自由看待发展》,任赜、于真译,中国人民大学出版社,2002。

埃德加·莫兰:《迷失的范式:人性研究》,陈一壮译,北京大学出版社,1999。

艾莲:《乡土文化:内涵与价值——传统文化在乡村论略》,《中华文化论坛》2010 年第 3 期。

安永娜、李锦宏:《基于乡土文化重塑的乡村旅游发展模式研究——以贵州西江苗寨为例》,《经济研究导刊》2019 年第 21 期。

白杨:《旅游视野下的壮族族群认同》,《百色学院学报》2006 年第 5 期。

包剑飞、张杜鹃:《旅游产业与区域经济耦合协调度研究——以长江三角洲城市群为例》,《广西师范大学学报》(自然科学版)2020 年第 3 期。

包杰:《精准扶贫背景下乡村旅游发展研究——以福建古田县为例》,硕士学位论文,仲恺农业工程学院,2018。

保继刚、苏晓波:《历史城镇的旅游商业化研究》,《地理学报》2004 年第 3 期。

保罗·萨缪尔森、威廉·诺德豪斯:《经济学》,胡代光译,北京经济学院出版社,1996。

曹诗颂、赵文吉、段福洲:《秦巴特困连片区生态资产与经济贫困的耦合关系》,《地理研究》2015 年第 7 期。

曹妍雪、马蓝:《基于三阶段 DEA 的我国民族地区旅游扶贫效率评价》,

《华东经济管理》2017年第9期。

陈超凡、王赟：《连片特困区旅游扶贫效率评价及影响因素——来自罗霄山片区的经验证据》，《经济地理》2020年第1期。

陈佳、张丽琼、杨新军、李钢：《乡村旅游开发对农户生计和社区旅游效应的影响——旅游开发模式视角的案例实证》，《地理研究》2017年第9期。

陈蔚：《生态旅游社区居民参与对环境态度影响机制研究》，《安徽工业大学学报》（社会科学版）2017年第6期。

陈小玮、王子玉：《万达丹寨扶贫模式探析》，《新西部》2017年第29期。

陈晓红、万鲁河：《城市化与生态环境耦合的脆弱性与协调性作用机制研究》，《地理科学》2013年第12期。

陈雪钧、李莉：《精准扶贫视角下民族地区乡村旅游扶贫模式创新——以重庆市渝东南民族地区为例》，《江苏农业科学》2019年第5期。

陈占祥：《马丘比丘宪章》，《城市规划研究》1979年第00期。

程慧、徐琼、郭尧琦：《我国旅游资源开发与生态环境耦合协调发展的时空演变》，《经济地理》2019年第7期。

崔剑生、赵承华：《沈阳市乡村振兴战略及其乡村旅游发展研究》，《沈阳农业大学学报》（社会科学版）2017年第6期。

崔晓明、陈佳、杨新军：《乡村旅游影响下的农户可持续生计研究——以秦巴山区安康市为例》，《山地学报》2017年第1期。

崔亚飞、蔡芳、范星：《精准扶贫背景下的乡村规划模式探析——以怒江州贡山县茨楞村为例》，《小城镇建设》2020年第1期。

邓小海：《旅游精准扶贫》，《新疆大学学报》（哲学人文社会科学版），2017年第6期。

邓小海、曾亮：《基于机制设计理论的我国旅游扶贫机制调适》，《当代经济管理》2015年第2期。

邓小海、曾亮、罗明义：《精准扶贫背景下旅游扶贫精准识别研究》，《生态经济》2015年第4期。

邓小海、曾亮、肖洪磊：《旅游精准扶贫的概念、构成及运行机理探析》，《江苏农业科学》2017年第2期。

杜江、向萍：《关于乡村旅游可持续发展的思考》，《旅游学刊》1999年第1期。

段超：《中华优秀传统文化当代传承体系建构研究》，《中南民族大学学报》（人文社会科学版）2012年第2期。

Erik Cohen：《旅游社会学纵论》，巫宁、马聪玲、陈立平主译，南开大学出版社，2007。

樊友猛、谢彦君、王志文：《地方旅游发展决策中的权力呈现——对上九山村新闻报道的批评话语分析》，《旅游学刊》2016年第1期。

范小建：《中国特色扶贫开发的基本经验》，《求是》2007年第23期。

方忠权、郭艺贤：《法国的乡村旅游及其启示》，《广州大学学报》（社会科学版）2008年第3期。

苏芳、蒲欣冬、徐中民、王安民：《生计资本与生计策略关系研究——以张掖市甘州区为例》，《中国人口·资源与环境》2009年第6期。

费孝通：《乡土中国》，人民出版社，2015。

付泳、刘春健、张慧雯、水文静：《基于利益相关者理论的旅游地利益相关者协调机制研究》，《当代经济》2019年第9期。

高波、张志鹏：《文化与经济发展：一个文献评述》，《江海学刊》2004年第1期。

高君、赵微：《乡土文化社会治理功能的理论考量》，《重庆电子工程职业学院学报》2016年第1期。

高楠、马耀峰、李天顺、白凯：《基于耦合模型的旅游产业与城市化协调发展研究——以西安市为例》，《旅游学刊》2013年第1期。

高舜礼：《对旅游扶贫的初步探讨》，《中国行政管理》1997年第7期。

高舜礼：《旅游扶贫的经验、问题及对策》，《旅游学刊》1997年第4期。

耿松涛、张伸阳：《乡村振兴背景下乡村旅游与文化产业协同发展研究》，《南京农业大学学报》（社会科学版）2021年第2期。

宫本宪一：《环境经济学》，朴玉译，生活·读书·新知三联书店，2004。

宫留记：《布迪厄的社会实践理论》，河南大学出版社，2009。

龚素霞：《跨文化视域下旅游合资企业领导模式构建》，《现代企业》2015年第11期。

光映炯、张晓萍：《基于旅游人类学视角的民族节日传承与发展——以西双版纳傣族"泼水节"为例》，《中南民族大学学报》（人文社会科学版）2010年第1期。

桂拉旦、唐唯：《文旅融合型乡村旅游精准扶贫模式研究——以广东林寨古村落为例》，《西北人口》2016年第2期。

郭华、杨玉香：《可持续乡村旅游生计研究综述》，《旅游学刊》2020年第9期。

郭炯：《中西民族非物质文化遗产保护研究》，《贵州民族研究》2017年第1期。

郭凌：《乡村旅游发展与乡土文化自觉——旅游人类学视野中的文化结构与解构》，《贵州民族研究》2008年第1期。

郭清霞：《旅游扶贫开发中存在的问题及对策》，《经济地理》2003年第4期。

郭山：《旅游开发对民族传统文化的本质性影响》，《旅游学刊》2007年第4期。

国家统计局农调总队：《中国农村贫困标准研究——课题组的研究报告》，《统计研究》1990年第6期。

韩琳琳、李倩、吴明君：《乡土文化在当代美丽乡村建设中的作用与传承》，《农业经济》2020年第11期。

韩梦竹、温小婷、林嫩妹、陈秋华：《武夷山市生态—经济—社会复合系统耦合协调发展研究》，《中国林业经济》2021年第5期。

郝冰冰、罗盛锋、黄燕玲、李筱琳：《国内外旅游扶贫效应文献量化分析与研究综述（2000～2016年）》，《中国农业资源与区划》2017年第9期。

何慧丽、邱建生、高俊、温铁军：《政府理性与村社理性：中国的两大"比较优势"》，《国家行政学院学报》2014年第6期。

何景明：《边远贫困地区民族村寨旅游发展的省思——以贵州西江千户苗寨为中心的考察》，《旅游学刊》2010年第2期。

何景明、李立华：《关于"乡村旅游"概念的探讨》，《西南师范大学学报》（人文社会科学版）2002年第5期。

何琼峰、宁志中：《旅游精准扶贫助推贫困地区乡村振兴的思考》，《农业现代化研究》2019年第5期。

何仁伟、刘邵权、陈国阶、谢芳婷、杨晓佳、梁岚：《中国农户可持续生计研究进展及趋向》，《地理科学进展》2013年第4期。

贺爱琳、杨新军、陈佳、王子侨：《乡村旅游发展对农户生计的影响——以秦岭北麓乡村旅游地为例》，《经济地理》2014年第12期。

胡宏猛、侯玉霞：《利益相关者理论视角下非遗保护性旅游开发研究——以湖南勾蓝瑶洗泥节为例》，《广西职业师范学院学报》2021年第4期。

胡明文、王小琴：《生态旅游扶贫开发的多元主体协同机制探讨——以兴国县天鹅湖社区为例》，《江西农业大学学报》（社会科学版）2010年第4期。

胡锡茹：《云南旅游扶贫的三种模式》，《经济问题探索》2003年第5期。

胡映兰：《论乡土文化的变迁》，《中国社会科学院研究生院学报》2013年第6期。

湖北省旅游局等：《关于湖北省部分贫困地区旅游扶贫的调查报告》，《旅游调研》2002年第4期。

黄常锋、孙慧、何伦志：《中国旅游产业链的识别研究》，《旅游学刊》2011年第1期。

黄国庆：《连片特困地区旅游扶贫模式研究》，《求索》2013年第5期。

黄丽、林诗琦、陈静：《中国区域创新能力与能源利用效率的时空耦合协调分析》，《世界地理研究》2020年第6期。

黄亚冰、林同智：《基于模糊物元模型的西南民族地区旅游精准扶贫绩效评价研究》，《人文地理》2020年第1期。

黄渊基：《国外旅游扶贫的实践探索及经验启示》，《衡阳师范学院学报》2018年第3期。

黄渊基：《连片特困地区旅游扶贫效率评价及时空分异——以武陵山湖南片区20个县（市、区）为例》，《经济地理》2017年第11期。

黄震方、陆林、苏勤、章锦河、孙九霞、万绪才、靳诚：《新型城镇化背景下的乡村旅游发展：理论反思与困境突破》，《地理研究》2015年第 8 期。

惠新华:《乡村旅游精准扶贫的发展现状及对策研究》,《农业经济》2020 年第 5 期。

季中杨:《乡土文化认同危机与现代性焦虑》,《求索》2012 年第 4 期。

江又明:《乡村振兴中安徽乡土文化的保护与传承机制研究》,《池州学院学报》2018 年第 5 期。

焦敏、陈亚颦:《社区参与理论下传统古村落生态旅游可持续发展路径探究——以西藏林芝错高村为例》,《南阳师范学院学报》2020 年第 3 期。

阚如良、李肇荣:《论旅游开发与非物质文化遗产传承》,《旅游论坛》2008 年第 6 期。

康晓光:《中国贫困与反贫困理论》,广西人民出版社,1995。

柯艳霞:《城镇化进程中乡土文化的危机与重构》,《兰州学刊》2012 年第 11 期。

匡林:《旅游业政府主导型发展战略研究》(第 1 版),中国旅游出版社,2001。

旷宗仁、杨萍:《乡村精英与农村发展》,《中国农业大学学报》(社会科学版)2004 年第 1 期。

雷蓉、胡北明:《非物质文化遗产旅游开发的必要性分析——基于保护与传承的视角》,《贵州民族研究》2012 年第 2 期。

黎耀奇、傅慧:《旅游企业社会责任:研究述评与展望》,《旅游学刊》2014 年第 6 期。

李程骅:《"精准扶贫":决胜全面小康社会的重要法宝》,《南京社会科学》2017 年第 9 期。

李锋:《旅游精准扶贫:逻辑内涵、适宜性判断与系统结构》,《扬州大学学报》(人文社会科学版)2017 年第 4 期。

李会琴、侯林春、杨树旺、J. R. Brent Ritchie:《国外旅游扶贫研究进展》,《人文地理》2015 年第 1 期。

李佳:《扶贫旅游理论与实践》,首都经济贸易大学出版社,2010。

李佳、钟林生、成升魁:《中国旅游扶贫研究进展》,《中国人口·资源与环境》2009年第3期。

李金锴:《内蒙古旅游产业与文化产业耦合发展研究》,硕士学位论文,内蒙古财经大学,2019。

李锦宏、陈睿:《贵州省旅游业与区域经济耦合协调度研究》,《开发研究》2018年第3期。

李莉:《基于贫困人口受益的旅游开发与旅游扶贫协同机制构建》,《商业经济研究》2015年第19期。

李丽娟:《乡村旅游中"乡土性"的传承与保护》,《社会科学家》2021年第5期。

李沐纯、周佳愉:《社区参与乡村旅游发展研究》,《湖北农业科学》2022年第4期。

李萍、王倩、Chris Ryan:《旅游对传统村落的影响研究——以安徽齐云山为例》,《旅游学刊》2012年第4期。

李文婷、陈丽琴:《乡村振兴战略背景下乡村文旅产业发展的思考》,《农业经济》2022年第6期。

李晓琴:《恩施州旅游扶贫模式优化研究——基于贫困度与旅游资源禀赋度的耦合性分析》,硕士学位论文,中国地质大学(武汉),2013。

李欣华、吴建国:《旅游城镇化背景下的民族村寨文化保护与传承——贵州郎德模式的成功实践》,《广西民族研究》2010年第4期。

李秀峰:《乡村旅游开发与精准扶贫策略研究——以全国最美乡村湖北十堰市樱桃沟村为例》,硕士学位论文,广西师范大学,2017。

李雪琴:《基于社区主导型发展的乡村旅游扶贫模式探讨》,《生态经济》(学术版)2013年第2期。

李永文、陈玉英:《旅游扶贫及其对策研究》,《北京第二外国语学院学报》2002年第4期。

李志刚:《发展乡村旅游精准扶贫的突破口》,《中国旅游报》2016年3月14日,第1版。

李志龙:《乡村振兴-乡村旅游系统耦合机制与协调发展研究——以湖南凤凰县为例》,《地理研究》2018年第3期。

联合国教科文组织:《内源发展战略》,卢晓衡译,社会科学文献出版社，1988。

梁明珠：《生态旅游与"三农"利益保障机制探讨》，《旅游学刊》2004年第6期。

廖亚辉：《乡土文化的嬗变与农村社会稳定》，《孝感学院学报》2005年第1期。

林锦屏、周鸿、何云红：《纳西东巴民族文化传统传承与乡村旅游发展研究——以云南丽江三元村乡村旅游开发为例》，《人文地理》2005年第5期。

林万成：《"景村融合"模式下的乡村旅游度假区规划研究——以陕西省丹凤县竹林关度假区为例》，硕士学位论文，西南科技大学，2018。

林毅夫：《消除贫困也要发挥比较优势》，《瞭望新闻周刊》2002年第15期。

刘德谦：《关于乡村旅游、农业旅游与民俗旅游的几点辨析》，《旅游学刊》2006年第3期。

刘建莉：《文旅融合型乡村旅游精准脱贫模式研究——以湖南老家寨传统村落为例》，《黑龙江生态工程职业学院学报》2019年第6期。

刘雷、喻忠磊、徐晓红、张华：《城市创新能力与城市化水平的耦合协调分析——以山东省为例》，《经济地理》2016年第6期。

刘丽梅：《旅游扶贫发展的本质及其影响因素》，《内蒙古财经学院学报》2012年第1期。

刘文：《旅游反贫困作用之争——关于旅游扶贫效应问题的研究综述》，《江苏农业科学》2020年第23期。

刘相军、孙九霞：《民族旅游社区居民生计方式转型与传统文化适应：基于个人建构理论视角》，《旅游学刊》2019年第2期。

刘晓航：《优秀乡土文化传承与创新的路径研究——基于乡村振兴战略的视角》，《现代化农业》2018年第9期。

刘鑫：《非物质文化遗产的经济价值及其合理利用模式》，《学习与实践》2017年第1期。

刘彦随：《中国新时代城乡融合与乡村振兴》，《地理学报》2018年第4期。

刘益：《欠发达地区旅游影响研究》，科学出版社，2012。

刘昱汐：《北罗霄国家森林公园社区参与生态旅游开发策略研究》，硕士学位论文，中南林业科技大学，2019。

龙花楼、屠爽爽：《论乡村重构》，《地理学报》2017年第4期。

龙潜颖、杨德进：《旅游价值链扶贫模式：致力于贫困人口受益的国际实践经验》，载杨德进主编《旅游扶贫——国际经验与中国实践》，中国旅游出版社，2015。

卢世菊、吴海伦：《精准扶贫背景下民族地区民宿旅游发展研究》，《贵州民族研究》2019年第1期。

卢文超：《什么是文化菱形？——格里斯沃尔德艺术社会学思想研究》，《外国文学》2018年第6期。

卢渊、李颖、宋攀：《乡土文化在"美丽乡村"建设中的保护与传承》，《西北农林科技大学学报》（社会科学版）2016年第3期。

露丝·本尼迪克特：《文化模式》，王炜等译，社会科学文献出版社，2009。

罗明金：《新农建设中以乡土文化传承来保护湘西民族传统村落研究》，《西南民族大学学报》（人文社会科学版）2016年第12期。

罗文斌、孟贝、唐沛、唐叶枝、鲁玉莲：《土地整理、旅游发展与农户生计的影响机理研究：一个乡村旅游发展的实证检验》，《旅游学刊》2019年第11期。

麻学锋、周华、谭佳欣、张登霞：《旅游地成长与高级别景区形成的耦合路径与机制——以张家界为例》，《经济地理》2021年第6期。

马波：《开发关中地区乡村旅游的构想 区域旅游开发的理论与实践》，江苏人民出版社，1996。

马路遥：《旅游开发背景下民族文化传承研究述评》，《铜仁学院学报》2018年第2期。

马鸣：《基于耦合协调度模型的旅游业与城镇化协调发展实证分析》，《中国集体经济》2017年第10期。

马树同：《乡村振兴战略背景下乡土文化传承略论》，《延边党校学报》2020年第3期。

马思斯：《基于利益相关者理论的黄龙岘茶文化旅游开发分析》，《旅游纵览》2021年第20期。

毛进:《西江苗寨旅游开发与苗族古歌变迁》,《贵州师范学院学报》2010年第3期。

MikeCrang:《文化地理学》,王志弘、余佳玲、方淑惠译,台北:巨流图书公司,2003。

莫莉秋:《国外乡村旅游发展的典型模式》,《人民论坛》2017年第31期。

穆学青、郭向阳、明庆忠:《多维贫困视角下县域旅游扶贫效率时空演化及影响机理——以云南25个边境县(市)为例》,《经济地理》2020年第12期。

倪茜楠:《旅游扶贫模式研究:以鲁山县温泉旅游为例》,硕士学位论文,河南大学,2012。

聂铭、王旭、邱守明:《中国旅游扶贫研究:阶段特征、演化规律及启示》,《生态经济》2021年第10期。

曲延春、宋格:《乡村振兴战略下的乡土文化传承论析》,《理论导刊》2019年第12期。

饶金涛、刘红升:《陕西省文化产业与旅游产业耦合协调度分析》,《西安工业大学学报》2020年第1期。

任丽娜、史敏:《乡村振兴战略下乡村旅游发展模式探究》,《山西广播电视大学学报》2021年第4期。

任轶:《政治精英在村庄治理中的角色:一种比较发展的视角》,《南京社会科学》2013年第9期。

宋长春、邓伟、宋新山等:《松嫩平原西部生态脆弱带景观结构与生态耦合分析》,《应用生态学报》2003年第9期。

宋建军:《乡土文化资源与乡村旅游发展耦合研究:以浙江衢州为例》,《当代农村财经》2019年第6期。

孙春雷、张明善:《精准扶贫背景下旅游扶贫效率研究——以湖北大别山区为例》,《中国软科学》2018年第4期。

孙九霞:《赋权理论与旅游发展中的社区能力建设》,《旅游学刊》2008年第9期。

孙九霞、刘相军:《生计方式变迁对民族旅游村寨自然环境的影响——以雨崩村为例》，《广西民族大学学报》（哲学社会科学版）2015 年第 3 期。

孙九霞：《旅游中的主客交往与文化传播》，《旅游学刊》2012 年第 12 期。

孙九霞：《文旅新消费的特征与趋势》，《人民论坛》2022 年第 5 期。

孙九霞、徐新建、王宁、谢彦君、马波、章锦河、杨勇、李菲、廖婧琳、翁时秀：《旅游对全面脱贫与乡村振兴作用的途径与模式——"旅游扶贫与乡村振兴"专家笔谈》，《自然资源学报》2021。

孙艺惠、陈田、王云才：《传统乡村地域文化景观研究进展》，《地理科学进展》2008 年第 6 期。

汤杨旸：《优秀乡土文化的传承与发展——基于乡村振兴战略视角》，《农村经济与科技》2020 年第 13 期。

唐皓：《"企业包县"丹寨扶贫实践的经验与启示》，《理论与当代》2017 年第 12 期。

田翠翠、刘黎黎、田世政：《重庆高山纳凉村旅游精准扶贫效应评价指数模型》，《资源开发与市场》2016 年第 12 期。

田瑾、明庆忠：《山地旅游目的地"山—镇"双核结构空间联系及耦合机理——来自云南丽江的案例剖析》，《经济地理》2021 年第 1 期。

瓦伦·L. 史密斯主编《东道主与游客——旅游人类学研究》，张晓萍、何昌邑等译，云南大学出版社，2002。

万易、赵媛：《论耦合协调模型应用于图书馆公共文化服务充分性发展评价的必要性与可行性》，《国家图书馆学刊》2020 年第 6 期。

汪德根、沙梦雨、朱梅等：《国家级贫困县旅游资源优势度与脱贫力耦合分析——以 433 个脱贫县为例》，《人文地理》2020 年第 5 期。

汪三贵：《贫困问题与经济发展政策》，农村读物出版社，1994。

王兵：《从中外乡村旅游的现状对比看我国乡村旅游的未来》，《旅游学刊》1999 年第 2 期。

王慧：《旅游扶贫背景下乡村旅游开发模式的研究》，《中国农业资源与区划》2017 年第 3 期。

王健：《乡村振兴战略背景下乡土文化的传承》，《湖南科技学院学报》2019 年第 11 期。

王晶晶：《乡村振兴背景下乡土文化保护研究》，《乡村科技》2020 年第 32 期。

王凯、林惠、甘畅、邓楚雄：《集中连片特困区旅游扶贫效率与经济发展水平的时空耦合关系——以武陵山片区为例》，《经济地理》2020 年第 2 期。

王利平、王成、李晓庆：《基于生计资产量化的农户分化研究——以重庆市沙坪坝区白林村 471 户农户为例》，《地理研究》2012 年第 5 期。

王琳：《我国乡村旅游发展模式与发展路径分析》，《当代旅游》2021 年第 32 期。

王蓉、代美玲、欧阳红、马晓龙：《文化资本介入下的乡村旅游地农户生计资本测度——婺源李坑村案例》，《旅游学刊》2021 年第 7 期。

王铁：《规划而非开发——对旅游扶贫规划中的几个问题的探讨》，《旅游学刊》2008 年第 9 期。

王新歌、席建超：《大连金石滩旅游度假区当地居民生计转型研究》，《资源科学》2015 年第 12 期。

王玉芳：《国有林区经济生态社会系统协同发展机理研究》，中国林业出版社，2007。

王玉清、陈玥彤：《国内旅游精准扶贫实践启示》，《旅游纵览》（下半月）2019 年第 11 期。

王志标、李丹丹：《武陵山片区旅游扶贫效果分析》，《中国农业资源与区划》2019 年第 8 期。

温铁军、董筱丹：《村社理性：破解"三农"与"三治"困境的一个新视角》，《中共中央党校学报》2010 年第 4 期。

吴连霞、赵媛、管卫华、王玉娟：《江苏省人口—经济耦合与经济发展阶段关联分析》，《地域研究与开发》2016 年第 1 期。

吴其付：《从普通村民到社区精英：中国旅游精英的典型个案——以阳朔"月亮妈妈"为例》，《旅游学刊》2007 年第 7 期。

吴兴帜、罗沁仪：《手工艺遗产保护传承研究：回顾与思考》，《云南师范大学学报》（哲学社会科学版）2015 年第 1 期。

吴柘达、伍梦迪：《基于贫困人口发展的旅游扶贫评估——以安徽省西溪南特色小镇为例》,《农村经济与科技》2018年第4期。

吴忠军:《论旅游扶贫》,《广西师范大学学报》(哲学社会科学版)1996年第4期。

武晓英、李伟:《从社区参与层面探讨民族旅游的可持续发展问题——以云南省西双版纳为例》,《资源开发与市场》2012年第6期。

西奥多·W.舒尔茨:《经济增长与农业》,郭熙保、周开年译,北京经济学院出版社,1991。

《习近平谈治国理政》(第2卷),外文出版社,2017。

席建超、张楠:《乡村旅游聚落农户生计模式演化研究——野三坡旅游区苟各庄村案例实证》,《旅游学刊》2016年第7期。

肖建红、肖江南:《基于微观经济效应的面向贫困人口旅游扶贫(PPT)模式研究——以宁夏六盘山旅游扶贫实验区为例》,《社会科学家》2014年第1期。

肖竞:《西南山地历史城镇文化景观演进过程及其动力机制研究》,《西部人居环境学刊》2015年第3期。

肖胜和:《论我国贫困区发展旅游业的基础》,《云南师范大学学报》(自然科学版)1997年第3期。

谢治菊、李恺茵:《我国脱贫攻坚政策的变迁及其与乡村振兴战略的衔接》,《公共治理研究》2022年第2期。

辛晓睿、曾刚、滕堂伟、程进:《生态脆弱的民族地区钻石模型的适用性研究——以甘南州玛曲县为例》,《经济地理》2012年第9期。

徐绍玲:《基于利益相关者理论的中国乡村旅游发展模式研究——成都"农家乐"与三亚中廖村的比较分析》,《商业经济》2020年第8期。

徐艺乙:《中国历史文化中的传统手工艺》,《江苏社会科学》2011年第5期。

许益恒:《新疆:旅游产业和乡村振兴以及生态环境的发展——基于系统耦合协调视角》,《区域治理》2020年第4期。

鄢慧丽、王强、熊浩、徐帆:《海南省少数民族地区旅游扶贫效率测度与时空演化分析》,《中国软科学》2018年第8期。

闫丽娟、孔庆龙:《政府扶持、社会助力与农民行动——人口较少民族乡村发展的内源动力新探》，《西南民族大学学报》（人文社会科学版）2016年第7期。

颜安、龚锐：《乡村旅游精准帮扶中内源式发展机理与路径》，《中南民族大学学报》（人文社会科学版）2021年第1期。

杨德进、白长虹、牛会聪：《民族地区负责任旅游扶贫开发模式与实现路径》，《人文地理》2016年第4期。

杨德进、白长虹：《我国旅游扶贫生态效率的提升路径》，《旅游学刊》2016年第9期。

杨桂华：《民族生态旅游接待村多维价值的研究——以香格里拉霞给村为例》，《旅游学刊》2003年第4期。

杨建、韩宗伟、张翊红：《旅游精准扶贫的作用机理和推进策略》，《云南社会科学》2016第6期。

杨凯健、黄耀志：《农村空间肌理的保护与延续》，《小城镇建设》2011年第3期。

叶普万：《贫困经济学研究》，中国社会科学出版社，2003。

银马华、王群、杨兴柱、司新新：《区域旅游扶贫类型与模式研究——以大别山集中连片特困区36个县（市）为例》，《经济地理》2018年第4期。

张芳芳、赵雪雁：《我国农户生计转型的生态效应研究综述》，《生态学报》2015年第10期。

张继焦、吴玥：《近年我国对乡村振兴与文化遗产关系的研究综述》，《广西经济管理干部学院学报》2019年第3期。

张进财：《我国农业经济与生态系统耦合协调发展评价》，《生态经济》2022年第6期。

张琳、贺浩浩、杨毅：《农业文化遗产与乡村旅游产业耦合协调发展研究——以我国西南地区13地为例》，《资源开发与市场》2021年第7期。

张琳、邱灿华：《传统村落旅游发展与乡土文化传承的空间耦合模式研究——以皖南地区为例》，《中国城市林业》2015年第5期。

张琳：《乡土文化传承与现代乡村旅游发展耦合机制研究》，《南方建筑》

2016年第4期。

张鹏顺:《区域理论视野下的旅游扶贫》,《理论探讨》2011年第2期。

张伟、张建春、魏鸿雁:《基于贫困人口发展的旅游扶贫效应评估——以安徽省铜锣寨风景区为例》,《旅游学刊》2005年第5期。

张晓、李春晓、杨德进:《民族地区旅游扶贫多主体参与模式探析——以四川省马边彝族自治县为例》,《地域研究与开发》2018年第2期。

张志亮:《旅游开发背景下大寨的文化资本及其再生产》,《旅游学刊》2009年第12期。

张祖群:《Pro-Poor Tourism公益性研究:文献基础、机制与展望》,《北京第二外国语学院学报》2012年第3期。

赵科、张海清:《对布迪厄文化资本理论的解读》,《玉溪师范学院学报》2009年第7期。

赵世林:《民族文化的传承场》,《云南民族大学学报》(哲学社会科学版)1994年第1期。

赵世林:《云南少数民族文化传承论纲》,云南民族出版社,2002。

赵霞:《传统乡村文化的秩序危机与价值重建》,《中国农村观察》2011年第3期。

赵霞:《国内外乡村旅游开发模式的对比研究》,《决策探索(下)》2019年第4期。

赵鑫鑫、张婷婷:《浅析乡村旅游可持续发展的路径选择》,《农村经济与科技》2020年第11期。

郑群明、钟林生:《参与式乡村旅游开发模式探讨》,《旅游学刊》2004年第4期。

周常春、和月月、操婷:《政府主导型扶贫模式对乡村旅游发展的影响研究——以云南3个民族村寨为例》,《南京财经大学学报》2019年第4期。

周蕾、王冲:《旅游产业-区域经济-信息产业系统耦合协调发展研究》,《统计与决策》2017年第18期。

周歆红:《关注旅游扶贫的核心问题》,《旅游学刊》2002年第1期。

朱宝莉、刘晓鹰:《精准扶贫视域下的民族地区全域旅游:经验和思考——

以贵州黎平为例》,《社会科学家》2018年第2期。

朱晶晶、陆林、朱桃杏:《基于运行机制的旅游扶贫支持系统和开发模式》,《资源开发与市场》2005年第4期。

朱伟珏:《"资本"的一种非经济学解读——布迪厄"文化资本"概念》,《社会科学》2005年第6期。

朱亚飞:《乡村振兴中非物质文化遗产保护传承的价值与路径》,《百花》2022年第1期。

邹威华:《族裔散居语境中的"文化身份与文化认同"——以斯图亚特·霍尔为研究对象》,《南京社会科学》2007年第2期。

Agung Wahyu Handaru, "Pro-Poor Tourism: Findings from Bangka Island, Indonesia," *Academy of Strategic Management Journal*, 2018, 17 (2).

Andereck, K. L., Valentine, K. M., Knopf, R. C., Vogt. C. A. "Residents' Perception of Community Tourism Impact," *Annuals of Tourism Research*, 2005 (4): 1056-1076.

Ap, J. "Residents' Perceptions on Tourism Impacts," *Annals of Tourism Research*, 1992, 19 (4): 665-690.

Ashley, C., Boyd, C., Goodwin, H., "Pro-poor Tourism: Putting Poverty at the Heart of the Tourism Agenda," *Natural Resource Perspectives*, No. 51, London: Overseas Development Institute, 2000.

Ashley, C., Haysom, G., "From Philanthropy to a Different Way of Doing Business: Strategies and Challenges in Integrating Pro-poor Approaches into Tourism Business," *Development Southern Africa*, 2006, 23 (2): 265-280.

Babcicky, P., "Rethinking the Foundations of Sustainability Measurement: The Limitations of the Environmental Sustainability Index (ESI)," *Social Indicators Research*, 2013, 113 (1): 133-157.

Bennett, O., Roe, D., Ashley. C., "Sustainable Tourism and Poverty Elimination Study," *Overseas Development Institute*, 1999.

Bhekizizwe Ntuthuko Mbuli, "Poverty Reduction Strategies in South Africa,"

*University of South Africa*, 2008 (3): 14 – 15.

Breiby Monica Adele, Duedahl Eva, Øian Hogne, Ericsson Birgitta, "Exploring Sustainable Experiences in Tourism," *Scandinavian Journal of Hospitality and Tourism*, 2020, 20 (4).

Buckley, R. "Testing Take-up of Academic Concepts in an Influential Commercial Tourism Publication." *Tourism Management*, 2008, 29 (4): 721 – 729.

Canoy Nico A., Roxas Gilana Kim T., Robles Augil Marie Q., Alingasa Aniceta Patricia T., Ceperiano Arjohn M., "From Cesspool to Fortified Paradise: Analyzing News Media Territorial Assemblages of Rehabilitating Boracay Island, Western Philippines," *Journal of Sustainable Tourism*, 2020, 28 (8).

Caroline Ashley, "Methodology for Pro-Poor Tourism Case Studies," *PPT Working Paper*, 2003 (10).

Chambers, R., Conway. G., "Sustainable Rural Livelihoods: Practical Concepts for the 21st Century," Brighton: Institute of Development Studies (UK), 1992: 5 – 9.

Christina Aas, Adele Ladkin, John Fletcher, "Stakeholder Collaboration and Heritage Management," *Annals of Tourism Research*, 2005, 32 (1): 28 – 48.

Christopher Ray, "Culture, Intellectual Property and Territorial Rural Development," *Sociologia Ruralis*, 1998, 38 (1).

Cochrane, J., Weppen. J. V. D., "Social Enterprises in Tourism: An Exploratory Study of Operational Models and Success Factors," *Journal of Sustainable Tourism*, 2012, 20 (3): 497 – 511.

Cristiana Cristureanu, "Agritourism: A Challenge for the Romanian Tourism." 문화관광연구, 2016, 18 (2).

Daskon, C., Binns, T., "Culture, Tradition and Sustainable Rural Livelihoods: Exploring the Culture Development Interface in Kandy, Sri Lanka," *Community Development Journal*, 2010, 45 (4): 494 – 517.

Daskon, C., "Cultural Resilience——The Roles of Cultural Traditions in Sustaining Rural Livelihoods: A Case Study from Rural Kandyan Villages in

Central Sri Lanka," *Sustainability*, 2010, 2 (4): 1080 – 1100.

David Harrison, "Pro-Poor Tourism: A Critique," *Third World Quarterly*, 2008 (5): 851 – 886.

Deloitte Touche, *Sustainable Tourism and Poverty Elimination: A Report for the Department for International Development*, London: IIED and ODI, 1999: 87 – 91.

DFID, *Sustainable Livelihoods Guidance Sheets*, London: Department for International Development, 2000: 68 – 125.

Ellis, F. "Household Strategies and Rural Livelihood Diversification," *Journal of Development Studies*, 1998, 35 (1): 1 – 38.

Encontre, P., "Tourism Development and the Perspective of Graduation from the LDC Category," In Benavides, D. D., Perez-Ducy, E., *Tourism in the Least Developed Countries*, Brussels: United Nations Conference on Least Developed Countries, 2001: 241.

Eshoo Paul Frederick, Johnson Arlyne, Duangdala Sivilay, Hansel Troy, "Design, Monitoring and Evaluation of a Direct Payments Approach for an Ecotourism Strategy to Reduce Illegal Hunting and Trade of Wildlife in Lao PDR," *PloS One*, 2018, 13 (2).

Ferreira Francisco, Lugo Maria Ana, "Multidimensional Poverty Analysis: Looking Middle Ground," http://www-wds.worldbank.org.

Freeman, R. E., *Strategic Management: A Stakeholder Approach*, Boston: Pitman, 1984: 46.

Haitang Wu, "Influence and Inspiration of Collectivized Rural Tourism Development Model on Rural Revitalization Strategy," *International Journal of Higher Education Teaching Theory*, 2022, 3 (4).

Halder Somenath, Sarda Rajesh, "Promoting Intangible Cultural Heritage (ICH) Tourism: Strategy for Socioeconomic Development of Snake Charmers (India) through Geoeducation, Geotourism and Geoconservation," *International Journal of Geoheritage and Parks*, 2021 (prepublish).

Hatem El-Gohary, David J. Edwards, Javed Hussain, Navjot Sandhu, "The Reality of Financing Small Tourism Firms: The Case of Indian Tourism SMEs," *International Journal of Customer Relationship Marketing and Management* (*IJCRMM*), 2020, 11 (1).

Homans, C. G., "Social Behavior as Exchange," *The American Journal of Sociology*, 1958, 63 (6): 597–606.

Honey, M., *Ecotourism and Sustainable Development: Who Owns Paradise?*, Washington DC: Island Press, 1999: 128–159.

Hultman, J., Hall, C. M., "Tourism Place-Making: Governance of Locality in Sweden," *Annals of Tourism Research*, 2012, 39 (2): 547–570.

Ian Scoones, "Sustainable Rura Livelihood: A Frame Work for Analysis," IDS Working Paper 72. Brighton: IDS, 1998.

John Mccarthy, "The Appliation of Policy for Cultural Clustering: Current Practice in Scotland," *Europen Planning Studies*, 2006 (3): 397–408.

Juan Luis Campa, Francesca Pagliara, María Eugenia López-Lambas, Rosa Arce, Begoña Guirao, "Impact of High-Speed Rail on Cultural Tourism Development: The Experience of the Spanish Museums and Monuments," *Sustainability*, 2019, 11 (20).

Kasum Josip, Žanić Mikuličić Jelena, Kolić Vinka, "Safety Issues, Security and Risk Management in Nautical Tourism," *Transactions on Maritime Science*, 2018, 7 (2).

Kirsten Tulchin-Francis, Wilshaw Stevens Jr., Xiangli Gu, Tao Zhang, Heather Roberts, Jean Keller, Dana Dempsey, Justine Borchard, Kelly Jeans, Jonathan Van Pelt, "The Impact of the Coronavirus Disease 2019 Pandemic on Physical Activity in U.S. Children," *Journal of Sport and Health Science*, 2021, 10 (03): 323–332.

Laws, E., *Tourism Marketing: Service and Quality Management Perspectives*, United Kingdom: Nelson Thornes, 1991: 220–260.

Liu Zhen, Lan Jing, "The Sloping Land Conversion Program in China: Effect on the Livelihood Diversification of Rural Households," *World Development*, 2015, 70, 147–161.

Maa, B., Fei, Z., Nwc, D., et al. "Corrigendum to Coupling Coordination Analysis and Spatio-temporal Heterogeneity between Urbanization and Eco-environment along the Silk Road Economic Belt in China," *Ecological Indicators*, 2020, (2): 121 – 132.

MacDonald, R., Lee, J., "Cultural Rural Tourism: Evidence from Canada," *Annals of Tourism Research*, 2003, 30 (2): 307 – 322.

Mani Shankar Aiyar, Nupur Tiwar, "Inclusive Growth through Inclusive Goverance in India's North East, Commonwealth," *Journal of Local Goverance*, 2009, 2 (1): 138.

Manuel, B. Aalbers, "Financial Geography: Introduction to the Virtual Issue," *Transactions of the Institute of British Geographers*, 2015, 40 (2).

Marc Morell, "Urban Tourism via Dispossession of Oeuvres: Labor as a Common Denominator," *Focaal*, 2018 (82).

Martin Ravallion, "Multidimensional Indices Poverty, Policy Research Working Paper," http://www-wds.worldbank.org/external/default.

Meyer, D., "Pro-Poor Tourism: From Leakages to Linkages a Conceptual Framework for Creating Linkages between the Accommodation Sector and Poor Neighbouring Communities," *Current Issues in Tourism*, 2007 (6): 558 – 583.

Oh Joon Suk, Lee Sae Rom, Hwang Min Young, "Consolidation and Adhesion of Cellulose Nitrate of Folklore Artifacts in the 19 – 20th Century," *Journal of Conservation Science*, 2018, 35 (6).

Owiński, P. S., Tsaneva-Atanasova, K., "Effects of Time-delay in a Model of Intra-and Inter-Personal Motor Coordination," *The European Physical Journal Special Topics*, 2016, 225 (13 – 14): 2591 – 2600.

Owiński, P. S., Tsaneva-Atanasova, K., "Effects of Time-delay in a Model of Intra-and Inter-personal Motor Coordination," *The European Physical Journal Special Topics*, 2016, 225 (13 – 14): 2591 – 2600.

Peper, C. E., Betteco, J., Boer, Harjo, J., Poel, J. Beek, "Interlimb Coupling Strength Scales with Movement Amplitudey," *Neuroscience Letters*,

2008, (1): 221 – 232.

Perdue, R. R., Long, P. T., Allen, L., "Resident Support for Tourism Development," *Annals of Tourism Research*, 1990, 17 (4): 586 – 599.

Pillaya, M., Christian, Rogerson. M., "Agriculture-Tourism Linkages and Pro-Poor Impacts: The Accommodation Sector of Urban Coastal Kwazulu-Natal, South Africa," *Applied Geography*, 2003, 36: 49 – 58.

Poyya Moli G., "Promotion of Peace and Sustainability by Community Based Heritage Eco-cultural Tourism in India," *The International Journal of Humanities and Peace*, 2003, 19 (1): 40 – 45.

Rita Parmawati, Edriana Pangestuti, Wike Wike, Rizha Hardyansah, "Sustainable Tourism on Red Island Beach Banyuwangi: An Analysis of Rapfish-MDS (Multi-Dimensional Scaling)," Proceedings of the 13th International Interdisciplinary Studies Seminar, IISS 2019, 30 – 31 October 2019, Malang, Indonesia, 2020.

Rowntree, Benjamin S., *Poverty: A Study of Town Life*, London: Macmillan, 1901: 103.

Ruan, W, . Li, Y., Zhang, S., et al. "Evaluation and Drive Mechanism of Tourism Ecological Security Based on the DPSIR-DEA Model," *Tourism Management*, 2019, 75: 609 – 625.

Rudofsky, B., *Architecture Without Architects: A Short Introduction to Non-pedigreed Architecture*, UNM Press, 1964.

Scheyvens, R., "Ecotourism and the Empowerment of Local Communities," *Tourism Management*, 1999, (20): 245 – 249.

Schilcher, D., "Growth Versus Equity: The Continuum of Pro-Poor Tourism and Neoliberal Governance," *Current Issues in Tourism*, 2007, 10 (2): 166 – 193.

Sedigheh Moghavvemi, Kyle M. Woosnam, Amran Hamzah, Ali Hassani, "Considering Residents' Personality and Community Factors in Explaining Satisfaction with Tourism and Support for Tourism Development," *Tourism Planning & Development*, 2020, 18 (3).

Sen, A., *Commodities and Capabilities.* Oxford: Oxford University Press, 1999.

Su, M. M., Wall, G., Wang, Y., et al., "Livelihood Sustainability in a Rural Tourism Destination——Hetu Town, Anhui Province, China," *Tourism Management*, 2019, 71: 272 – 281.

Suntikul, W., Bauer, T., Song, H., "Pro-Poor Tourism Development in Viengxay, Laos: Current State and Future Prospects," *Asia Pacific Journal Research*, 2009, 14 (2): 153 – 168.

Tao, T. C. H., Wall, G., "Tourism as a Sustainable Livelihood Strategy," *Tourism Management*, 2009, 30 (1): 90 – 98.

Thompson, C. S., "Host Produced Rural Tourism: Towa's Tokyo Antenna Shop," *Annals of Tourism Research*, 2004, 31 (3): 580 – 600.

Tosun, C. Hoet, "Perceptions of Impacts: A Coparative Tourism Study," *Annals of Tourism Research*, 2002, 29: 231 – 253.

Warnken, J., Cannoves, G., "Perception of Local Communities on the Sociocultural Impacts of Rural Tourism. Case of Bellavista, El Oro, Ecuador," *Revista Interamericana de Ambientey Turismo*, 2017, 13 (1).

Yan-Teng Tan, Pei-Tha Gan, Mohd Yahya Mohd Hussin, Norimah Ramli, "The Relationship between Human Development, Tourism and Economic Growth: Evidence from Malaysia," *Research in World Economy*, 2019, 10 (5).

Zeng, B., Ryan, C., "Assisting the Poor in China through Tourism Development: A Review of Research," *Tourism Management*, 2012, 33 (2): 239 – 248.

Zuhal Önez Çetin, Huseyin Özgur, "A Critical Theoretical Evaluation on Pro-Poor Tourism and Poverty Alleviation," *Mustafa Kemal University Journal of Social Sciences Institute*, 2012, (17): 115 – 133.

图书在版编目(CIP)数据

西南地区旅游精准扶贫与乡土文化传承的耦合机制 / 林移刚著. -- 北京：社会科学文献出版社，2024.2
ISBN 978 - 7 - 5228 - 3094 - 0

Ⅰ.①西… Ⅱ.①林… Ⅲ.①扶贫 - 研究 - 西南地区 Ⅳ.①F127.7

中国国家版本馆 CIP 数据核字（2024）第 021164 号

## 西南地区旅游精准扶贫与乡土文化传承的耦合机制

著　　者 / 林移刚

出 版 人 / 冀祥德
责任编辑 / 庄士龙　胡庆英
文稿编辑 / 杨　莉
责任印制 / 王京美

出　　版 / 社会科学文献出版社·群学出版分社（010）59367002
　　　　　 地址：北京市北三环中路甲 29 号院华龙大厦　邮编：100029
　　　　　 网址：www.ssap.com.cn
发　　行 / 社会科学文献出版社（010）59367028
印　　装 / 三河市尚艺印装有限公司

规　　格 / 开　本：787mm × 1092mm　1/16
　　　　　 印　张：16　字　数：254 千字
版　　次 / 2024 年 2 月第 1 版　2024 年 2 月第 1 次印刷
书　　号 / ISBN 978 - 7 - 5228 - 3094 - 0
定　　价 / 128.00 元

读者服务电话：4008918866

版权所有 翻印必究